Canzoni spagnole per voce e pianof

Carlos López Galarza

Canzoni spagnole per voce e pianoforte su poesie di Lope De Vega

Lope de Vega in canzoni da concerto spagnole

ScienciaScripts

Imprint
Any brand names and product names mentioned in this book are subject to trademark, brand or patent protection and are trademarks or registered trademarks of their respective holders. The use of brand names, product names, common names, trade names, product descriptions etc. even without a particular marking in this work is in no way to be construed to mean that such names may be regarded as unrestricted in respect of trademark and brand protection legislation and could thus be used by anyone.

Cover image: www.ingimage.com

This book is a translation from the original published under ISBN 978-620-2-14044-7.

Publisher:
Sciencia Scripts
is a trademark of
Dodo Books Indian Ocean Ltd. and OmniScriptum S.R.L publishing group

120 High Road, East Finchley, London, N2 9ED, United Kingdom
Str. Armeneasca 28/1, office 1, Chisinau MD-2012, Republic of Moldova, Europe

ISBN: 978-620-7-27705-6

Contenuti

So bene che lo studio del Teatro Musicale di Lope de Vega nel XVIII secolo darà origine a un quarto volume e che l'indagine sui versi di Lope musicati nel XIX e XX secolo produrrà senza dubbio un quinto volume. Quindi, con tutto il mio affetto, mi congedo, offrendo alle giovani generazioni di musicologi la continuazione di questo Cancionero Musical de Lope de Vega.

(QUEROL, Miquel, *Cancionero musical de Lope de Vega*, vol. *Poesi'as cantadas en las comedias,* CSIC, Barcellona, 1991, p. 7).

Presentazione

Il repertorio musicale, e in particolare quello vocale, ha sofferto per anni di una certa stagnazione, essendosi concentrato su un gruppo ridotto di opere rispetto all'enorme quantità di composizioni di tutte le epoche che possono essere eseguite. Negli ultimi decenni, l'espansione di questo repertorio ha subito notevoli progressi, soprattutto in termini di registrazioni discografiche, un'espansione che però non si è trasferita in tutti i casi al campo dei concerti o alla pubblicazione di partiture, elemento essenziale per la diffusione e l'esecuzione delle opere. La situazione non è diversa per quanto riguarda il genere delle canzoni con pianoforte di compositori spagnoli. Mentre le registrazioni sono state numerose, le esecuzioni pubbliche e il loro utilizzo in ambito accademico sono rimasti limitati, salvo alcuni lodevoli sforzi da parte degli interpreti, a una manciata di opere che vengono ripetute all'infinito e che generano una logica perdita di interesse nel pubblico e nei cantanti.

L'espansione e il rinnovamento del repertorio musicale comportano, oltre alla creazione di nuove opere, il riportare alla luce composizioni che per vari motivi non hanno raggiunto le sale da concerto, i dischi o le aule dei conservatori e dei centri di istruzione superiore. Questo studio aspira discretamente a collaborare alla necessaria opera di recupero di tante composizioni dimenticate per vari motivi, concentrandosi su più di cento brani per voce e pianoforte di compositori spagnoli, la maggior parte dei quali fuori dal repertorio concertistico e discografico, prendendo come fattore unificante l'autore di tutti i testi, Felix Lope de Vega Carpio.

La scelta di Lope de Vega come elemento unificante è avvenuta dopo un processo di ricerca di nuovo repertorio nella canzone spagnola. L'interesse di proporre composizioni raramente eseguite per questo tipo di concerto ci ha messo sulle tracce di un gran numero di canzoni scritte su poemi di autori del Secolo d'Oro. In un primo approccio, dopo aver consultato diversi cataloghi, in particolare quelli della Biblioteca Nacional de Espana e della Biblioteca Espanola de Musica y Teatro Contemporaneos della Fundacion Juan March, abbiamo osservato che Lope de Vega è uno degli autori più frequentemente scelti dai compositori per comporre canzoni per pianoforte, e che si avvicina per numero anche alle poesie musicate da Gustavo Adolfo Becquer o Federico Garcia Lorca, superando di gran lunga quelle di Juan Ramon Jimenez, Antonio Machado o Miguel Hernandez[1] . Ci ha interessato anche il fatto che Lope è lo scrittore classico più utilizzato nel genere musicale in questione, molto più di Gongora, Cervantes o Quevedo[2] .

Per valutare l'importanza del corpus a cui ci riferiamo, abbiamo esaminato tutti i cataloghi degli archivi e delle biblioteche spagnole con collezioni musicali, cercando riferimenti a questo tipo di opere in vari manuali di Storia della musica spagnola, individuando 172 composizioni che abbiamo successivamente filtrato applicando i criteri a cui faremo riferimento in seguito, stabilendo infine il catalogo a 109 opere. Il processo è stato parallelo alla localizzazione delle partiture di tutti i brani, un compito oneroso che si è protratto fino alla data di chiusura del catalogo, nel marzo 2012. Pochissime delle opere pubblicate sono attualmente disponibili in commercio. La maggior parte delle edizioni precedenti al 1940 sono fuori catalogo e molte sono

---

[1] Per fare queste affermazioni ci affidiamo all'eccellente e utilissimo lavoro di Tinnell che raccoglie le composizioni musicali basate su poeti spagnoli: TINNELL, Roger, *Catalogo anotado de la musica espanola contemporanea basada en la literatura espanola,* Centro de Documentacion Musical de Andalucia, Granada, 2001. In esso si contano 140 canzoni con testi di Becquer, 86 di Jimenez, 83 di Machado e 16 di Hernandez. Tinnell non include Garcia Lorca nel suo *Catalogo...,* e gli dedica un volume a parte in cui si può vedere il gran numero di canzoni per voce e pianoforte, tra altri generi, che la poesia di Lorca ha ispirato: TINNELL, Roger, *Federico Garcia Lorca y la musica- catalogo y discografa anotados,* Madrid, Fundacion Juan March, 2ª edizione, Madrid, 1998.
[2] Il catalogo di Tinnell elenca 26 canzoni con testi di Gongora, 16 di Cervantes e solo 5 di Quevedo. La *Gran Enciclopedia Cervantina* contiene annotazioni di alcune delle opere elencate da Tinnell con testi di Cervantes, insieme ad altre opere con diverse combinazioni vocali e strumentali. ALVAR, Carlos (dir.), *Gran Enciclopedia Cervantina,* 8 volumi, Centro de Estudios Cervantinos, Castalia, Alcala de Henares, 2005- [ad oggi sono stati pubblicati i primi 8 dei 10 volumi].

inedite, quindi abbiamo dovuto lavorare con le copie presenti negli archivi e nelle biblioteche consultate. In alcuni casi abbiamo dovuto individuare e chiedere agli eredi il permesso di ottenere una copia del manoscritto, in altri abbiamo dovuto chiedere agli stessi compositori di fornirci una copia della loro opera.

Il confronto delle partiture con i dati presenti nei cataloghi e nei manuali di riferimento consultati è stato fondamentale per filtrare il catalogo, rilevando così alcuni errori di attribuzione al genere della canzone con pianoforte e persino errori di attribuzione del testo. Così, dal primo elenco di opere sono state escluse quelle composte con strumenti diversi dal pianoforte, così come le canzoni senza accompagnamento, quelle senza testo originale di Lope de Vega o quelle scritte da compositori non spagnoli.

La scelta di Lope è quindi dovuta a tre motivi. Il primo è il corpus sufficientemente ampio su cui indagare, più di cento canzoni. In secondo luogo, le canzoni che saranno incluse nel nostro catalogo coprono un arco temporale che coincide, con poche eccezioni, con il XX secolo, il periodo di splendore del genere in Spagna, soprattutto nella sua prima metà, il che ci permetterà di studiare il trattamento musicale dei testi del Secolo d'oro in quel secolo. In terzo luogo, solo otto delle canzoni che presentiamo rimangono con una certa regolarità nel repertorio vocale dei cantanti dei nostri amici[3] , un fatto che apporta un'indubbia novità a questo lavoro.

Le opere incluse nel nostro catalogo si limitano al genere della canzone originariamente scritta per voce e pianoforte da compositori spagnoli che hanno tratto testi originali di Lope de Vega, sia dai suoi testi, sia da frammenti di opere teatrali o da opere scritte in prosa. Sono quindi escluse le canzoni composte su adattamenti o traduzioni in altre lingue[4] , così come le opere vocali in generi diversi dalla canzone con pianoforte, come le opere corali, sinfonico-corali o le opere per voce sola con altri tipi di accompagnamento strumentale.

I limiti geografici che ci imponiamo sono quelli derivati dall'espressione "canciones espanolas" del titolo di questo libro. Nella prima fase del lavoro abbiamo contemplato la possibilità di includere compositori stranieri e di riunire tutte le composizioni per voce e pianoforte esistenti basate su Lope. Questo primo orientamento è stato scartato per diverse ragioni, tra cui la necessità di delimitare un corpus unitario e, in ordine pratico, l'impossibilità di effettuare ricerche negli archivi e nelle biblioteche di tutto il mondo per offrire un catalogo reale e completo. Così, una prima ricerca, che potrebbe essere ampliata in lavori successivi a questo, ha prodotto un bilancio ridotto, ma non per questo meno interessante. Del compositore cileno Carlos Botto Vallarino abbiamo individuato l'Op. 4, *Doce canciones,* una raccolta scritta nel 1952, composta da quattro sottogruppi: *Canciones de siega, Canciones de boda, Canciones de amor* e *Canciones Sacras*[5] . Del messicano Manuel Leon Mariscal si conserva *Morenica*[6] , del 1956. Un caso particolare è quello del compositore Eduardo Grau, residente nella città argentina di Mendoza, autore di una

---

[3] Sebbene questo dato non rifletta oggettivamente la realtà delle esecuzioni dal vivo, possiamo valutare la situazione osservando il numero di registrazioni di ciascun brano presentato nel catalogo incluso in questo lavoro. Si tratta di *No lloivis ojuelos* di Enrique Granados *(*13 registrazioni), *Pastorcito Santo* di Joaquin Rodrigo *(*37) e *Coplas del pastor enamorado* (18), *Madre unos ojuelos v di* Eduard Toldra *(*39) e *C'antaicillo* (19), e in misura minore i tre brani dell'*Homenaje a Lope de Vega di* Joaquin Turina *(*rispettivamente 13, 9 e 9 registrazioni). Questi otto brani rappresentano da soli il 79% delle registrazioni catalogate.

[4] Per quanto riguarda gli adattamenti, non includiamo la *Romance del Conde Ocana* di Joaquin Rodrigo, il cui testo, non del tutto originale di Lope de Vega, è stato adattato da Joaquin de Entrambasaguas per questa composizione nel 1947.

[5] Canciones de siega: a. Blanca me era yo, b. Oh, cuan bien segado, c. Esta si que es siega; 2. Canciones de boda: a. Talamo de amor, b. Por un si dulce amoroso, c. Esta novia se lleva flor; 3. Canzoni d'amore: a. Blancas coge Lucinda, b. Si os partierades al alba, c. Pobres negros ojuelos. Canti d'amore: a. Blancas coge Lucinda, b. Si os partierades al alba, c. Pobres negros ojuelos; 4. Canti sacri: a. Mananitas floridas, b. A la esposa divina, c. Esta es la justicia). La durata totale è di 16', edita da IEM e presentata in prima assoluta in Cile da vari cantanti e pianisti tra il 1953 e il 1965. Vedi: GRANDELA DEL RIO, Ines, "Catalogo delle opere musicali di Carlos Botto Vallarino", Revista musical chilena, vol. 51, n° 187, Santiago del Cile, 1997, pp. 92-106.

[6] Una copia di questa canzone è conservata nella Fons Conxita Badia della Biblioteca de Catalunya, con il numero 2007-4-C 18/47.

canzone intitolata *Zagalejo deperlas,* tratta dal noto poema *Pastores de Belen (Pastori di Betlemme).* Grau lasciò la natia Barcellona con i genitori, come emigrante, all'età di otto anni, e visse e sviluppò tutta la sua carriera musicale in quella città, motivo per cui non è incluso nel catalogo.

Nell'area di lingua tedesca, Emanuel Geibel pubblicò nel 1852, insieme a Paul Heyse, il suo *Spanisches Liederbuch,* un'antologia che comprendeva traduzioni tedesche di poesie di autori spagnoli del Medioevo e del Rinascimento, tra cui *No Uoreis, ojuelos, Pues andais en las palmas* e *Madre, unos ojuelos vi,* divenute famose nei Paesi di lingua tedesca nella loro traduzione tedesca: *Went nicht, ihr Augelein, Die ihr schwebet* e *Mutter ich hab' zwei Augelein* rispettivamente. La popolarità di queste traduzioni ha fatto sì che venissero messe in musica, per voce e pianoforte, da compositori famosi come Johannes Brahms, che scrisse il suo *Geistliches wiegenlied* (Su *Pues andais en las palmas*) per voce, pianoforte e viola, o Hugo Wolf, che compose il suo *Spanisches Liederbuch* basato sulle suddette traduzioni di Geibel e Heyse, un ciclo che include *Die ihr schwebet.* Anche altri musicisti meno noti come Melchior Diepenbrock (1798-1853), Eduard Lassen (1830-1904), Gustav Flugel (1812-1900) hanno scritto canzoni basate sullo stesso testo. Adolf Jensen (1837-1879) e Friedrich August Naubert (1839-1839) hanno scritto la musica per *Mutter, ich hab' zwei Augelein.*

1897). Su una traduzione svedese di *Pues andais en las palmas,* Ingvar Lindholm (1921-) ha composto *I anglar, som vandren bland palmer dar ovam.*

L'arco temporale coperto da questa ricerca copre un periodo approssimativamente coincidente con il XX secolo, con alcune opere della fine del XIX secolo e nove composizioni del XXI secolo. Gli autori di cui cataloghiamo le opere, presentati in ordine cronologico di nascita, sono i seguenti: Manuel del Populo Vicente Garcia, Julio Perez Aguirre, Jose Maria Casares y Espinosa de los Monteros, Bernardino Valle Chinestra, Enrique Granados y Campina, Jose Maria Guervos y Mira, Conrado del Campo y Zabaleta, Angel Larroca Rech, Joan Llongueres Badia, Joaquin Turina Perez, Francisco Cotarelo Romanos, Benito Garcia de la Parra y Tellez, Eduard Toldra i Sabater, Julio Gomez Garcia, Angel Mingote Lorente, Juan Altisent Ceardi, Federico Moreno Torroba, Manuel Palau Boix, Jose Maria Franco Bordons, Juan Maria Thomas Sabater, Salvador Bacarisse Chinoria, Arturo Menendez Aleyxandre, Joaquin Rodrigo Vidre, Angel Martin Pompeo, Enrique Truan Alvarez, Gustavo Duran Martinez, Jose Luis Iturralde Perez, Joaquin Nin-Culmell, Enrique Casal Chapi, Fernando Moraleda Bellver, Francisco Escudero Garcia, Mercedes Carol[7], Miguel Asins Arbo, Matilde Salvador Segarra, Jose Peris Lacasa, Pascual Aldave Rodriguez, Eduardo Rincon Garcia, Felix Lavilla Munarriz, Antonio Barrera Alvarez, Jose Maria Benavente Martinez, Vicente Miguel Peris, Jose Bueno Aguado [Buen Aguado], Fernando Colodro Campos, Antoni Parera Fons, Miquel Ortega i Pujol e Gonzalo Diaz Yerro.

La canzone spagnola per voce e pianoforte è una sezione della nostra storiografia musicale sempre presente nei lavori di prestigiosi ricercatori e di cui disponiamo di preziosi cataloghi. Tuttavia, il compito di studiare sistematicamente l'intero repertorio non è ancora stato completato, almeno per quanto riguarda le opere del XX secolo. Il principale contributo alla storiografia musicale spagnola è quello di Celsa Alonso, il cui lavoro sulla canzone lirica spagnola del XIX secolo non solo ha messo in luce l'importanza del genere in Spagna, ma ci ha anche fatto conoscere l'enorme numero di compositori e di opere prodotte in quel secolo[8]. Non disponiamo di uno studio analogo sul XX secolo. La cantante e insegnante americana Suzanne R. Draayer ha pubblicato nel 2009 un indispensabile volume enciclopedico sulla canzone spagnola[9], che, pur coprendo un'ampia gamma di compositori, non è esaustivo vista la vastità dell'argomento. Un breve ma preciso e ben

---

Pseudonimo di Mercedes Garcia Lopez.

[8] ALONSO, Celsa: *Cancion lnica espanola en el siglo XIX,* Istituto Complutense de Ciencias Musicales, Madrid, 1998. Da questo lavoro Alonso ha pubblicato numerosi articoli e collaborazioni di cui continueremo a dare notizia.

[9] DRAAYER, Suzanne R., *Art Song Composers of Spain. An Encyclopedia,* Scarecrow Press, Maryland, 2009.

strutturato articolo di Celsa Alonso, corrispondente alla voce "cancion" del *Diccionario de la musica espanola e hispanoamericana,* pubblicato sotto la direzione e il coordinamento di Emilio Casares Rodicio[10] , ci presenta una visione completa, anche se evidentemente incentrata sui contributi dei compositori considerati più importanti. Le pubblicazioni di Antonio Fernandez-Cid[11] sulla canzone in Spagna e gli studi specifici di Federico Sopena[12] sul *Lied, si* concentrano su questo gruppo di compositori di spicco e rappresentano approcci importanti, anche se di natura divulgativa, al tema che ci interessa.

Sappiamo, inoltre, dai riferimenti forniti da Tomas Marco[13] e Fernandez-Cid[14] , nelle rispettive storie della musica spagnola del XX secolo, e dai cataloghi dei compositori pubblicati dalla SGAE, dell'impulso dato alla cancion, in quantità e qualità, dall'inizio del secolo fino agli anni Sessanta, avvicinandosi in molti casi al modello del *Lied* sopra citato. Tuttavia, questi riferimenti alla canzone riguardano solo le opere più conosciute ed eseguite, un numero esiguo tra le migliaia di opere scritte per voce e pianoforte. Ma la maggiore fonte di informazioni proviene dalle preziose collezioni e dai cataloghi della Biblioteca Nacional e della Biblioteca Espanola de Musica y Teatro Contemporaneos della Fundacion Juan March. In questi due centri è conservata la maggior parte delle opere di questo genere composte in Spagna dall'inizio del XX secolo[15] .

Sebbene esistano studi che affrontano il ruolo della musica nelle opere teatrali del Secolo d'Oro e di Lope de Vega in particolare, così come le canzoni e i testi da cantare nelle sue commedie, il rapporto tra Lope e la musica nel XX secolo è stato poco considerato. Nel primo caso, sono di riferimento le opere di Louise K. Stein, Ingrid Simson, Jose Maria Ruano e Antonio Martin Moreno[16] . Nel caso delle opere che studiano le canzoni nelle commedie di Lope, spiccano gli studi di Alin y Barrio, Blecua, Campana e Umpierre .[17]

L'influenza di Lope sulla musica del Novecento è un argomento che non ha avuto la fortuna di essere studiato così estesamente come è stato fatto con altri scrittori classici, come nel caso di Cervantes[18] . Abbiamo solo, sotto forma di catalogo, l'inestimabile lavoro di Roger Tinnell[19] , che

---

[10] CASARES RODICIO, Emilio (dir. e coord.); FERNANDEZ DE LA CUESTA, Ismael; LOPEZ-CALO, Jose (eds.), *Diccionario de la Musica Espanola e Hispanoamericana*, 10 vols., Fundacion Autor-Sociedad General de Autores y Editores, Madrid, 1999-2002.

[11] FERNANDEZ-CID, Antonio, Lieder y canciones de Espana. Piccola storia contemporanea della musica nazionale 1900-1963, Editora Nacional, Madrid, 1963.

[12] SOPENA, Federico, *El Lied romantico*, Moneda y Credito, Madrid, 1963. SOPENA, Federico, *El Nacionalismo musical y el "iie"",* Real Musical, Madrid, 1979.

[13] MARCO, Tomas, Historia de la Musica espanola. Siglo X, Alianza, Madrid, 1983.

[14] FERNANDEZ-CID, Antonio, *La Musica espanola en el siglo XX*, Madrid, Fundacion Juan March, Rioduero, Madrid, 1973.

[15] Solo nella biblioteca della FJM ci sono 2.455 registrazioni di partiture per voce e pianoforte scritte nel XX secolo, ognuna delle quali può contenere diverse canzoni. Nella BNE ce ne sono 4.750 di tutte le epoche.

[16] STEIN, Louise K., *Songs of Mortals, Dialogues of the Gods. Music and Theater in Seventh Century Spain,* Oxford, 1993, pp. 336-45. SIMSON, Ingrid, "Calderon as Librettist: Musical Performances in the Golden Age", in Theo Reichenberger (coord.), *Calderon: Eminent Protagonist of the European Baroque,* Edition Reichenberger, Kassel, 2000, pp. 217-43. RUANO DE LA HAZA, Jose Maria, *La puesta en escena en los teatros comerciales del Siglo de Oro,* Editorial Castalia, Madrid, 2000. MARTIN MORENO, Antonio, "Musica, passione, ragione: la teoria degli affetti nel teatro e nella musica del Siglo de Oro", *Edad de oro,* vol. 22, 2003, pp. 321-360. Recentemente sono state lette due tesi di dottorato che affrontano il tema da prospettive temporali diverse: MOLINA JIMENEZ, Maria Belen, *Literatura y Musica en el Siglo de Oro Espanol Interrelaciones en el Teatro Lirico,* Universidad de Murcia, Murcia, 2007, CARRILLO GUZMAN, Mercedes del Carmen: *La musica incidental en el Teatro Espanol de Madrid (1942-1952 y 1962-1964),* Universidad de Murcia, Murcia, 2008.

[17] ALIN, Jose Maria; BARRIO ALONSO, Maria Begona, *Cancionero teatral de Lope de Vega,* Tamesis, Londra, 1997. ALIN, Jose Maria, "Sobre el "Cancionero" teatral de Lope de Vega: las canciones embedidas y otros problemas", *Lope de Vega y los orgenes del teatro espanol: actas del I Congreso Internacional sobre Lope de Vega*, 1981, pp. 533-40. BLECUA TEIJEIRO, Jose Manuel, "Canciones en el teatro de Lope de Vega", *Anuario Lope de Vega,* IX, 2003, pp. 11-174. CAMPANA, Patrizia, "Le canzoni di Lope de Vega. Catalogo e spunti per lo studio", *Anuario de Lope de Vega,* 5, 1999, pp. 43-72. UMPIERRE, Gustavo, *Songs in the Plays of Lope de Vega: A Study of their Dramatic Function,* Tamesis, London, 1975. Per una raccolta di partiture musicali, si veda: QUEROL, Miquel, *Cancionero musical de Lope de Vega,* 3 volumi, CSIC, Barcellona, 1991.

[18] Gli studi più rilevanti su Cervantes e la musica pubblicati di recente sono raccolti in: LOLO, Begona (a cura di), *Cervantes y el Quijote en la musica: estudios sobre la recepcion de un mito,* Centro Estudios Cervantinos,

6

presenta un ampio elenco di produzioni musicali di tutti i generi, concentrandosi sulla musica spagnola contemporanea. Questo libro cerca di colmare in parte la lacuna esistente nella conoscenza della ricezione di Lope de Vega da parte dei compositori spagnoli di quel secolo. Le edizioni delle opere sono un'altra cosa.

Non c'è dubbio che per la loro diffusione e il loro utilizzo in ambito accademico o concertistico, gli esecutori abbiano bisogno di materiali accessibili, preferibilmente adattati alla tessitura delle diverse categorie vocali, come nel caso dei brani dei grandi autori del *Lied* tedesco e austriaco[20]. Nelle collezioni delle suddette biblioteche sono presenti molti manoscritti e numerose partiture pubblicate da editori scomparsi o le cui collezioni sono state acquisite da società straniere poco interessate alla riedizione commerciale delle loro collezioni, con abbondanti riferimenti fuori catalogo o assenza di ristampe[21]. Questa situazione ostacola lo studio, ma soprattutto la diffusione e l'esecuzione delle opere, da cui si deduce che la loro inclusione in recital e registrazioni discografiche è limitata a casi specifici di interpreti con l'obiettivo di salvare brani dimenticati in archivi e biblioteche, e quindi di rinnovare e ampliare il repertorio della canzone spagnola per voce e pianoforte.

Negli ultimi decenni alcuni editori hanno pubblicato edizioni moderne, complete e riviste delle canzoni di Granados, Albeniz e Garcia Abril, ma la stragrande maggioranza delle opere di questo genere scritte nel XX secolo rimane inedita o pubblicata in edizioni che necessitano di una revisione critica dei testi e della musica. Delle 109 canzoni con testi di Lope, solo quattordici sono attualmente disponibili in edizioni commerciali[22].

Nel catalogo delle canzoni presentato in questo lavoro, si dà conto delle registrazioni, sia discografiche che radiofoniche, di ciascuna opera. Si può notare l'assenza di registrazioni di molte di esse, concentrandosi solo su 8 canzoni[23], 138 registrazioni delle 198 che sono incluse nel catalogo.

Nel repertorio di canzoni spagnole con pianoforte, le interpretazioni moderne di brani di Isaac Albeniz, Padre Donostia, Manuel de Falla, Anton Garcia Abril, Roberto Gerhard, Xavier Gols, Julio Gomez, Enrique Granados, Ernesto Halffter, Joaquim Homs, Joan Lamote de Grignon, Frederic Mompou, Xavier Montsalvatge, Joaquin Nin-Culmell, Felipe Pedrell, Eduardo Rincon e Eduard Toldra, dalle etichette discografiche Columna Musica, Fundacion BBVA, NB, Trito-La ma de Guido e Verso. Per quanto riguarda le edizioni e le registrazioni che assumono l'autore dei testi come elemento unificante, nello stile dei programmi di concerti e delle registrazioni così in voga

Madrid, 2007, e LOLO, Begona (a cura di), *Visiones del Quijote en la musica del siglo XX*, Centro Estudios Cervantinos, Madrid, 2010. Entrambi i volumi raccolgono le relazioni presentate al I e al II Congreso Internacional Cervantes y el Quijote en la Musica, tenutisi a Madrid rispettivamente nel 2005 e nel 2009.

[19] TINNELL, Roger, *Catalogo anotado..., op. cit.,* pp. 488-508.

[20] Tra i compositori spagnoli, solo le *Siete cancionespopulares espanolas* di Falla (Ediciones Manuel de Falla / Chester Music / Max Eschig) in due chiavi sono disponibili nella revisione di Miguel Zanetti, i *Cuatro madrigales amatorios* di Rodrigo (Chester Music). Le tre canzoni dell'*Homenaje a Lope de Vega* di Joaquin Turina sono state trasposte dallo stesso compositore per voce media in terza minore e quelle di *Si con mis deseos* in quarta minore, ma non sono state pubblicate. Catalogo delle opere di Joaquin Turina [online] <http://www.joaquinturina.com/opus90.html> [accesso: 18-5-2011]. Le opere liedeiisliche di Anton Garcia Abril sono state recentemente pubblicate da Bolamar, in arrangiamenti per varie tessiture vocali.

[21] Il caso più significativo è quello della Union Musical Espanola, una società che ha finito per assorbire più di 70 editori musicali. La sua enorme collezione musicale è stata acquisita dalla multinazionale Music Sales Group. Attualmente è conservata dall'Instituto Complutense de Ciencias Musicales (ICCMU), presso la sede della Sociedad General de Autores y Editores (SGAE) di Madrid. Il catalogo completo è stato pubblicato nel 2000: ACKER, Yolanda; ALFONSO, M.ª de los Angeles; ORTEGA, Judith; PEREZ CASTILLO, Belen, *Archivo historico de la Union Musical Espanola. Partiture, metodi, libretti e libri,* Ediciones y Publicaciones de la Sociedad General de Autores y Editores, Madrid, 2000.

[22] I compositori e gli editori sono i seguenti: Antonio Barrera, Real Musical; Francisco Escudero, Alpuerto; Manuel Garcia, Institute Complutense de Ciencias Musicales; Enrique Granados, UME/Trito; Felix Lavilla, Real Musical; Joan Llongueres Badia, DINSIC; Manuel Palau, Piles; Joaquin Rodrigo, Ediciones Joaquin Rodrigo; Eduard Toldra, Union Musical Espanola; Joaquin Turina, Union Musical Espanola. Nel nostro catalogo riportiamo i dettagli di ogni edizione.

[23] Sono: No lloreis ojuelos di Granados, Coplas del pastor enamorado e Pastorcito Santo di Rodrigo, Madre, unos ojuelos vi e Cantarcillo di Toldra, e i tre da Homenaje a Lope de Vega, di Turina.

negli ultimi decenni nel campo del *Lied* tedesco, i programmi monografici con *Lieder* basati su poesie di Goethe, Ruckert o Heine, ad esempio, sono scarsi, con casi isolati come Garcia Lorca o Becquer, che sono stati protagonisti di qualche recital monografico. Esistono solo un paio di dischi dedicati interamente a canzoni con testi di Tomas Garces[24] o Joan Oliver[25]. Come esempio isolato, è notevole il disco dedicato ai poeti del Secolo d'Oro con canzoni composte nel XX secolo, che ne comprende quattro con testi di Lope: *Cantar del alma. La poesa del Siglo de Oro en la musica del siglo XX*, registrato da Fernando Latorre e Itziar Barredo[26].

Le fonti utilizzate sono di due tipi: gli spartiti delle canzoni catalogate e le edizioni delle opere di Lope de Vega da cui sono stati estratti i testi delle canzoni. Per compilare il catalogo, abbiamo reperito le partiture di tutte le opere che abbiamo incluso, da cui abbiamo estratto i dati forniti. Abbiamo preferito le partiture delle opere pubblicate, ricorrendo ai manoscritti nel caso in cui non siano stati pubblicati.

Molte delle partiture pubblicate non sono oggi disponibili in commercio. Alcune sono state ritrovate in biblioteche e archivi, in quanto corrispondono a vecchie edizioni non più disponibili presso i rispettivi editori o presso editori scomparsi. I manoscritti sono stati ritrovati in archivi pubblici e privati. Tra i primi, dei quattordici consultati, spiccano le collezioni musicali della BNE e della Fundacion Juan March. Quelli privati corrispondono a quelli di compositori viventi che li gestiscono ancora in prima persona, o a quelli i cui eredi li conservano personalmente. Un elenco preciso di entrambi i casi è riportato nella sezione seguente. I diritti d'autore che possono maturare su alcune opere hanno indotto alcuni archivi a richiedere una dichiarazione scritta che specifichi lo scopo per cui le copie delle opere richieste devono essere utilizzate. In altri casi le copie ci sono state gentilmente fornite senza alcuna richiesta.

Le fonti del secondo tipo sono state selezionate tra le edizioni considerate di riferimento in ambito accademico per prestigio e rigore. In generale, abbiamo preferito edizioni critiche moderne, rigorose e ben documentate. Nei casi in cui tali edizioni non fossero disponibili, abbiamo optato per edizioni più antiche, realizzate da ricercatori di riconosciuto prestigio accademico. In totale, abbiamo trattato le edizioni di 37 opere di Lope, tra commedie, opere in prosa e opere liriche.

La ricerca documentale sul Concorso Nazionale di Musica del 1935 è stata difficile e purtroppo non ha avuto il successo che avremmo voluto. Non esiste documentazione sul concorso nell'Archivio Generale dell'Amministrazione dello Stato (AGA) e nell'Archivio Centrale del Ministero della Cultura. I database di entrambi gli enti non contengono alcun documento relativo al concorso. Una richiesta esplicita al personale specializzato dell'AGA non ha dato alcun frutto e ci ha informato con lettera[27] dell'esito negativo delle loro indagini.

---

[24] *A l'ombra del lledoner. Poesia di Tomas Garces,* Ana Ibarra, soprano, Ruben Fernandez, pianoforte, CD, Ensayo, 2001.

[25] *Canzoni su poesie di Joan Oliver*, vari interpreti, CD, Ars Harmonica, 2001.

[26] *Cantar del alma. La poesia del Siglo de Oro nella musica del siglo XX,* Fernando Latorre, bantono, Itziar Barredo, pianoforte, CD, Arsis, 2007. Include tre delle canzoni con testo di Lope de Vega scritte nel 1935, di cui presentiamo qui uno studio, l'edizione della partitura e la registrazione sonora.

[27] Lettera indirizzata all'autore di questo lavoro da Daniel Gozalbo Gimeno, responsabile della Sezione di Informazione dell'AGA il 2-6-2009, in cui segnala che "avendo consultato in modo esaustivo gli inventari e gli strumenti descrittivi corrispondenti ai gruppi di raccolta della Cultura e dell'Educazione, in cui sono conservati i documenti prodotti dall'ex Ministero della Pubblica Istruzione e dalla sua Direzione Generale delle Belle Arti, la informiamo che non è stato trovato alcun riferimento documentario relativo al premio oggetto del suo studio". Successivamente, richiedendo una nuova ricerca per la quale sono state fornite le date esatte e i testi della *Gaceta de Madrid* in cui compaiono gli annunci e i premi di questi premi, abbiamo ricevuto un'altra comunicazione negativa il 16-6-2009. Anche la ricerca presso l'Archivio Centrale del Ministero della Cultura ha dato esito negativo, in quanto il personale responsabile ci ha informato che questo Ministero è stato creato nel 1977 e che quindi non dispone di alcuna documentazione precedente.

Parte I

IL GENERE DELLA CANZONE PER PIANOFORTE

La musica vocale, in generale, ha inevitabilmente bisogno di un testo da musicare, anche se occasionalmente sono state scritte opere musicali in cui la voce utilizza suoni vocali e/o consonanti che non hanno un significato testuale. La musica sperimentale e le avanguardie della seconda metà del XX secolo sono state terreno fertile per l'uso della voce come elemento strumentale in diversi gruppi, tuttavia queste opere rappresentano un'eccezione, poiché la cosa comune nella composizione musicale è partire da un testo che influenzerà in misura maggiore o minore il risultato sonoro ed espressivo. Il linguaggio usato nelle canzoni, a prescindere dalla loro qualità letteraria, è, in sostanza, diverso dal linguaggio comune, e quindi possiamo assimilarlo, se non identificarlo, con il linguaggio poetico. La musica e il testo poetico sono, quindi, i due elementi sostanziali di una canzone[28], indipendentemente dallo stile e dalla forma musicale e poetica, dagli elementi strumentali che accompagnano la voce o dal contesto in cui viene eseguita.

Nella canzone, intesa nel suo senso più ampio, la parola acquisisce una dimensione musicale essendo organizzata da elementi specificamente musicali. Hugo Riemann, estendendo il concetto base di canzone di cui sopra, la definisce come l'unione di un poema lirico con la musica, in cui le parole cantate sostituiscono il parlato, mentre gli elementi musicali del ritmo e delle cadenze insiti nel parlato vengono elevati al ritmo ordinato dalla melodia[29]. Questa definizione considera il testo poetico sussidiario all'organizzazione musicale, tuttavia, quando la musica è a sua volta ordinata in funzione del significato e della forma del testo, la composizione risultante è il frutto di un feedback reciproco di entrambi gli elementi. In questo senso Steiner, dal punto di vista della linguistica e della traduzione letteraria, afferma che il compositore che mette in musica un testo deve seguire la stessa sequenza di intuizioni tecniche che si seguono nella traduzione di un testo, e la composizione musicale deve offrire una nuova dimensione che non svaluti né eclissi la sua origine linguistica[30]. Il maggior peso della componente musicale in alcuni casi, di quella letteraria in altri, o la ricerca di un equilibrio e di un'influenza reciproca è un problema che ogni compositore risolve in base alle proprie preferenze o interessi. Tra le opere qui presentate ci sono esempi di ogni tipo. Soprattutto nelle opere scritte nel 1935, che verranno studiate dal punto di vista musicale e letterario, nonché del rapporto tra i due aspetti, potremo vedere come i compositori trattano i testi di Lope de Vega.

La presenza di manifestazioni musicali in tutte le società umane e l'uso della voce come strumento musicale di base e fondamentale nella storia della musica sono fatti che non hanno bisogno di essere stabiliti. Il successo sociale e culturale della canzone si basa sul fatto che la poesia funziona, come linguaggio, in modo più facile e accessibile della musica[31], che, al contrario, ha strutture che richiedono un apprendimento specifico, da cui la sua rapida estensione in varie forme fin dalle origini dell'umanità. Non è necessario soffermarsi troppo sulla considerazione della canzone come genere quasi unico nel campo della musica pop a partire dalla metà del XX secolo. La musica popolare urbana, come viene oggi chiamato l'insieme molto vario di stili, dal valzer, al tango, alla salsa o alla copla, fino al pop e al rock, si evolve sempre più verso la voce, e formalmente può essere assimilata a ciò che intendiamo come canzone. Oltre ad altre risorse, il suo enorme successo sociale risiede nella brevità del testo, nelle ripetizioni sotto forma di ritornelli, nelle strutture semplici e nell'uso di un linguaggio vicino a quello colloquiale[32].

---

[28] Il dizionario della RAE, unendo le due componenti, quella musicale e quella poetica, definisce il termine da entrambi i punti di vista: "Composizione in versi che viene cantata, e musica con cui questa composizione viene cantata". *Diccionario de la Real Academia*, 22ª edizione [online], <http://buscon.rae.es/drael> [visitato il 17-7-2011].

[29] RIEMANN, Hugo, "Lied", *Musik-Lexikon*, Lipsia, 1882. Citato in: PEAKE, Luise Eitel, "Song", *The New Grove Dictionary of Music and Musicians*, vol. 17, Stanley Sadie (ed.), Macmillan Publishers, London, 1980, p. 511.

[30] STEINER, G., *After Babel*, Londra, 1975. Citato in *The New Grove..., op. cit.,* "Song", vol. 17, p. 510.

[31] BROWN, Jane K., "In the begining was poetry", *The Cambridge Companion to the Lied*, James Parson (a cura di), Cambridge University Press, Cambridge, 2004, p. 12.

[32] Cfr. TORREGO EGIDO, Luis Mariano, *Cancion de autor y education popular (1960-1980)*, Ediciones de la Torre, 1999, pagg. 85-87. Torrego riprende alcune delle idee esposte in VAZQUEZ MONTALBAN, Manuel,

Ma questa tendenza alla canzone come genere non è un fenomeno esclusivo della musica di oggi. La letteratura medievale appare già in molti casi legata alla musica, accentuando così la sua differenza con il linguaggio corrente. Il testo è sostenuto dalla melodia e diventa una canzone[33].

Francisco Lopez Estrada, parlando della lirica popolare medievale e del suo rapporto con la musica, sottolinea che:

"La canzone è servita al verso per manifestarsi fin dall'origine in moduli di spiccato senso ritmico, e la struttura delle melodie ha favorito in modo rigoroso la disposizione strofica. La lirica primitiva, sia essa popolare o colta, si presenta con questo condizionamento, che si è mantenuto a lungo e ha superato il periodo medievale; la condizione musicale della lirica cancioneril ha reso possibile il grande sviluppo della mëtrica per quanto riguarda il rigore della misura e la ricchezza della combinazione delle strofe e della complessità delle rime"[34].

Lo stesso Lopez Estrada avverte della difficoltà di studiare questo rapporto alle sue origini a causa della mancanza di conoscenza delle "melodie musicali che avrebbero mantenuto l'integrità del testo". Tuttavia, queste parole riflettono l'interdipendenza di entrambi gli elementi nella genesi della canzone, sebbene il loro equilibrio dipenda, come abbiamo visto, dallo stile o dalle preferenze dell'autore nel processo creativo. La storia del genere che qui ci interessa, quello della canzone con pianoforte, come si vedrà più avanti, è la storia della ricerca della proporzione tra musica e poesia, con mezzi strumentali minimi e in un contesto, quello del concerto, che aiuta a focalizzarne l'essenza.

IL BRANO PER VOCE E PIANOFORTE

La musica scritta per voce e pianoforte o altro strumento polifonico, poiché fattori come la strumentazione, la polifonia vocale, il timbro o le questioni sceniche scompaiono o rimangono sullo sfondo, ha nel testo un elemento fondamentale e generativo. La recitazione musicale del testo, la trasmissione del suo contenuto semantico, la sonorità dei versi, il loro lirismo o drammaticità, la necessaria collaborazione del pianoforte, con maggiore o minore congiunzione con il testo, sono l'essenza di un genere poetico-musicale, che cerca di dare alla poesia una nuova dimensione attraverso la musica.

Le composizioni musicali originariamente scritte per essere cantate da una voce sola e accompagnate da un pianoforte costituiscono un genere molto particolare che ha conosciuto nel corso della storia denominazioni, applicazioni e concezioni diverse. All'origine del genere c'è la necessità di dare alla recitazione di un testo poetico una nuova dimensione sonora, incorporando una linea melodica e dotandola di un accompagnamento strumentale che la sostenga tonalmente e armonicamente, o anche di commenti musicali che rappresentino il carattere del testo. Questo tipo di opera è la logica evoluzione delle composizioni per una sola voce con l'accompagnamento di uno strumento polifonico che sono state presenti in tutta la storia della musica. L'origine di queste composizioni può essere fatta risalire ai canti di ogni genere che i cantori, anche nell'antichità, intonavano accompagnati o con l'ausilio di citarre, cornamuse, fidule, cetre, arpe o altri strumenti[35].

Nel Medioevo e nel Rinascimento era consuetudine cantare una delle voci in opere polifoniche per le quali i musicisti improvvisavano l'accompagnamento strumentale con le altre voci. Questo poteva essere fatto con diversi strumenti, con uno strumento a tastiera con o senza rinforzo del basso da parte di un altro strumento, o poteva essere un singolo strumento, come il liuto, ma anche con questa procedura il compositore concepiva l'opera come una costruzione polifonica. Dietrich Fischer-Dieskau ritiene che le origini della cancion culta siano da ricercare nell'inizio della scrittura di opere per una sola voce e uno strumento armonico o polifonico:

Antologa de la "noaa cango "catalana, Ediciones de Cultura Popular, Barcelona, 1968, p. 18.
[33] LOPEZ ESTRADA, Francisco, "Caracteristicas generates de la Edad Media literaria", *Historia de la literatura espanola*, tomo I: *La Edad Media*, José Maria Diez Borque (coord.), Taurus, Madrid, 1980, pp. 70.
[34] Ibidem.
[35] Per uno studio più dettagliato della storia e dell'evoluzione dell'arte monodica si veda il primo capitolo di FISCHER-DIESKAU, *Dietrich, Hablan los sonidos, suenan las palabras. Historia e interpretacion del canto*, Turner, Madrid, 1990, pp. 15-28.

Non mi sembra opportuno utilizzare l'esecuzione come unico criterio, poiché le informazioni che abbiamo su di essa raramente offrono una certezza storica assoluta. Al contrario, credo che ciò che è decisivo sia la notazione, nel nostro caso l'accompagnamento scritto per uno strumento armonico. In quest'ottica, la storia della canzone a una voce con accompagnamento ha inizio nei primi decenni del XVI secolo[36].

Con il Rinascimento, non solo apparve questo formato di composizione, ma anche, attingendo alle risorse del madrigale rinascimentale, furono introdotte varie formule di interpretazione musicale, i cosiddetti madrigalismi, come forme di descrizione dei sentimenti espressi dal testo. *Tempi*, accentuazioni binarie o ternarie, modo maggiore o minore, intervalli brevi o ampi, sono utilizzati per esprimere il significato delle parole trasmesse dalla melodia. La lotta contro il contrappunto, il cosiddetto *stle rappresentatvo* e *stle narratvo*, il trionfo della monodia e del basso continuo, garantirono alla voce cantata un'indipendenza che le permise un'interpretazione più sottile del testo, senza essere subordinata alle altre voci[37].

Tuttavia, secondo Philip Radcliffe l'onnipresenza del basso continuo fu un impedimento al vero sviluppo dell'accompagnamento indipendente e, "fino a quando non emerse, il brano solista autonomo fu un pallido riflesso delle cose che venivano dette più vividamente nei pezzi più grandi"[38].

A partire dal XVI secolo, l'interesse dei compositori a "imitare" il testo nelle loro composizioni portò alcuni a impiegare stereotipi di figure musicali associate a determinate parole ed espressioni[39], influenzati dai principi della retorica, disciplina in cui alcuni compositori avevano una solida formazione[40], che diedero origine alle prime risorse musicali o meccanismi che collegavano il discorso sonoro alla parola. Questi procedimenti, emersi nella musica vocale polifonica, venivano utilizzati come routine tecniche nel processo compositivo, sia nell'organizzazione formale dell'opera sia nell'uso di alcune figure musicali che costituivano l'equivalente del decorato-retorico[41]. L'importanza del rapporto musica-parola è tale che dal Rinascimento in poi la canzone può essere giudicata in relazione alla sua fedeltà nella declamazione del testo e in base alla sua espressività. Per questo motivo, quelle che presentavano un'interpretazione carente del testo venivano spesso criticate.[42]

L'espansione del pianoforte a partire dalla metà del XVIII secolo ne fece il principale strumento domestico e professionale nel XIX secolo[43], presente nelle case di un certo livello economico e culturale, oltre che nelle istituzioni di ogni tipo. Questo lo collocava nel ruolo di accompagnamento della voce nel repertorio dei canti con accompagnamento. La sua sonorità, le sue possibilità dinamiche ed espressive, la sua capacità di suono *legato* e *cantabile*, insieme alla sua generalizzazione in tutti gli ambienti musicali, conquistarono il favore dei compositori per questo strumento come collaboratore della voce nel genere delle canzoni con accompagnamento. Dall'inizio del secolo, la voce e il pianoforte divennero la migliore combinazione per la canzone, per economia di mezzi e potenzialità espressive[44].

Fin dall'inizio del XIX secolo si è assistito a un'ampia divisione nel genere della canzone, tra quella popolare e quella colta. Il repertorio, che comprende canzoni solistiche con pianoforte, è

---

[36] *Ibidem*, pp. 29-30.
[37] *Ibidem*, p. 35.
[38] RADCLIFFE, Philip, "Germania e Austria", *Storia della canzone, op. cit*, pp. 135.
[39] GHEW, Geoffrey, "Song", *The New Grove..., op. cit*, vol. 17, p. 511.
[40] La musica, che appartiene al *quadrivium*, e la retorica, che fa parte del *trivium*, sono state messe in relazione come due delle sette arti liberali su cui si è basata l'istruzione superiore a partire dal Medioevo. Vedi: BARTOLOME MARTINEZ, Bernabe, *Historia de la educación en Espana y America*, vol. 1, SM, Madrid, 1992, p. 192.
[41] Cfr. BUELOW, George J., "Rethoric and music", *The New Grove..., op. cit*, vol. 15, pp. 793-803. Una bibliografia di riferimento su questo argomento è inclusa in questo articolo.
[42] GHEW, Geoffrey, "Song", *The New Grove, op. cit.*, vol. 17, p. 510.
[43] Per una storia dell'evoluzione tecnica, dell'espansione e della pratica strumentale del pianoforte si veda: RIPIN, Edwin M.; BELT, Philiph R.; MEISEL, Maribel *et al.*, "Pianoforte", *The New Grove, op. cit.*, vol. 14, p.682-714; RATTALINO, Piero, *Historia del piano*, Idea Books, Barcelona, 2005.
[44] GHEW, Geoffrey, "Song", *The New Grove..., op. cit*, vol. 17, p. 518.

arricchito da occasionali aggiunte di altre voci o strumenti *obbligati,* nonché da arrangiamenti di parti teatrali, inni, ecc. In molti casi, il tipo di accompagnamento pianistico è la chiave per distinguere il repertorio serio da quello popolare[45] . Nel repertorio serio, il pianoforte è considerato alla pari della voce, con la quale collabora nell'espressione dei sentimenti. L'interesse dei grandi compositori per le canzoni con pianoforte ha aumentato le esigenze tecniche ed espressive. Così come la canzone popolare era generalmente basata su melodie stereotipate che si ripetevano per le strofe del testo, la canzone seria aprì la strada a canzoni strofiche modificate e a composizioni con una struttura formale più libera e adattata a ogni strofa del testo, il cosiddetto stile *durchkomponiert*[46] , in modo da riflettere una corretta declamazione del testo in tutti i suoi dettagli. Idee come quelle di Richard Wagner in *Oper und Drama,* dove l'accompagnamento, nel suo senso più ampio, è visto come un mezzo per rafforzare la forza emotiva del verso, ebbero una grande influenza, non solo sul *Lied* tedesco ma anche sull'intero repertorio[47] .

Paradossalmente, nella canzone popolare, realizzata con strutture musicali più semplici e prevedibili, e con richieste vocali generalmente più basse, la comprensione del testo da parte degli ascoltatori è facilitata. Nella canzone colta, la difficoltà tecnica della parte vocale e, in generale, la maggiore complessità musicale che moltiplica gli stimoli sonori e intellettuali, possono rendere difficile la comprensione del testo da parte del pubblico. Per Edward F. Kravitt, Wagner è stato colui che ha combattuto con più forza i problemi di dizione e di comprensione del testo derivanti dal predominio della vocalità italiana nella musica occidentale fino a tutto il XIX secolo, invocando la necessità di una scuola di canto autenticamente germanica[48] . Tali problemi non sono imputabili solo ai cantanti, che con una corretta articolazione del suono possono trasmettere più efficacemente l'aspetto sonoro del testo. I compositori hanno la responsabilità di garantire che l'organizzazione dei suoni faciliti la loro corretta trasmissione e valorizzi il loro significato più profondo, come Wagner sosteneva nel suo credo estetico.

Nel XX secolo, dopo la prima guerra mondiale, il genere fu sottoposto a sperimentazione, come altri generi. L'abbandono della tonalità, la ricerca di nuove sonorità timbriche, l'estremo virtuosismo vocale, le nuove idee nella declamazione del testo e l'incorporazione del parlato, trasformarono spesso la canzone in musica "assoluta", uno sviluppo senza precedenti, forse contrario alle sue origini[49] .

Tuttavia, l'unione dei due strumenti non è sufficiente a delimitare un tipo di composizione che richiede un terzo elemento fondamentale: il testo. I compositori hanno generalmente scelto testi poetici per le loro canzoni perché hanno un ritmo implicito e una prosodia paragonabile a quella musicale e, senza dubbio, perché si elevano al di sopra della prosa nel tentativo di esprimere sentimenti, idee, concetti e situazioni drammatiche con una componente estetica. La musica in questi casi viene a valorizzare l'intenzionalità estetica del poeta.

Forse in questa esposizione dei suoi componenti manca lo scopo della composizione. Anche se

---

[45] Idem.

[46] Espressione tedesca che si riferisce, in contrapposizione alla forma strofica, a composizioni musicali scritte in un flusso continuo di idee musicali diverse per ogni strofa o sezione poetica. Si usa anche il termine inglese: *through-composed*. Il termine si applica alla composizione di canzoni in cui la musica per ogni strofa è diversa, non si ripete da strofa a strofa. La forma musicale risultante non è necessariamente determinata dalla forma poetica, la continuità si ottiene perché la musica risponde momentaneamente al flusso di idee, immagini e situazioni dei versi, senza escludere la ricorrenza di motivi tematici. TILMOUTH, Michael, "Through-composed", *The New Grove..., op. cit.,* vol. 18, p. 794. Questo approccio compositivo nella musica vocale basata su un testo poetico non è nuovo; questo tipo di composizione ha le sue origini nel mottetto della seconda metà del XV secolo. In esso, ogni frase del testo ha una musica diversa a seconda del suo significato.

[47] GHEW, Geoffrey, "Song", *The New Grove..., op. cit,* vol. 17, p. 519.

[48] Citato in KRAVITT, Edward F., *The lied: mirror of late romanticism,* Yale University Press, Michigan, 1998, p. 52.

[49] Tre modi diversi sono quelli di Schoenberg in *Pierrot hrnaire, di* Stravinski nelle *Tre liriche giapponesi* o di Ravel nei *Trois poemes de Stephane Maharme.* Bela Bartok, da parte sua, porta nuove convenzioni di declamazione suggerite dalla musica popolare, e Charles Ives sperimenta il testo parlato. GHEW, Geoffrey, "Song", *The New Grove..., op. cit.,* vol. 17, p. 520.

questo fattore è più impreciso e non di rado sconosciuto, il genere che stiamo cercando di definire è nato con lo scopo di essere ascoltato nei salotti ottocenteschi, nelle sale da concerto o nei mezzi audiovisivi di qualsiasi tipo, senza l'intervento di elementi scenici visivi esterni, pur con le componenti drammatiche che il testo può incorporare e che gli interpreti cercano di trasmettere. L'evoluzione delle possibilità tecniche, dei gusti e dei costumi sociali correnti, ha permesso di avere alcune esperienze puntuali in cui una componente scenica e/o cinematografica, non prevista dai compositori, viene aggiunta a opere di riferimento del repertorio liederistico.

Il MODELLO *LIED*

Le composizioni per voce e pianoforte ricevono nomi diversi a seconda dell'area geografica da cui provengono e della lingua in cui sono scritte. Anche compositori dello stesso gruppo utilizzano denominazioni diverse nelle intestazioni delle partiture o quando si riferiscono ad esse. Queste opere, o gli adattamenti del compositore per questi due strumenti da opere per voce e orchestra o qualsiasi altra combinazione strumentale, hanno scopi e motivazioni diverse da parte dei loro creatori ed esecutori. Gli amici dell'area germanica crearono nel XVIII e XIX secolo una grande scuola compositiva e interpretativa di questo genere che si impose come modello e che con maggiore o minore velocità e intensità si diffuse in tutta Europa e in America, adottando il termine *Lied* per denominare questo tipo di composizioni, tra le quali spiccano per quantità, qualità e diffusione quelle di Franz Schubert, Robert Schumann, Johannes Brahms, Hugo Wolf e Gustav Mahler[50] .

Per estensione, questo termine viene applicato ad opere analoghe scritte in lingue diverse dal tedesco, anche se vengono utilizzati altri termini come *canzone, canzone d'arte, chanson, melodie, cancion, cancion de concierto o cancion de arte*, a seconda degli interlocutori e della lingua del testo. È necessario sottolineare la difficoltà di stabilire il confine tra ciò che si intende per *Lied* e la semplice canzone con accompagnamento di pianoforte, nonché le differenze tra i diversi termini qui elencati, indipendentemente dal titolo scelto dal compositore per l'opera. Consapevoli di questa difficoltà, e lungi da noi l'intenzione di giudicare e qualificare i brani che presentiamo attribuendo loro un appellativo o un altro, nel presente lavoro abbiamo scelto il termine "Lied" come quello che meglio si adatta al gusto del compositore e alla scelta del titolo.

Abbiamo optato per il termine "canzone per voce e pianoforte", che, per quanto descrittivo e asettico, è chiaro e inequivocabile. L'evidente influenza che i capolavori del *Lied* tedesco hanno esercitato, e forse ancora esercitano, sullo sviluppo della canzone con pianoforte e la percezione che abbiamo attualmente di queste opere, in tutto il mondo e in particolare nel nostro Paese, ci obbliga a guardare più da vicino la loro evoluzione storica.

Secondo *The New Grove*, alla voce "Lied"[51] , nel 1752 Christian Gottfried Krause definisce il termine come una composizione cantabile da dilettanti che esprime il carattere e il significato del testo e ha un accompagnamento semplice e indipendente in modo che la canzone possa essere cantata senza di esso. Questa semplicità a cui allude Krause è ciò che E. T. A. Hoffmann difende quando avverte la vera essenza del *Lied*:

[...] suscitare l'anima più intima per mezzo della più semplice melodia e della più semplice modulazione, senza affettazione o sforzo per l'effetto e l'originalità: in ciò risiede il misterioso potere del vero genio[52] .

---

[50] Per avere un'idea della popolarità di questo genere, James Parsons osserva che a Berlino, tra il 1900 e il 1914, si tenevano più di venti *Liederabende* (recite *di Leder*) alla settimana, oltre alle sessioni private. PARSONS, James, "Introduction: Why the Lied?", *The Cambridge Companion... , op. cit.*, p. 4.

[51] BOKER-HEIL, Norbert, "Lied", *The New Grove... , op. cit,* vol. 10, p. 830.

[52] "[...] toccare i più reconditi recessi dell'anima per mezzo della più semplice melodia e della più semplice modulazione, senza affettazione e senza forzare la ricerca dell'effetto o dell'originalità: in questo sta il misterioso potere del vero genio." [traduzione dell'autore]. Citato in PARSON, James, "The eighteenth-century Lied", *The Cambridge Companion to the Lied*, James Parson (ed.), Cambridge University Press, Cambridge, 2004, pp. 36. Sulla stessa linea, Johann Christoph Gottsched, professore di retorica a Lipsia, nel suo saggio *Versuch einer aitschen Dichkunst* (Saggio critico sull'arte della poesia) del 1730, mette in relazione la poesia con le canzoni, sostenendo che queste dovrebbero essere brevi e relativamente semplici, pi'caras bachic o canzoni d'amore. *Idem.*

Evidentemente, come spiega *The New Grove*, questo concetto si è arricchito man mano che si scrivevano opere più complesse dal punto di vista melodico, n'tinico e armonico, dando maggiore importanza alla parte pianistica, fino a quando, nel XIX secolo, si affermò il modello di una forma in cui le idee suggerite dal testo prendevano forma nell'organizzazione di quelle parole nella voce e nel pianoforte, sia per dare unità formale sia per esaltare alcuni dettagli insiti nella poesia della composizione musicale[53]. Questo concetto che Boker-Heil applica al termine *Lied* è estensibile alle diverse denominazioni del genere nei vari Paesi.

Una delle definizioni del termine *Lied* che abbiamo trovato più interessanti per la sua concisione e precisione è quella di Carlos Gomez Amat, per il quale l'universalizzazione della parola tedesca dà il nome "a un genere dalle caratteristiche particolari, le cui migliori virtù sono la condensazione drammatica e l'intima unione di testo e musica in un insieme indissolubile"[54]. Da parte sua, Eduard Toldra, considerato da molti storici e interpreti uno dei massimi esponenti della canzone spagnola, ci ha lasciato queste parole, che Antonio Fernandez-Cid riporta nel suo libro sulla canzone spagnola:

Dina che la canzone è la musica stessa, sostanziale, senza aggettivi; la musica nel suo stato più intimo e nudo. Dina che la canzone deve essere scritta in uno stato di grazia. E che è una vera e propria pietra di paragone per compositori ed esecutori[55].

L'idea primaria della parola *Lied*[56] si riferisce a una canzone in lingua tedesca, da cui è derivata per indicare diversi tipi di composizioni nel corso della storia. Il *Lied* polifonico, che conobbe il suo massimo splendore intorno al 1500, si basa su una costruzione non necessariamente vocale che utilizza una melodia canora preesistente per la sua elaborazione. Le influenze del madrigale italiano, con la *seconda prattica*, la monodia accompagnata e l'espressione degli *affetti*, introducono elementi concertanti con strumenti *obbligati*, intermezzi e *ritornelli* che ampliano le possibilità di costruzione musicale, basate sul principio della canzone strofica e della melodia cantabile[57], nonché alcuni effetti ritmico-melodici, ornamenti, echi, i cosiddetti madrigalismi, così come i metri poetici. Nel tardo Barocco ha lasciato il posto al *Lied* con solista e basso continuo, il *Generalbass Lied* o *Lied* con continuo, una composizione generalmente profana che segue i principi del modello strofico con partecipazione strumentale ai *ritornelli, con* parti vocali più o meno ornamentali[58].

L'aspetto forse più rilevante della pratica del *Lied* nell'area germanica è la sua dipendenza dalla poesia fin dai primi tempi, che può aver influenzato la successiva evoluzione del genere. Jane K. Brown sottolinea che lo sviluppo del *Lied* tedesco è una diretta conseguenza della fioritura della poesia romantica e di Goethe in particolare, e si diffuse sotto forma di numerose pubblicazioni di raccolte di canzoni con accompagnamento al pianoforte per uso domestico, scritte da bravi compositori che avevano familiarità con la letteratura poetica del tempo[59]. Molte raccolte di canzoni furono compilate dagli stessi poeti, che potevano commissionare la musica per le loro

---

p. 16.
[53] BOKER-HEIL, Norbert, "Lied", *The New Grove, op. cit.,* vol. 10, p. 838. Jane K. Brown azzarda una data per l'inizio del *Lied* tedesco come genere adulto, il 19 ottobre 1814, quando Schubert compose la sua *Gretchen am Spinnrade*. BROWN, Jane K., "In the begining was.", *op. cit.,* p. 12. Allo stesso modo, Marie-Agnes Dittrich, discute l'idea di *Gretchen* come inizio del lied moderno. DITTRICH, Marie-Agnes, "The Lieder of Schubert", *The Cambridge Companion, op. cit.*, p. 85.
[54] GOMEZ AMAT, Carlos, *Historia de la musica espanola, s. XIX,* Alianza, Madrid, 1988, p. 93.
[55] FERNANDEZ-CID, Antonio, *Liederycanciones..., op. cit,* p. 2.
[56] Per una storia più dettagliata del *Lied,* soprattutto *di* quello tedesco, si vedano gli studi raccolti: BOKER- HEIL, Norbert; BARON, John H.; BARR, Raymond A. e altri, "Lied", *The New Grove..., vol. 10, p. 830-847, op. cit.,* vol. 10, p. 830-847; FISCHER-DIESKAU, Dietrich, *The sounds speak, op. cit.*; PARSON, James (a cura di), *The Cambridge companion, op. cit.*; KRAVITT, Edward F., *The lied: mirror, op. cit.* Per una visione più ampia del genere canzone: STEVENS, Denis (a cura di), *Historia de la cancion,* Taurus, Madrid, 1990 *[Storia della canzone,* Hutchinson, Londra, 1960].
[57] BOKER-HEIL, Norbert, "Lied", *The New Grove, op. cit.,* vol. 10, p. 830.
[58] BARON, John H., "Lied", *The New Grove..., op. cit,* vol. 10, p. 834.
[59] BROWN, Jane K., "In the begining was poetry", *The Cambridge Companion to the Lied,* James Parson (a cura di), Cambridge University Press, Cambridge, 2004, p. 12.

poesie a compositori minori. Quando i compositori erano incaricati di pubblicare le raccolte di canzoni, queste erano generalmente più ornate ed elaborate, fino a quando, verso la metà del XVII secolo, si imposero i criteri di semplicità nelle composizioni, a favore della chiarezza e della comprensibilità del testo.[60]

Un'altra importante peculiarità è l'uso che veniva fatto delle canzoni. Mentre in Francia, Italia o Spagna le raccolte pubblicate erano rivolte principalmente alle classi aristocratiche, nel Nord Europa i destinatari erano generalmente i letterati, gli studenti e le classi medie colte, un intrattenimento per la borghesia benestante che voleva imitare le classi superiori[61], cosa che ne facilitò notevolmente la diffusione e allo stesso tempo rese il genere un elemento sempre più integrato nella cultura comune.

Verso la metà del XVIII secolo Berlino divenne il principale centro di composizione *di Lied,* riflettendo l'ambiente culturale e artistico promosso da Federico il Grande. Christian Gottfried Krause stabilì i termini su cui si sviluppò la prima scuola berlinese nel senso sopra indicato, dando vita a numerose canzoni composte in stile diatonico, con ritmo e armonia semplici. La semplicità di questi primi casi fu mitigata dal contributo di compositori come August Bernhard Valentin Herbing, precursore delle ballate, che introdusse storie e favole con un trattamento armonico più elaborato, o il caso di Christian Gottlob Neefe, primo insegnante di Beethoven, che introdusse modifiche nella forma del *Lied* strofico, liberando la forma *Lied* dalle restrizioni imposte dalla Scuola di Berlino. La sua tecnica permetteva di modificare la struttura ripetitiva quando non si adattava al testo delle strofe che la richiedevano[62], aprendo così la strada all'idea del *Lied durchkomponiertes*. Tuttavia, il suddetto principio di semplicità non scomparirà nella storia della canzone, nonostante la successiva evoluzione verso forme più elaborate. Alcuni dei futuri grandi maestri del *Lied* non resisteranno alla composizione di brani che, sebbene intrisi di genialità, sono ancora in linea con l'idea di semplicità nella loro costruzione. In alcune delle opere presentate in questo lavoro, già nel XX secolo, questa è una caratteristica sostanziale, soprattutto in quelle in cui il testo poetico scritto da Lope si nutre della semplicità dello stile popolare, così caratteristico della sua opera.

Nell'ultimo terzo del XVIII secolo i compositori della cosiddetta seconda scuola *del Lied* berlinese, seguendo l'evoluzione di quelli sopra citati, scrissero canzoni con una maggiore complessità melodica, ritmica e armonica, con accompagnamenti di tastiera più elaborati e con un diverso trattamento musicale per le diverse strofe. "Questi sviluppi, insieme alla richiesta personale di lavorare con buoni testi poetici, portarono i compositori più importanti del genere, Carl Friedrich Zelter, Johann Abraham Peter Schultz e Johann Friedrich Reichardt, alla tecnica compositiva del *durchkomponiertes Lied*. Schultz, ad esempio, insistette per evitare testi di cattivo gusto e ricorse alle opere dei migliori poeti"[63]. L'influenza di questi compositori si diffuse in tutta l'area germanica, influenzando altri che si dedicarono in modo particolare al *Lied*, come Christian Friedrich Schubart o Johann Rudolf Zumsteeg, fino a farlo diventare un genere coltivato da tutti i compositori dell'epoca. I contributi discreti di Christoph Willibald Gluck, Carl Philipp Emanuel Bach o Haydn furono ampliati da Mozart, che scrisse circa 40 canzoni. Il suo ricco talento lirico, ampiamente riconosciuto, si combina con un accompagnamento sottile, con un particolare senso di enfatizzazione del rapporto tra versi e musica, con quest'ultima che a volte guida la seconda, come in *Das Veichen e Abendempfndung,* esprimendo il carattere e il significato dei testi che utilizzava nello stile del *durchkomponiertes Led,* anche se considerava la canzone come un genere minore[64].

Nel XIX secolo il *Lied* diventa un tipo di composizione ben definito, definito *Lied* romantico, in

---
[60] Idem.
[61] BROWN, Jane K., "In principio,..., *op. cit,* p. 17.
[62] BARR, Raymond A., "Lied", *The New Grove...,* op. cit., vol. 10, p. 836.
[63] Reichart e soprattutto Zelter furono compositori che collaborarono direttamente con Goethe. Si veda in BROWN, Jane K., "In the beginning"^, *op. cit.,* p. 14.
[64] RADCLIFFE, Philip, "Germania e Austria", *op. cit.,* pp. 138-139.

cui le idee suggerite dal testo poetico prendono forma nella costruzione musicale e nel rapporto tra voce e pianoforte. L'espansione del *Lied* presuppone una rinascita della poesia lirica tedesca, la cui popolarità tra i compositori e il pubblico deriva dalla considerazione che la musica può essere derivata dal testo poetico, nonché da una ricchezza di dispositivi e tecniche musicali per esprimere questa interrelazione. Johann W. Goethe, Ludwig H. C. Holty, Johann Mayrhofer, Wihelm Muller, Friedrich G. Klopstock, Matthias Claudius, Johann G. Herder e Friedrich Schiller furono i principali poeti di lingua tedesca che servirono il *Lied* romantico. Franz Schubert, più che il creatore, fu il compositore che gli diede la sua piena dimensione poetico-musicale, riuscendo come nessun altro a fondere i significati della musica e delle parole. In Schubert, l'infinita varietà di stili e forme, linee melodiche, modulazioni, figure di accompagnamento, sono essenzialmente il risultato della sua capacità di rispondere musicalmente allo stimolo della poesia[65] . Il suo obiettivo era quello di trovare meccanismi espressivi che potessero essere utilizzati come elementi strutturali nella musica. Questi meccanismi appaiono già nei suoi predecessori, ma Schubert li sviluppa applicandoli alla propria musica.

[...] metafore musicali per il movimento e le emozioni umane: ritmi di camminata o di corsa; inflessioni toniche o dominanti per domande e risposte; carattere tempestoso o calmo; contrasti maggiore-minore per il sorriso o il pianto, la gioia o il dolore; melodie piacevoli o malinconiche modulate dalla forma e dalla tensione del verso. Questi elementi si ritrovano già nei precursori di Schubert, soprattutto in Zumsteeg, nelle cui opere sono strettamente e deliberatamente modellati[66] .

Da Schubert in poi, il *Lied* continua ad espandersi in un'epoca d'oro in cui i più grandi compositori dell'epoca dedicano la loro attenzione al genere. Robert Schumann, chiamato il poeta del pianoforte, unisce musica e poesia come nessun altro. Considerava la poesia come un'unità di forma e contenuto e componeva sulla base dell'idea centrale della poesia, interpretandola attraverso la musica[67] . Carl Loewe e Robert Franz hanno un'abbondante produzione di ballate in stile narrativo strettamente legate alla scena drammatica, compositori che, insieme a Peter Cornelius, Adolf Jensen, Fanny Hensel e Clara Schumann, sono tra i meno conosciuti ma non meno importanti. Felix Mendelssohn mostra nei *Lieder* la sua tendenza a uno stile semplice e al carattere di canzone popolare. Brahms cerca l'espressione sonora di esperienze e sentimenti, evitando l'eccessiva passionalità come riflesso dell'atteggiamento borghese con cui si muoveva come uomo e compositore[68] . Hugo Wolf, dedicandosi quasi esclusivamente al *Lied,* fa scorrere la melodia secondo il ritmo del linguaggio, raggiungendo l'unità con i motivi che il pianoforte varia o ripete, affronta o collega, facendo sì che la coesione musicale emani dal testo[69] . Gustav Mahler, Hans Pfizner, Richard Strauss e Max Reger sono i più importanti nella loro dedizione al *Lied* al volgere del secolo, affiancati da molti altri compositori, dato che in questo periodo sono pochi quelli che resistono a questo genere. Lo stesso vale per altri compositori dei Paesi limitrofi, tra i quali vanno ricordati, per l'importanza della loro produzione, Franz Liszt, pienamente integrato nella tradizione e nella cultura germanica, Frederic Chopin, Edvard Grieg, Antonin Dvorak e Modest Moussorgsky. Le correnti nazionaliste del XIX secolo, con l'impulso artistico delle lingue autoctone, videro nel *Lied,* come nell'opera, un mezzo ideale per il trattamento musicale della

---

[65] SAMS, Eric, "Lied", *The New Grove..., op. cit,* vol. 10, p. 839.

[66] *Idem.* "[...] le metafore musicali del movimento e del gesto umano: i ritmi di marcia o di corsa; le inflessioni toniche o dominanti per le domande e le risposte; gli stati d'animo di tempesta o di calma; i contrasti maggiore-minore per il riso e le lacrime, il sole e l'ombra; le melodie conviviali o malinconiche modulate in base alla forma e alla tensione del verso. Tutte queste cose abbondano nei precursori di Schubert, in particolare Zumsteeg, sulla cui opera il suo lavoro è spesso strettamente e deliberatamente modellato." [Traduzione dell'autore].

[67] FISCHER-DIESKAU, Dietrich, *I suoni parlano..., op. cit.,* p. 82. Allo stesso modo Jurgen Thym descrive i *Lieder* di Schumann, un'unione di poesia e musica, facendo propria la poesia con l'aggiunta del commento del pianoforte. THYM, Jurgen, "Schumann: reconfiguring the Lied", *The Cambridge Companion..., op. cit.,* p. 135.

[68] *Ibidem,* p. 93.

[69] Federico Sopena sottolinea che "per Wolf il verso è la fonte di ispirazione, per i precedenti è la melodia che trasforma il testo quasi in un pretesto". La ricerca dell'essenza, dell'istante creato dalla poesia concreta, crea la massima tensione di uno stato d'animo espressionista che già lo avvicina allo *Sprechgesang* della seconda scuola viennese. SOPENA, Federico, *Enacionalsmoy el "Lui".* Real Musical, Madrid, 1979, p. 69.

17

poesia nazionale con l'aiuto delle influenze della musica popolare. Da Grieg a Leos Janacek o Bela Bartok, la composizione di *Lieder* fu una parte importante della produzione musicale e giocò un ruolo importante nell'evoluzione musicale del nazionalismo[70].

La scuola creata in Francia merita una menzione speciale. Secondo Fischer-Dieskau, la particolarità, la popolarità e la continuità della *melodie* erano dovute alla profusione di traduzioni francesi dei *Lieder* di Schubert, eseguite da cantanti di prestigio[71]. Il fatto è che l'interesse per la musica vocale in Francia risale a molto tempo fa. Nel XVII secolo la canzone era un genere molto popolare, persino lo stesso re Luigi XIII la componeva e la cantava, e compositori come Pierre Guedron, Antoine Boesset e Gabriel Bataille divennero famosi per le antologie di canzoni che pubblicarono[72]. Il romanticismo dei trovatori lasciò il posto alla canzone elaborata, fino all'epoca di Berlioz, quando il termine *melodie* venne a indicare il genere del *Lied* in Francia. David Cox caratterizza questo tipo di musica come una "combinazione di flessibilità ritmica, sottigliezza melodica e ricchezza armonica", caratteristiche che avrebbero raggiunto un alto grado di perfezione con Gabriel Faure, Henri Duparc e Claude Debussy[73]. Le canzoni di Charles Gounod e Jules Massenet hanno un interesse particolare per la prosodia dei versi, anche se con accompagnamenti pianistici in sottofondo. Questi due compositori hanno dato il via all'epoca d'oro della *melodie*, nell'ultimo terzo del XIX secolo, con Dupark, Faure, Cesar Frank, Ernest Chausson, Joseph Guy Ropartz, Emmanuel Chabrier e tutta una sfilza di compositori minori, alcuni dei quali avevano nella *melodie* il loro principale campo d'azione, come Pierre de Breville, Alexis de Castillon, Louis Vierne o Guillaume Lekeu, fino alle creazioni ormai moderne di Maurice Ravel, Francis Poulenc e, soprattutto, Debussy.

Il modello del *Lied* si diffuse in tutta Europa, formando vari stili nazionali a partire dalla fine del XIX secolo. Il suo adattamento alle diverse realtà culturali fu vario, generalmente definito da peculiarità linguistiche e influenzato dalla musica autoctona. In alcuni casi, uno stile liederistico proprio non si è materializzato, poiché all'indefinitezza musicale di questo stile si sono aggiunti, da un lato, l'enorme peso del *Lied* e della *melodie* e, dall'altro, l'onnipresente influenza della musica italiana, strettamente legata al repertorio teatrale. Questo è il caso del nostro par, come vedremo più avanti.

LA CANZONE DA CONCERTO IN SPAGNA

Lo sviluppo della canzone in Spagna, forse anche in altri Paesi, ha avuto inevitabilmente come punto di riferimento il *Lied* tedesco. In alcuni casi, per avere un modello da seguire, in altri, come revulsivo per trovare una manifestazione più personale e linguisticamente nazionale. In ogni caso, secondo le parole di Celsa Alonso, la canzone spagnola ha subito, da parte della critica e della storiografia, "l'insulto comparativo del *Lied* tedesco [...] a partire dagli scritti di Felipe Pedrell"[74]. La qualità musicale, la concretezza dei fondamenti del genere e l'enorme diffusione delle opere dei grandi *liederisti germanici* dell'Ottocento e del primo Novecento hanno segnato l'evoluzione della canzone per pianoforte in tutta Europa. Federico Sopena lamenta il fatto che il grande repertorio *liederistico* europeo non sia penetrato in Spagna, con solo pochi esempi di Schubert tradotti in spagnolo, nessun riferimento da parte di scrittori e studiosi di musica, e una totale assenza nell'ambiente dei conservatori[75]. Forse questo giudizio di Federico Sopena non è del tutto esatto, poiché i primi tentativi di stabilire un *Lied* spagnolo di qualità con caratteristiche proprie vengono da Pedrell, per il quale il *Lied* ispanico doveva essere un canto popolare trasformato, basato

---

[70] "...] ilfatto che il nazionalismo sia inseparabile dall'appassionato culto della propria lingua è decisivo per la struttura del mentire". *Ibidem*, p. 6.

[71] FISCHER-DIESKAU, Dietrich, *I suoni parlano...*, *op. cit*, p. 110.

[72] COX, David, "Francia", *Histoiia de la cancion*, Denis Stevens (a cura di), *op. cit.* p. 270.

[73] *Idem.* p. 276.

[74] ALONSO, Celsa, "La cancion espanola desde la monarquia fernandina a la restauracion alfonsina", *La musica espanola en el siglo XIX*, Universidad de Oviedo, Oviedo, 1995, p. 245.

[75] SOPENA, Federico, *E "Hed "romantco*, Moneda y Credito, Madrid, 1973, p. 133.

sull'interiorizzazione della musica naturale di una nazione, sul modello dei tedeschi[76] . Il riconoscimento di un particolare stile spagnolo, basato sul pittoresco, sul casticismo e sull'importanza dell'elemento popolare, insieme alla considerazione della superficialità e della mancanza di qualità musicale in molti casi, si ritrova nella storiografia musicale spagnola quando si fa riferimento alla cancion[77] . Solo tra la fine del XIX e l'inizio del XX secolo questa tendenza si è invertita, anche se questo cambiamento è visibile solo nei casi di Enrique Granados, Manuel de Falla, Joaquin Turina, Eduard Toldra o Joaquin Rodrigo, quando alcune delle loro canzoni sono entrate a far parte del repertorio internazionale.

D'altra parte, il ritardo nella conoscenza del *Lied* tedesco nel nostro Paese fu responsabile, secondo Pedrell, seguito da Federico Sopena, del ritardo nello sviluppo della canzone romantica. La pretesa di prendere a modello il *Lied* tedesco portò al discredito dell'abbondante produzione nazionale, a causa dell'accusa di essere populista e sciovinista, fino all'arrivo di alcuni compositori che, alla fine del XIX secolo, seguendo gli approcci del genere in Germania e in Francia, composero canzoni di un'elaborazione musicale e di una profondità espressiva fino ad allora mai raggiunte in Spagna.

Il quadro sociale e politico in cui si sviluppa la canzone non può essere dimenticato quando si tratta di comprenderne l'evoluzione. Alonso indica il "plebeismo" dell'aristocrazia spagnola e il "majismo" della borghesia[78] , come fattori di condizionamento culturale che impediscono lo sviluppo di una canzone di vera qualità musicale e poetica. D'altra parte, Gomez Amat avverte le differenze nel repertorio da salotto tra il mondo anglosassone e la cultura spagnola, dove i rapporti tra questo repertorio e la musica teatrale sono più stretti[79] , per cui i modelli della musica da palcoscenico furono trasferiti nel repertorio da salotto.

La composizione di opere per voce e pianoforte si è sviluppata come genere a partire dal XVIII secolo sotto forma di pezzi da salotto. Celsa Alonso, come José Subira e Rafael Mitjana, che lei stessa cita, afferma che le origini si trovano nella tonadilla escenica, da cui furono estratti alcuni dei numeri più popolari, basati sui ritmi e sui formati delle seguidillas, dei polos e delle tiranas, e passati al salotto aristocratico dove la voce era accompagnata dal pianoforte o dalla chitarra[80] . Il substrato popolare, e quindi la sua popolarità, fu fondamentale per il suo sviluppo, e la struttura poetica e musicale fu stabilita dalla tradizione. Il ritmo ternario, la linea vocale sillabica con lievi melismi alla fine del verso, i florilegi superiori, le sincopi spezzate, le terzine incatenate, la presenza della seconda aumentata, i tetracordi frigio discendenti, i giri modali o gli accompagnamenti ritmici subordinati alla voce, costituivano uno stile musicale ancorato al folklore[81] . Nel corso del tempo questo stile si arricchì dei contributi della musica vocale italiana, con una grande influenza del bel canto operistico. Fernando Sor e Manuel Garcia sono i compositori spagnoli della fine del XVIII secolo che più hanno contribuito all'espansione del genere, facendo conoscere le loro canzoni e lo stile della canzone spagnola, grazie alla loro traiettoria artistica internazionale, in Inghilterra, Francia e Italia. "La versatilità e la capacità di assimilare i linguaggi del suo ambiente" sono, secondo Andres Moreno Menjibar, i tratti distintivi

[76] PEDRELL, Felipe, *Por nuestra musica*, Henrich e Cᵃ . Barcellona, 1891, pp. 40-41. Pedrell riconosce che questa considerazione appartiene al critico P. Uriarte, suo contemporaneo e amico, e prosegue affermando che il dramma lmco nazionale sarebbe lo stesso *Lied* ingrandito. Esiste una ristampa di questo libro di Pedrell a cura di Francesc Bonastre, Universidad Autonoma de Barcelona, Bellaterra, 1991.

[77] Le opinioni di Subira, Salazar, Mitjana o Sopena sono, nello stesso senso, il riconoscimento di un repertorio molto vasto, della sua particolarità nazionale, ma di una certa superficialità musicale e poetica che gli ha impedito di trascendere nel repertorio internazionale. Cfr. ALONSO, Celsa, "La cancion espanola desde la monarquia fernandina", *op. cit*, p. 246.

[78] ALONSO, Celsa, "Cancion", Diccionario de la Musica Espanola, op. cit., vol. 3, p. 1.

[79] GOMEZ AMAT, Carlos, Historia de la musica, op. cit. p. 18.

[80] ALONSO, Celsa, "Cancion", *Diccionario de la Musica Espanola..., op. cit*, vol. 3, pp. 1-19. Per uno studio più dettagliato, della stessa autrice abbiamo già segnalato *Cancion lrca espanola en el siglo XIX*, Instituto Complutense de Ciencias Musicales, Madrid, 1998, nonché "La cancion espanola desde la monarquia fernandina a la restauracion alfonsina", *La musica espanola en el siglo XIX*, Universidad de Oviedo, 1995.

[81] ALONSO, Celsa, Diccionario de la Musica Espanola, op. cit., vol. 3, p. 1.

della musica di Garcia, sempre dotata di originalità[82] , ma sempre segnata dal respiro della musica di scena, prima della tonadilla, poi dell'opera italiana[83] . La frase con cui Celsa Alonso riassume gli elementi stilistici delle canzoni di Manuel Garcia, che descrive come il precursore del genere, può servire a riassumere ciò che si sarebbe sperimentato in Spagna per buona parte del secolo, e che sarebbe sopravvissuto fino al ventesimo:

[...] il *bel canto* italiano, l'operetta francese, il virtuosismo romantico e il pittoresco, senza dimenticare l'importanza del mito populista, la mistificazione della canzone popolare e l'esotismo coloniale[84] .

Il XIX secolo iniziò consolidando la traiettoria avviata nel secolo precedente. Dopo un primo periodo in cui divennero di moda le canzoni e gli inni patriottici, motivati dagli eventi politici tra il 1808 e il 1814, durante il regno di Fernando VII l'estetica populista si consolidò con una profusione di seguidillas-boleras e tiranas, per lo più con accompagnamento di chitarra[85] . Lo stile e gli effetti della chitarra come strumento di accompagnamento si sarebbero trasmessi alla scrittura pianistica come elemento importante dello spirito nazionalista spagnolo[86] [87] valido fino al XX secolo. Le composizioni di Federico Moretti, Jose Melchor Gomis, Manuel Ruckert, Ramon Carnicer apparvero in diverse raccolte di canzoni, tra il 1812 e gli anni '30, con la tendenza ad abbandonare la bolera per la canzone spagnola o la tirana andalusa. Mariano Rodriguez de Ledesma, allora a Londra, era molto apprezzato come compositore di *canzonette* e romanze, in uno stile fortemente influenzato dall'opera italiana, tendenza che si rafforzò a partire dagli anni Venti. La predilezione per la poesia neoclassica, unita a uno stile musicale rossiniano, conviveva con l'incipiente poesia preromantica, con linee melodiche più belcantistiche, ricche di appoggi e ornamenti.

Le due tendenze della cancion de salon spagnola, l'italianismo e il populismo, segnarono in questo periodo una doppia direzione. Da un lato, il gusto italiano dell'opera fu importato e influenzò il repertorio del cancioneril, dall'altro, in Europa si formò un gusto per le canzoni genuinamente spagnole, che compositori come Narciso Paz, Fernando Sor, Mariano Rodriguez de Ledesma, Manuel Garcia, Manuel Ruckert, Ramon Carnicer, Jose Melchor Gomis, Federico Moretti e Salvador Castro de Gistau pubblicarono e diffusero all'estero. Così, "l'Europa entrò in contatto con la musica spagnola attraverso quelle arie nazionali, in cui era forte la presenza dell'elemento andaluso, reinterpretato come vestigia della cultura araba. Questo fatto è fondamentale per comprendere quello che, negli anni successivi, finì per diventare il cosiddetto ispanismo musicale francese [...]"[87]. Gilbert Chase riassume così lo stile populista della canzone spagnola del XIX secolo:

Molte canciones lircas della Spagna del XIX secolo possono essere caratterizzate da uno stile popolare e artistico, utilizzando testi pittoreschi e mettendo a nudo il tessuto della cultura spagnola: le majas (attraenti donne castigliane), i mozos (giovani uomini), le città andaluse, l'amore proibito, l'amore perduto, i toreri, la forza della fede cattolica e un'intensa devozione per tutto ciò che è spagnolo. L'atmosfera è affascinante, con accompagnamenti che forniscono un sottofondo discreto costruito su semplici danze ritmiche. Abbondano le interiezioni parlate, le sincopi, gli ornamenti, le terzine, gli appoggi e i giri, tutti riconducibili al cante flamenco. I ritmi, il movimento armonico e il disegno melodico si basavano sulle danze popolari spagnole e la vita della tipica classe operaia spagnola veniva idealizzata e immortalata[88] .

---

[82] MORENO MENJIBAR, Andres, "Manuel Garcia en la perspectiva", *Manuel Garaa, de la tonadila escenica a la opera (1775-1832)*, Alberto Romero Ferrer, Andres Moreno Menjibar (eds.), Universidad de Cadiz, Cadiz, 2006, p. 107.

[83] Di uno stile vicino a quello della tonadilla è la canzone *La barca de Amor*, con testo di Lope de Vega, che includiamo nel nostro catalogo.

[84] ALONSO, Celsa, "Manuel Garcia, compositore di canzoni", *ibid.* p. 177.

[85] ALONSO, Celsa, *La cancionlirica espanola en elsiglo XIX*, ICCMU, Madrid, 1998, p. 39.

[86] CHASE, Gilbert, *The music of Span*, Dover, New York, 1959, p. 62.

[87] ALONSO, Celsa, Diccionario de la Musica Espanola, op. cit., vol. 3, p. 4.

[88] Molte canzoni liriche della Spagna del XIX secolo si caratterizzano per il loro stile popolare e artistico, utilizzando testi pittoreschi ed esponendo la struttura sociale della cultura spagnola: majas (attraenti donne castigliane), mozos (giovani uomini), città andaluse, amori proibiti, amori perduti, toreri, la forza della fede cattolica e un'intensa devozione per tutto ciò che è spagnolo. L'atmosfera è incantevole, con accompagnamenti che forniscono un sottofondo discreto costruito da semplici danze ritmiche. Abbondano le interiezioni parlate, le

Queste considerazioni possono rispondere al modello della cancion, e in generale della musica spagnola, che si diffuse nel resto del mondo. Sebbene questo stile sia stato ampiamente promosso in questo periodo, non è meno vero che l'italianità è stata un altro fattore importante, come in tanti altri Paesi, e che le opere di alcuni compositori hanno dignificato con la loro qualità sia lo stile puramente spagnolo sia altri tentativi di trascendere queste due tendenze radicate.

Il periodo di Isabella II permise lo sviluppo liberale e la penetrazione del romanticismo di stampo francese, con il risultato di introdurre negli ambienti musicali usanze francesi come le *soirées*[89] . La musica italiana continuò a essere il punto di riferimento internazionale, con uno stile derivato dai successi di Gaetano Donizetti e Vincenzo Bellini, che ebbero una notevole influenza sulla canzone. La melodia vocale si avvale di salti intervallari diminuiti a scopo espressivo, di cromatismi e dei tipici appoggi e raggruppamenti ornamentali, mentre il pianoforte, talvolta indicato anche per la chitarra e persino per l'arpa, è subordinato alla voce, anche se non mancano preludi e intermezzi più o meno ampi, con duplicazioni di terze o seste, tipiche dell'opera. Il populismo diventa sempre più andaluso, in molte occasioni, a causa della grande richiesta, di canzoni di costruzione ed esigenze molto elementari, destinate ai dilettanti, in gran parte basate su ritmi di danza[90] . Le canzoni più elaborate, con il trattamento più marcato del pianoforte, sono quelle di Sebastian Iradier, il più importante compositore di canzoni che attingono all'andalusismo, al criollismo e all'italianismo[91] , quelle di Jose Espi y Guillen, Cristobal Oudrid, Mariano Garcia e Mariano Soriano Fuertes. Hipolito Goldois, separandosi dal pittoresco, tenta uno stile romantico più serio.

Jose Inzenga segna una linea di grande qualità e raffinatezza, seguendo il precedente di alcune canzoni di Santiago Masarnau e Jose Espi y Guillen. Le sue canzoni si nutrono di un certo eclettismo che spazia dalla musica operistica italiana, dalla raffinatezza francese e da alcune torsioni folcloristiche[92] , ma rifuggendo dall'andalusismo e dal criollismo tanto di moda, come i ritmi della habanera, della guajira o della guaracha, e da temi banali. Inzenga dota la melodia di una declamazione originata dal verso e il pianoforte di una forte componente espressiva generata dal testo della canzone.

L'ultimo terzo del XIX secolo, pur mantenendo i gusti del salotto borghese, con la crescita delle canzoni moresche, frutto di un'estetica arabista che permeava le arti plastiche e decorative, vide un progressivo interesse per la lirica francese e tedesca, nonché per i poeti spagnoli pre-bequeriani e bequeriani. Queste opere mostrano una tendenza più europeista, con melodie neoromantiche in uno stile più raffinato. Sulla falsariga di quanto sottolinea Jane K. Brown[93] , così come lo sviluppo del *Lied* tedesco è una diretta conseguenza della fioritura della poesia romantica e di Goethe in particolare, in Spagna lo sviluppo della cancion raggiunse un certo livello di qualità solo dopo lo sviluppo della poesia romantica, nel nostro Paese con molti anni di ritardo rispetto all'Europa centrale. Un'élite intellettuale, "spinta da un nuovo germanesimo e da un crescente nazionalismo, sviluppò la produzione di un gruppo di compositori che furono gli artefici del primo *Lied*

---

sincopi, gli ornamenti, le terzine, gli appoggi e i giri, elementi che possono essere attribuiti al canto flamenco. I ritmi, il movimento armonico e il disegno melodico si basano sulle danze popolari spagnole. La vita della tipica classe operaia spagnola veniva idealizzata e immortalata [traduzione dell'autore]. CHASE, Gilbert, *The music of Spain,* op. cit., p. 130. Citato da DRAAYER, Suzanne R., *Art Song Composers of Spain. An Encycloped̄a,* Scarecrow Press, Maryland, 2009, pag. 1. Draayer offre nelle pagine seguenti un'interessante tipologia di canzoni spagnole del XIX secolo.

[89] *Ibidem,* p. 5.

[90] Le caratteristiche più salienti dello stile andaluso di questo periodo sono definite da Celsa Alonso in *La cancion lírica espanola...,* op. cit., pp. 244-245: strutture modali o pre-tonali, ritmi ternari, la struttura bipartita di copla e refran, la sostituzione della chitarra con il pianoforte, temi costumbrista e persino l'uso del gergo andaluso in alcune occasioni.

[91] ALONSO, Celsa, Diccionario de la Musica Espanola..., op. cit., vol. 3, p. 6.

[92] L'eclettismo di cui parla Alonso riferendosi all'opera di Inzenga assume la forma di: "eleganza e raffinatezza francese, vocalità italiana, strofe di radici ispaniche, buona poesia e ritmi popolari se era conveniente". ALONSO, Celsa, *La cancion lírica espanola...,* op. cit., p. 294.

[93] BROWN, Jane K., "In the begining was.", *op. cit.,* p. 12.

21

ispanico"[94] . I compositori più noti di questo periodo sono Fermin Maria Alvarez, Jose Espi Ulrich, Felipe Pedrell e Gabriel Rodriguez. Oltre all'utilizzo di poesie romantiche anche di poeti stranieri, questi compositori diedero al pianoforte un compito sempre più espressivo, con l'uso di modulazioni legate al contenuto espressivo del testo e figurazioni particolari, una maggiore ricchezza armonica, mentre la linea vocale è molto elaborata e legata al testo poetico, con periodi in forma di *ariosi* e recitativi, all'interno di strutture influenzate dal *Lied durchkomponiert* che fuggono dalle forme strofiche.

Pedrell è stato il primo in Spagna a utilizzare la parola *Lied* per denominare alcune delle sue canzoni pubblicate in vari album, oltre ad essere il primo a teorizzare il termine, promuovendo la creazione di una scuola di *Lied* ispanica[95] . Le proposte di Pedrell non escludono il popolare nei suoi scritti o nelle sue composizioni; al contrario, sia lui che il gruppo di compositori responsabili di questo nuovo impulso romantico utilizzano la purificazione del folklore come punto di partenza per sviluppare un *Lied* essenzialmente spagnolo, in una "simbiosi tra il popolare e il colto"[96] . Le influenze di entrambi sono varie, proponendo soluzioni che vanno dall'imitazione dei modelli del *Lied* tedesco e della canzone francese, a canzoni di origine popolare con un trattamento raffinato ed elaborato. Tra i poeti musicati spicca Becquer, sui cui testi si cimentano quasi tutti i compositori dell'epoca, i poeti becqueriani come José Selgas, Antonio de Trueba, Antonio Arnao o Ventura Ruiz Aguilera[97] , e in alcuni casi poeti stranieri di area germanica (Ludwig Uhland) e francese (Victor Hugo, Alphonse de Lamartine, Armand Silvestre).

Gabriel Rodriguez e Jose Espi Ulrich mostrano un'influenza più germanica, avendo come modello per le loro canzoni i *Lieder* di Schumann, in particolare il ruolo del pianoforte nella costruzione e nell'espressività della canzone. Marcial del Adalid compose in uno stile decisamente francese, quasi sempre con poesie di scrittori francesi. Fermin Maria Alvarez, il più prolifico nella composizione di canzoni, lavorò sia sulla raffinata canzone populista sia sul lirismo delle canzoni spagnole, francesi e catalane, sempre in uno stile marcatamente francese. Tutti questi sforzi nella ricerca di un genere liederistico spagnolo si accompagnarono, evidentemente, a una vasta produzione di opere commerciali destinate al salotto borghese, sulla falsariga della melodia romantica di consumo francese, oltre che dell'onnipresente italianismo. Alla fine del secolo fiorirono anche composizioni legate a correnti nazionaliste, basate su un folklorismo regionalista che in alcuni casi raggiunse una certa stilizzazione, con esempi vicini al *Lied*. Questo tipo di composizioni si trovava nelle zone in cui una borghesia più o meno illuminata e regionalista richiedeva opere per i salotti pequeno-borghesi, così come le manifestazioni folkloristiche delle società corali, come nel caso della cerchia di compositori legati ai poeti della *Renaixença* catalana e dell'Orfeo Catala, o le composizioni in basco di José Marla Iparraguirre, e le manifestazioni cancioneriles del *Rexurdimento* galiziano o della *Renaixença* valenciana.

La produzione canora dei primi decenni del XX secolo è strettamente legata alle idee di nazionalismo musicale,

---

[94] ALONSO, Celsa, Diccionario de la Musica Espanola, op. cit., vol. 3, p. 8.

[95] Per uno studio del rapporto tra Pedrell e il *Lied* si veda ALONSO, Celsa, "Felip Pedrell y la cancion culta con acompanamiento en la Espana decimononica: la dificil convivencia de lo popular y lo culto", *Recerca Musicologica*, XI-XII, 1991-1992, pp. 305-328. 305-328; SANCHEZ DE ANDRES, Leticia, "Gabriel Rodriguez y su relación con Felipe Pedrell: hacia la creación de un lied hispano", *Cuadernos de musica iberoamericana*, vol. 10, 2005, pp. 97-136; ZABALA, Alejandro, "La production liedenstica de Felip Pedrell", *Recerca Musicologica*, XI-XII, 1991-1992, pp.   97-136; ZABALA, Alejandro, "La production liedenstica de Felip Pedrell", *Recerca Musicologica, XI-XII, 1991-1992, pp.   97-136. Musicologica*, XIV-XV, 2004-2005, pp. 325-334.

[96] ALONSO, Celsa, *Diccionaiio de la Musica Espanola..., op. cit.*, vol. 3, p. 9. Allo stesso modo Gilbert Chase si esprime riconoscendo in Pedrell e Barbieri i responsabili della rivitalizzazione della musica spagnola, e della cancion in particolare, nei primi anni del XX secolo, "che scoprirono i tesori musicali del passato del Paese, attingendo allo stesso tempo alla ricchezza del folklore vivente conservato nella tradizione popolare e orale". CHASE, Gilbert, "Espana", *Historia de la cancion, op. cit.*, p. 201.

[97] Cfr. ALONSO, Celsa, "La poesi'a prebecqueriana y becqueriana: un fermento del lied espanol", *Homenaje a Jose Maria Martinez Cachero*, Universidad de Oviedo, 2000, pp. 41-61.

[...] diversificandosi allo stesso tempo in più mondi apparentemente lontani: il cuplé, il Lied di sapore neoromantico, la continuità dell'andalusianesimo ottocentesco, i tentativi di affermazione di un Lied iberico e il raffinato catismo di Granados e Fernando Obradors, aprendo la strada alla cosiddetta transustanziazione del folklore[98].

L'interesse per le canzoni con pianoforte declinò a favore della musica sinfonica o da camera, anche se troviamo opere fondamentali di Albeniz, Granados, Falla e dei compositori catalani del circolo Orpheus. Le *Siete canciones populares* di Falla e le *Tonadillas en estilo antiguo* di Granados sono due raccolte di riferimento per le future creazioni del genere[99]. L'influenza di Falla sui compositori dell'epoca è enorme, coesistendo il suo stile impressionista e neoclassico, di orientamento francese, con altre estetiche chiaramente neoromantiche, come nel caso di Conrado del Campo, Julio Gomez, Andres Isasi o Jose Marla Guervos. Sebbene in alcune composizioni l'influenza dell'estetica *del Lied* germanico sia molto marcata, la tendenza generale è "l'invocazione della canzone popolare [...] che garantisce il carattere nazionale per creare il Liediberico"[100]. I contributi alla canzone sono molto vari, e vanno dalla semplice armonizzazione della melodia popolare di Benito Garcia de la Parra, Angel Mingote o Jose Maria Franco, al nazionalismo populista di Fernando Obradors e Joaquin Nin Castellanos, fino allo stile romantico andaluso di Joaquim Turina. Le canzoni di Turina sono uno dei riferimenti del genere, opere di grande ampiezza sonora, liriche, con reminiscenze del cante jondo e di grande respiro romantico. Della sua abbondante produzione possiamo segnalare il *Poema en forma de canciones*, le *Rimas* de Becquer, la *Saeta* o l'*Homenaje a Lope de Vega* di cui ci occuperemo qui.

I musicisti della Generazione della Repubblica, immersi in un crocevia tra l'estetica impressionista, il neoclassicismo, le avanguardie artistiche e le idee del nazionalismo musicale, cercarono nella canzone, come in altri repertori, di conciliare folklore e nuove posizioni estetiche. Il rapporto personale e la collaborazione artistica tra artisti di diverse discipline, soprattutto poeti e musicisti, fanno della canzone un prodotto opposto allo spirito del salotto romantico, rivolto alla sala da concerto e in cui i compositori si rivolgono all'estetica musicale a cui sono più affini. Spiccano le opere di Julian Bautista, Oscar Espla, Salvador Bacarisse, Rodolfo Halffter, Ernesto Halffter, e in misura minore quelle di Adolfo Salazar, Enrique Casal Cliapi, Gustavo Pittaluga, Fernando Remacha, Gustavo Duran o Jesus Bal y Gay. Anche Eduard Toldra, Roberto Gerhard, Joaquin Rodrigo, Frederic Mompou, Rafael Rodriguez Albert e Arturo Menendez Aleyxandre iniziarono le loro composizioni per voce e pianoforte in questo periodo, anche se la loro produzione vocale si estese ed evolse fino agli anni Sessanta o Settanta.

Nonostante la sopravvivenza del genere in questi compositori, nel dopoguerra si perse il grande impulso rinnovatore della generazione della Repubblica, e le autorità ufficiali promossero il ritorno a un tipo di composizioni basate sull'armonizzazione di canzoni popolari, un regionalismo che, senza arrivare a prendere influenze dall'opera di Turina e dalle *Siete canciones populares* di Falla, si è fatto strada. La tendenza generale è sfumata dalle preferenze e dalle possibilità di ciascun compositore: Jesus Garcia Leoz segue Turina nella sua estetica, Jesus Guridi elabora più dettagliatamente la parte pianistica, Joaquin Nin-Culmell una li'iiea neoclassica, Manuel Palau realizza veri e propri *Lieder* con una linea vocale di essenza folcloristica e un trattamento quasi orchestrale del pianoforte, Xavier Montsalvatge tenta con successo la strada dell'esotismo sudamericano, e Vicente Asencio e Matilde Salvador scrivono in una linea che unisce l'impressionismo francese e le opere di Falla. Accanto a questi casi più rilevanti, vi sono numerose canzoni scritte in chiave populista che spesso non trascendono il mero localismo. Gli autori con un'estetica più avanguardista, in cui il pianoforte è talvolta sostituito da un piccolo gruppo strumentale alla ricerca di nuove sonorità per il testo poetico, tutti di area catalana, sono Joaquim Homs, Josep Casanovas, Joan Comellas, Manuel Valls e Manuel Blancafort.

[98] ALONSO, Celsa, Diccionario de la Musica Espanola, op. cit., vol. 3, p. 11.
[99] FERNANDEZ-CID, Antonio, *Canciones de Espana...*, *op. cit.*, p. 18.
ALONSO, Celsa, Diccionario de la Musica Espanola, op. cit., vol. 3, p. 12.

La canzone andò in declino a metà del XX secolo, anche se continuò a produrre risultati interessanti. I compositori che subentrarono, la cosiddetta generazione del '51, furono Ramon Barce, Cristobal Halffter, Carmelo Bernaola, Luis de Pablo, lo stesso Blancafort, Manuel Moreno Buendia e Anton Garcia Abril. I loro contributi sono irregolari e sporadici. Includono tecniche compositive d'avanguardia, elementi atonali, seriali e aleatori. Diverse combinazioni strumentali sono alla base delle opere più avanguardistiche, mentre quando viene utilizzato il pianoforte, i compositori tendono ad allontanarsi da queste tendenze[101]. A questo gruppo si affiancano le opere di Josep Maria Mestres-Quadreny, Gerardo Gombau, Josep Cercos e Agustin Gonzalez Acilu, che utilizzano sia il pianoforte che i gruppi strumentali nelle composizioni serialiste. Josep Soler, rispetto alla tendenza dell'epoca, ha un gran numero di opere per voce e pianoforte con testi di poeti catalani, italiani, tedeschi e francesi, basate sul dodecafonismo con sfumature espressioniste[102].

Nell'ultimo quarto di secolo coesistono due tendenze opposte. Da un lato, il ritorno al nazionalismo e alla tradizione come contrappeso ai problemi di comunicazione dell'avanguardia, che a volte dà luogo al paradosso che le canzoni di alcuni compositori sono più conservatrici delle loro composizioni strumentali. È il caso di Amando Blanquer, Rogelio Groba e Anton Garcia Abril. Miguel Asins Arbo, Pascual Aldave, Manuel Castillo, Juan Jose Falcon Sanabria, Angel Barja, Felix Lavilla e Leonardo Balada sono esempi di questa tendenza conservatrice in cui una melodia chiara e completa è alla base della composizione. Accanto a loro, l'avanguardia sfrutta le possibilità della voce unita o manipolata da mezzi elettronici. Il lavoro compositivo di Miguel Angel Coria, Tomas Marco, Francisco Cano o Gerardo Gombau è insignificante, poiché per questi autori il genere voce e pianoforte "è sinonimo di conservatorismo"[103], allontanandosi dall'essenza del *Lied*, utilizzando la voce come un altro elemento strumentale e abbandonando la comunicazione del testo come obiettivo prioritario.

Dopo un primo approccio, utilizzando come riferimenti il già citato *Catalogo anotado de la musica espanola contemporanea basada en la literaUra espanola* di Roger Tinnell e lo studio di Celsa Alonso *Cancion lrica espanola en el siglo XIX,* possiamo affermare che solo all'inizio del XX secolo i compositori spagnoli hanno rivolto la loro attenzione ai poeti classici del Secolo d'Oro[104]. L'interesse dimostrato dai poeti nei primi decenni di quel secolo, soprattutto quelli della generazione del 27[105], e l'impulso delle celebrazioni dei centenari di Cervantes, Gongora e Lope de Vega sono all'origine di questa nuova fonte di ispirazione che ha portato nelle partiture per voce e pianoforte le poesie dei principali scrittori del Secolo d'Oro così come testi anonimi o meno noti. Nella fattispecie, continueremo a concentrarci sul rapporto tra musica e teatro lopesco, dato che la maggior parte dei testi delle canzoni che catalogheremo e studieremo hanno origine nell'enorme lavoro scenico di Fenix.

---

[101] *Ibidem,* pag. 17
[102] *Ibidem,* p. 18.
[103] *Ibidem,* p. 19.
[104] I testi dei poeti spagnoli del Secolo d'Oro sono stati praticamente assenti dal repertorio canoro del XIX secolo. Si vedano i pochi riferimenti a canzoni con testi di poeti del Secolo d'Oro che Celsa Alonso include in *La Cancion Lmca Espanola...,* quelli di Manuel Garcia (p. 179, 180, 183) e Bernardino Valle (p. 479). Alonso include una citazione di Mesonero Romanos (p. 90), tratta dalle sue *Memorias de un sesenton,* pubblicate nel 1881, in cui cita un titolo altisonante come "Madre unos ojuelos vi" senza indicarne l'autore. Non sappiamo chi possa essere l'autore. Nel nostro catalogo c'è solo una canzone con questo titolo composta nel XIX secolo, da Jose Maria Espinosa y Casares de los Monteros, probabilmente scritta nell'ultimo decennio.
[105] Sulla ricezione della tradizione aurea nei poeti del Novecento, si veda DIEZ DE REVENGA, Francisco Javier, *La tradicion aurea: sobre la recepcion del Siglo de Oro en poetas contemporaneos*, Biblioteca Nueva, Madrid, 2003. L'autore indica nell'introduzione di questo studio (p. 13) che la poesia spagnola tra il 1920 e il 1936, nutrita di tradizione e avanguardia, recupera e assimila l'eredità dei poeti del XVI e XVII secolo, la tradizione aurea, come Garcilaso, Fray Luis de Leon, San Juan de la Cruz, Cervantes, Gongora, Quevedo o Lope de Vega. È questa l'origine dell'interesse dei compositori per questi poeti.

Parte II

LA MUSICA NEL SECOLO D'ORO E NELL'OPERA DI LOPE DE VEGA
OPERE DI LOPE DE VEGA

LA MUSICA NEL TEATRO DEL SECOLO D'ORO

L'uso della musica nel teatro spagnolo del Secolo d'Oro è una conseguenza evolutiva della sua presenza nelle manifestazioni sceniche fin dall'antichità. È con gli autori del pre-rinascimento spagnolo, Inigo de Mendoza, Gomez Manrique, Juan del Encina, Suarez Robles, Torres Naharro, Lucas Fernandez e Fernan Lopez de Yanguas, che i canti e le canzoni cominciano ad entrare nel palcoscenico spagnolo, con Gil Vicente (1465-1536) che utilizza la musica in modo più evidente[106].

Il primo esempio di canto popolare inserito in un testo letterario è costituito dai versi di *E libro de buen amor:* "Senora Rama, yo que por mi mal os vi / que las mis hadas negras non se parten de mi'"[107]. Un caso simile è il canto dell'alba di Melibea ne *La Celestna* ("Papagayos, ruisenores / que cantais al alborada"). Tra gli autori pre-rinascimentali, Juan del Encina, data la sua condizione di musicista e drammaturgo, si suppone abbia lavorato in un rapporto tra le due discipline. Diez de Revenga è dell'opinione che "sapeva combinare il musicale e il drammatico come nessun altro, e se nella sua opera c'è un importante canzoniere musicale, non è raro che il suo teatro si nutra di splendide rappresentazioni musicali"[108]. Lucas Fernandez si distingue per i canti religiosi che compaiono nelle sue rappresentazioni di auto a tema natalizio. Ma, come si è detto, è Gil Vicente, per la sua grande capacità di combinare il lirico e il drammatico, che può essere considerato praticamente l'inventore del procedimento che Lope de Vega e alcuni della sua scuola avrebbero poi elevato al massimo livello. È lui che

Ha inventato la formula magica ideale che sarà sviluppata da coloro che verranno dopo di lui. Per realizzare una canzone in auto, di cui lui stesso imposta la musica, si è avvalso di schemi tradizionali appartenenti al genere popolare[109].

Cervantes inserisce nelle sue opere drammatiche anche canzoni, a volte prese direttamente dalla tradizione popolare, collegandole allo sviluppo della commedia[110]. Egli stesso afferma che il primo a inserire la musica, sotto forma di romanza antica, è un certo Nabarro de Toledo, dell'epoca di Lope de Rueda. All'epoca di quest'ultimo, la musica era di solito fuori scena accompagnata da una chitarra, il che ci fa supporre che si trattasse di musica vocale, ascoltata soprattutto negli intervalli come intrattenimento. Agustin de Rojas cita il liuto e la vihuela come strumenti comuni nelle compagnie, Juan Rufo che nelle opere di Lope de Rueda utilizzava solo due flauti e un tamburello. Allo stesso modo, Rojas afferma che alla fine del XVI secolo in teatro si cantavano "romanze e liriche" e "una piccola danza alla fine del pezzo per rendere felice il pubblico"[111].

Le romanze popolari della lirica antica, molte delle quali incluse nei cosiddetti cancioneros o romanceros[112], furono la fonte di ispirazione per la maggior parte dei testi da cantare nelle commedie del XVII secolo[113]. Questi testi, insieme a melodie ben note al pubblico, contribuirono enormemente a dotare le commedie della verosimiglianza tipica della scena dell'epoca, spiegata con la metafora della "commedia come specchio della vita". Agustin Duran spiega così la

---

[106] UMPIERRE, Gustavo, Canzoni nelle opere di Lope de Vega..., op. cit.
[107] ESTEPA, Luis, "Voz femenina: los comienzos de la lirica popular hispanica y su relación con otros gĕneros literarios", in *Cuadernos de Teatro Clasico*, 3, 1989, p. 13. Si veda anche FRENK ALATORRE, Margit, *Nuevo corpus de la antgua lricapopular hispanica, siglosXVa XVII*, UNAM, Mexico, 2003, p. 583.
[108] DIEZ DE REVENGA, Francisco Javier, "Teatro clasico y cancion traditional", *Cuadernos de Teatro Clasico*, 3, 1989, p. 31.
[109] *Ibidem*, pag. 33
[110] *Ibidem*, pagg. 34-35
[111] STEIN, Louise K., Songs of Mortals, Dialogues of the Gods. Music and Theater in Seventh Century Spain, Oxford, 1993, pp. 15-16.
[112] Sui romanzi pubblicati all'epoca di Lope, si veda RODRIGUEZ-MONINO, Antonio, *Manual biblografco de cancioneros y romanceros impresos durante el siglo XVII*, Castalia, Madrid, 1977-1978. Per i romanzi di Lope in particolare, si veda PEDRAZA JIMENEZ, Felipe B., *Euniversoportico de Lope de Vega*, Laberinto, Madrid, 2003, pp. 18-50.
[113] STEIN, Louise K., *Songs of Mortals..., op. cit*, p. 18. A questo proposito, l'autrice è dell'opinione che, da un lato, Lope e i suoi contemporanei abbiano distrutto la tradizione della lirica antica modificandola, ma dall'altro abbiano contribuito notevolmente a preservarla inserendola nelle loro commedie.

sopravvivenza della poesia popolare attraverso i secoli e il suo inserimento nel teatro del XVII secolo:

La stessa origine ebbe e lo stesso corso seguì tra noi come altrove la poesia del popolo, che dai suoi primi passi fino alla fine del XVI secolo si conservò nella forma concisa e narrativa della romanza in ottonari e di alcune liriche ricche e semplici cantate dal popolo. Ma poiché il progresso della civiltà si era diffuso e la nazione era progredita in intelligenza e in molte conoscenze, nel XVII secolo la poesia nazionale si fuse nel dramma del romanzo, che, adattandola alla base della sua creazione, convertì la sua essenza narrativa in azione e dialogo, ma mantenendolo alla portata del popolo come figlio e come deposito delle sue nozioni storiche, civili e religiose, dove sarebbero stati registrati il tipo originale e indelebile del suo carattere, le sue abitudini, i suoi costumi, la sua fede, i suoi gusti, i suoi piaceri, i suoi sentimenti e i suoi progressi[114].

L'uso della musica nelle rappresentazioni delle commedie rispondeva a diverse funzioni. La più elementare era l'uso della musica come dispositivo strutturale o decorativo, ma la musica vocale, in particolare, andava oltre, essendo utilizzata come veicolo per l'espressione dell'affettività sociale, rispondendo così al principio dello "specchio della vita". Le canzoni, molte delle quali familiari al pubblico, erano essenziali per dare verosimiglianza drammatica alle scene in cui si svolgevano[115]. Una funzione non trascurabile era quella di ricercare una certa familiarità dello spettatore rispetto a canzoni e testi che aveva assunto per tradizione[116].

Dalla metà del secolo il palcoscenico madrileno subì un processo di cambiamento dovuto alla forte richiesta di nuove opere per la corte nel periodo di consolidamento del mecenatismo artistico come forma di legittimazione della monarchia di Filippo IV[117]. Il conseguente aumento dei profitti professionali ed economici delle compagnie teatrali fece sì che queste si ritirassero dall'attività nei teatri pubblici di fronte alla costante richiesta dei teatri di corte. Gli autori della generazione di Calderon che vivevano a Madrid aspiravano a scrivere per il palcoscenico di corte. L'aumento dei mezzi in queste produzioni facilitò lo sviluppo del teatro musicale e aprì la strada alle semi-opere e alle opere calderoniane e alle zarzuelas. Tuttavia, nei teatri pubblici si continuò a coltivare la commedia e l'uso del romancero come fonte di testi da cantare nelle rappresentazioni.

LOPE DE VEGA E LA MUSICA

Fu Lope de Vega, con il suo *Arte nuevo de hacer comedias*, a contribuire in modo decisivo non solo all'inserimento della musica sul palcoscenico come elemento decorativo, ma anche alla sua standardizzazione come componente importante che avrebbe svolto diverse funzioni drammatiche nelle opere teatrali. Il rapporto di Lope con la musica sembra essere stato stretto, non solo per l'amicizia con alcuni dei più importanti compositori dell'epoca, primo fra tutti Juan Blas de Castro, ma anche per la sua conoscenza dell'arte musicale che va oltre quella di un semplice dilettante. Infatti, Barbieri fa riferimento ad alcuni passaggi de *La Dorotea* in cui i commenti dei personaggi indicano che:

[...] chi ha scritto questo non solo conosceva la musica teoricamente, ma era iniziato ai più piccoli incidenti, di solito riservati solo a coloro che praticano frequentemente l'arte[118].

Umpierre ci ricorda, cosa che sembra superflua, che "Lope visse nel periodo di massimo splendore della musica spagnola, quello di Victoria, Morales, Salinas e Cabezon, le cui *Diferencias sobre el canto del caballero* utilizzano lo stesso tema della canzone popolare che si ritiene abbia dato a Lope l'idea per *El caballero de* Olmedo"[119]. Questo fatto, di enorme trascendenza, è interessante da collegare ad alcune informazioni biografiche sul nostro poeta per comprendere il rapporto di

---

[114] DURAN, Agustin, "Poesia popular, drama novelesco", *Obras de Lope de Vega*, RAE, Vol. 1, Rivadeneyra, Madrid, 1890, p. 7.

[115] STEIN, Louise K., *Songs of Mortals...*, *op. cit*, p. 19.

[116] DIEZ DE REVENGA, Francisco Javier, "Teatro clasico y cancion...", *op. cit.*, p. 36.

[117] STEIN, Louise K., *Songs of Mortals...*, *op. cit*, p. 49.

[118] BARBIERI, Francisco Asenjo, *Lope de Vega musico y algunos musicos espanoles de su tiempo,* 1864; citato da BAL y GAY, Jesus, *Treinta condones de Lope de Vega,* Residencia de Estudiantes, Madrid, 1935, p. 97. Lo stesso ragionamento, con l'aggiunta di alcuni esempi, è riportato da QUEROL, Miquel, *Cancionero musical de Lope de Vega, III. Poesi'as cantadas en las comedias,* Barcelona, CSIC, 1991, p. 11-13.

[119] UMPIERRE, Gustavo, *Canzoni nelle opere...*, *op. cit*, p. 1.

Lope con l'arte musicale e l'influenza di questo rapporto sulla sua opera drammatica.

Lope apprese i primi rudimenti di musica e poesia con il poeta e musicista Vicente Espinel, in un'epoca in cui l'apprendimento di entrambe le arti era quasi inscindibile. Studiò all'Università di Alcala, dove dovette studiare musica per ottenere il titolo di Bachiller, e a Salamanca, dove seguì le lezioni del compositore Francisco de Salinas[120] . Per tutta la vita fu in contatto con rinomati musicisti spagnoli. Con Espinel, oltre alle lezioni dell'infanzia, mantenne contatti anche in seguito e, in segno di ammirazione, gli dedicò *El caballero de Illescas* e lo citò in altre occasioni in alcune sue opere[121] . Gabriel Diaz, Juan Palomares e soprattutto Juan Blas de Castro furono i musicisti con cui ebbe più a che fare. Lope cita Castro ne *El acero de Madrid*, ne La *Jerusalen conquistada*, ne *La Filomena* e, soprattutto, nell'*Elogio en la muerte de Blas de Castro*, incluso ne *La vega del parnaso*[122] . I due trascorsero insieme parte della loro giovinezza e Castro mise in musica le poesie che Lope gli forniva come confidente dei suoi amori giovanili. Nell'*Elogio* Lope ricorda il coinvolgimento di Castro nel canto del suo primo grande amore, Filis. Considerata di autore anonimo, Miquel Querol attribuisce a Castro la musica conservata nel canzoniere torinese di una delle quindici romanze per Filis del *Romancero General*, "Ay amargas soledades / de mi bellisima Filis"[123] .

Alfredo Rodriguez e Ruiz-Fabrega ci forniscono dati inoppugnabili sull'importanza che Lope dava alla musica in scena: delle 343 commedie di Lope, 175 contengono canzoni o frammenti cantabili, per un totale di 341 canzoni e testi, direttamente o indirettamente legati alla tradizione popolare castigliana[124] . A ciò si aggiunge il fatto che almeno due commedie, *Peribanezy El Caballero de Olmedo,* nascono da una canzone preesistente, che costituisce la base strutturale e argomentativa su cui si fonda l'opera[125] .

LA MUSICA NEL TEATRO DI LOPE

I riferimenti a elementi musicali che si possono trovare nelle note di scena delle commedie di Lope[126] mostrano come canzoni, danze e l'uso di diversi strumenti fossero utilizzati per la divisione strutturale del testo. L'uso funzionale della musica per segnare l'azione, le transizioni o per unificare tematicamente una scena è stato sviluppato da Lope in innumerevoli commedie e rimane una risorsa fondamentale nella commedia del XVII secolo[127] . Nelle didascalie sono presenti shawm, flauti, caramillos, cornamuse, chitarre, arpe, tamburi, tamburelli, sonagli o campane, che suonano autonomamente o accompagnano le voci in un canto o in una danza. Tra questi troviamo la chacona, la seguidilla, la gallarda, la pavana, la zambra, il canario, i "saraos", o danze generiche di indios, neri, portoghesi o pastori[128] .

Tra gli strumenti citati, ci sono molti strumenti a percussione: atabales, tamburelli e tutti i tipi di tamburi, sonagli e nacchere. Gli strumenti a corda includono la chitarra, la vihuela e l'arpa. Tra gli strumenti a fiato, trombe, clarinetti, flauti, shawm e talvolta l'organo[129] . Trombe e tamburi erano

---

[120] QUEROL, Miquel, Cancionero musical de Lope de Vega, vol. I: Poesi'as cantadas en las novelas, CSIC, Barcelona, 1991. p. 11.

[121] Nella "Romanza per la conclusione della Justa Poelica celebrata a motivo della beatificazione di San Isidro", ne *La Arcadia, La Fiomena* e in un sonetto, "Aquella pluma, cëlebre maestro". QUEROL, Miquel, *Cancionero musical de Lope de Vega,* vol. II: *Poesias sueltas puestas en musica,* CSIC, Barcellona, 1991, p. 89.

[122] *Ibidem,* pp. 10-11.

[123] *Ibid.,* p. 12. Su questa melodia Felix Lavilla ha composto una canzone con pianoforte, vedi il nostro catalogo.

[124] RODRIGUEZ, Alfredo e RUIZ-FABREGA, Tomas, "En torno al cancionero teatral de Lope", *Lope de Vega y los origenes del teatro espanol. Actas del Congreso Internacional sobre Lope de Vega,* Edi-6, Madrid, 1981, p. 524. Gli autori mettono in relazione l'origine e l'ambientazione popolare delle canzoni con l'uso predominante degli octosflabos nelle romanze, nelle redondillas e nelle seguidillas (*Ibid.,* pp. 526-527).

[125] DIEZ DE REVENGA, Francisco Javier, "Teatro clasico y canci6n...", *op. cit.,* p. 39.

[126] Stein offre un elenco delle note musicali di oltre cento commedie di Lope (STEIN, Louise K., *Songs of mortals...,* op. cit., pp. 337-347), che a sua volta è tratto da Morley e Bruerton: MORLEY, Griswold; BRUERTON, Courtney, *Cronologa de las comedias de Lope de Vega,* Gredos, Madrid, 1968.

[127] STEIN, Louise K., *Canti dei mortali...,* op. cit., p. 20.

[128] Querol offre un elenco esauriente nell'introduzione al vol. I, QUEROL, Miquel, *op. cit.,* p. 13.

[129] Si veda l'elenco fornito da Querol, p. 13, e l'elenco delle note di Stein, tratto da Morley-Bruerton.

associati alle scene militari, segnavano la divisione delle scene all'ingresso dei personaggi di rango superiore, annunciavano battaglie fuori scena o servivano a interrompere l'azione nei cambi di sezione della scena[130] . Gli shawm o i sackbuts erano associati alle rappresentazioni religiose, e c'è persino un'annotazione che fa riferimento a gruppi di strumenti che suonano in luoghi diversi, nello stile dei *cori spezzati*[131] . Nelle scene contadine si usavano strumenti popolari rustici, come la chitarra, l'arpa e la vihuela come accompagnamento. Ci sono casi in cui gli strumenti sono utilizzati con una funzione realistica, quando un personaggio canta ed è accompagnato da uno strumento. A volte il suono degli strumenti o delle voci veniva utilizzato anche per coprire il rumore dei macchinari di scena, oppure i macchinari venivano attivati dal suono della musica sul palco.

In Lope, la canzone, in scena o fuori scena, oltre a definire una scena o una sottosezione, è legata al contenuto della scena in cui viene utilizzata e contribuisce così allo sviluppo della trama del dramma. Le canzoni sono talvolta utilizzate per provocare cambiamenti nello stato d'animo prevalente. La musica vocale era generalmente utilizzata come veicolo di continuità drammatica, mantenendo o rafforzando lo stato d'animo o l'atmosfera della scena, come elemento di verosimiglianza. Le scene di matrimonio sono rafforzate dal canto, le scene rustiche e pastorali includono gruppi di contadini che cantano, le cui canzoni tendono ad essere basate su testi popolari, i servi o i confidenti cantano per i personaggi nobili e le scene religiose richiedono canzoni cantate fuori scena da voci angeliche[132] . La maggior parte delle canzoni di Lope ha più di una funzione. Una stessa canzone può servire a marcare formalmente la scena, a contestualizzarla e a introdurre un messaggio legato alla trama[133] .

Alcune canzoni le scrisse ex profeso per ogni opera, anche se basate su materiale preso in prestito, altre esistevano già prima che le inserisse in alcune delle sue commedie[134] . È il caso di *Mira Nero da Tarpeya* o della canzone da *El caballero de Olmedo*. Riferendosi alle melodie, o alle composizioni polifoniche basate su di esse, che circolavano prima della stesura dell'opera scenica, Stein ritiene che "è molto probabile che siano le melodie che Lope ha associato ai testi preesistenti quando li ha scritti per le sue commedie"[135] . Il fatto che i testi delle opere musicali con testi teatrali sopravvissuti[136] differiscano da quelli che compaiono nelle commedie di Lope, e lo stile e la complessità polifonica di alcuni esempi, ci inducono a dubitare che molte delle opere oggi sopravvissute siano state eseguite a teatro, così come sono nelle partiture[137] , ma piuttosto che possano essere arrangiamenti di melodie e testi che avevano raggiunto una certa fama, indipendentemente o meno dalla loro inclusione in questa o quella commedia.

Le varianti testuali, così frequenti nelle canzoni che Lope inseriva nelle sue commedie, sono la conseguenza dell'adattamento di materiale preesistente, una pratica che non si limitava alla poesia.

---

[130] STEIN, Louise K., *Canti dei mortali...*, op. cit., p. 21.

[131] Nel II atto de *La ninez del padre Rojas. Ibidem*, p. 22.

[132] *Ibidem*, pp. 23-24.

[133] *Ibidem*, p. 24.

[134] In FRENK ALATORRE, Margit, *Nuevo corpus...*, op. cit, troviamo numerosi riferimenti alle letrillas utilizzate da Lope in alcune delle sue commedie di cui l'autrice fornisce le fonti e le sopravvivenze, in molte occasioni precedenti alla stesura delle opere.

[135] STEIN, Louise K., *Canti dei mortali...*, op. cit, p. 30.

[136] Stein raccoglie 17 composizioni, incluse in diversi canzonieri, con testi di Lope o a lui attribuiti. Questi componimenti sono inclusi anche nelle opere di Jesus Bal y Gay, *Treinta canciones...*, op. cit, e di Miquel Querol, *Cancionero musical...*, op. cit Querol include nel suo canzoniere sia componimenti che egli stesso attribuisce a Lope sia altri con testi di altri poeti che Lope utilizza in alcune delle sue commedie, come le *Coplas* di Jorge Manrique. Inoltre, nota che due delle trenta canzoni raccolte da Bal y Gay non sono di Lope.

[137] STEIN, Louise K., *Songs of mortals...*, op. cit, p. 30. Questa opinione è condivisa da Carmelo Caballero Fernandez-Rufete, che aggiunge, riferendosi alle testimonianze giunte fino a noi, che "tutti loro erano certamente destinati ad ambiti di vita musicale esterni al teatro: la camera del palazzo, il tempio o la festa non drammatica". CABALLERO FERNANDEZ-RUFETE, Carmelo, "La musica en el teatro clasico", *Historia del teatro espanol*, vol. 1, *De la Edad Media a los Siglos de Oro*, Javier Huerta Calvo (dir.), Gredos, Madrid, 2003, p. 680.

Come i poeti, anche i compositori prendevano in prestito melodie e idee musicali per comporre le loro opere polifoniche. "Compositori e poeti avevano la stessa tecnica: utilizzare melodie e testi noti per le loro opere. La prova di maestria per entrambi risiedeva nella raffinatezza e nell'intelligenza nell'adattare i materiali presi in prestito"[138] . La scelta dei testi e delle musiche era in funzione del tipo di scena in cui venivano inseriti, se popolare, contadina, aulica o esotica, della funzione drammatica della musica e del principio di verosimiglianza che governava la scena dell'epoca, per cui spesso rispondevano a convenzionalismi e stereotipi scenici.

Le composizioni musicali conservate, raccolte in canzonieri, sono opere più vicine allo stile aulico o cameristico che alla musica popolare[139] . Tirso de Molina, nei *Cigarrales de Toledo compuestos por el maestro Tirso de Molina*, descrivendo un'esecuzione di *E vergonzoso en palacio* cita i compositori Juan Blas e Alvaro de los R'os come "autori dei toni" suonati. Entrambi erano musicisti di corte di Filippo III e probabilmente non componevano per esecuzioni pubbliche, in questo caso per un'esecuzione aristocratica e privata[140] . È chiaro, quindi, che la musica suonata nelle commedie lopesche ci è sconosciuta. Carmelo Caballero riassume la situazione degli studi sull'argomento dicendo che:

La maggior parte delle pagine pubblicate sulla storia della musica teatrale aurisecolare, e soprattutto quelle che si riferiscono alla prima metà del secolo, sono state scritte in totale assenza di testimonianze dirette, cioè di partiture. È assolutamente impossibile scrivere una storia dei testi musicali per il teatro. In assenza di èstos, la base documentaria per l'elaborazione del resoconto si è limitata quasi esclusivamente ai testi drammatici stessi; Il suo metodo di lavoro è consistito essenzialmente nella compilazione dei frammenti cantati e delle didascalie che si riferiscono alla musica in essi inserita, e il suo prodotto finale, nel migliore dei casi, una si'iitesis interpretativa di queste didascalie e frammenti lirici, estrapolando da tutto ciò una serie di conclusioni sul ruolo della musica in determinate opere, drammaturghi o periodi[141] .

Allo stesso modo, le partiture conservate non sono di solito datate e, nei pochi casi in cui si conosce la data, questa è di solito molto lontana da quella della prima rappresentazione[142] . I compositori o i musicisti incaricati delle musiche teatrali non sono di solito menzionati in alcun documento, e quando compaiono sono relativi a rappresentazioni a corte[143] .

Il principio di verosimiglianza, già discusso in precedenza, impone quale tipo di musica debba essere introdotta in quali tipi di scene e come debba essere introdotta. Sembra ovvio che nelle scene allegoriche, quelle di contenuto mistico o soprannaturale, con ingressi di messaggeri divini, apparizioni di immagini e altari, o ascensioni o discese di santi da o verso il cielo, la composizione polifonica fosse la più appropriata. Tuttavia, nelle scene di ambientazione contadina, nei canti nuziali, nei canti di vendemmia, nei canti moreschi, nei canti maya e in tutti i tipi di ambientazione in cui il popolare è il referente, è difficile inserire un canto polifonico, non tanto per la sua difficoltà musicale quanto per la mancanza di verosimiglianza scenica[144] .

---

[138] STEIN, Louise K., *Canti dei mortali...*, *op. cit.*, p. 45.

[139] Stein riporta come esempio il caso del Cancionero de Olot, in cui molte canzoni appartengono a compositori vicini alla corte *(Ibid., p. 44)*.

[140] *Ibidem*, p. 35.

[141] CABALLERO FERNANDEZ-RUFETE, Carmelo, "La musica en...", *op. at.*, p. 677. Alcuni dei più importanti studi sulla prassi teatrale del Secolo d'Oro includono pochi o nessun riferimento alla musica suonata negli spettacoli, alle prestazioni dei musicisti o al coinvolgimento musicale degli attori. Cfr. RODRIGUEZ CUADROS, Evangelina, *La técnica del actor espanol en el Barroco: hipotesis y documents,* Castalia, Madrid, 1998; Quirante, Luis; RODRIGUEZ CUADROS, Evangelina; SIRERA Josep Lluis, *Practiques esceniques de l'edat mitjana als segles dor,* Universitat de Valencia, Valencia; 1999; RUANO DE LA HAZA, Jose Maria; ALLEN, John J., *Los teatros comerciales del siglo XVIIy la escenifcacion de la comedia,* Castalia, Madrid, 1994.

[142] CABALLERO FERNANDEZ-RUFETE, Carmelo, "La musica en.", *op. cit.*, p. 678.

[143] Ricordiamo quanto detto in *Cigarrales de Toledo*.

[144] Bal y Gay esprime la stessa opinione nel suo commento a *Trenta canzoni di Lope de Vega*: "le canzoni che presentiamo corrispondono in parte al teatro e in parte alla lirica romanzesca di Lope. Ma la provenienza dei manoscritti musicali sembra indicare che queste canzoni, anche se alcune di esse appartengono al palcoscenico, devono aver avuto la loro ambientazione più ripetuta nei salotti aristocratici dell'epoca". BAL y GAY, Jesus, *Treinta canciones...*, *op. cit.*, p. 97. Queste trenta canzoni comprendono sia musiche scritte per testi originali di

Ma quando nelle note di scena o in qualche intervento precedente di un personaggio si fa riferimento a un certo piede ritmico nelle danze o nei balli cantati[145] .

Lope sia canzoni che in qualche modo sono alluse o utilizzate da Lope nelle sue opere.

[145] Rimandiamo ancora una volta all'elenco di nomi di balli e danze riportato da QUEROL, Miquel, *Cancionero musical de Lope de Vega...,* vol. 13, a cui potremmo senz'altro aggiungere, in quanto molto popolari all'epoca, il canario, la gambeta, il villano, la zarabanda, il paseme de ello, il Rey don Alonso, l'escarraman, e tutti quelli citati da Cervantes nella sua opera, raccolti da Querol nel suo studio sulla musica in Cervantes: QUEROL, Miquel, *La musica en la epoca de Cervantes,* Centro de Estudios Cervantinos, Madrid, 2005, pagg. 109-168. Allo stesso modo, ulteriori informazioni si possono trovare nelle voci "baile" e "danzas" della *Gran Enciclopedia Cervantina*: MAESTRO, Jesus G, "baile", *Gran Enciclopedia Cervantina*, ALVAR, Carlos (dir.), Centro de Estudios Cervantinos, Castalia, Alcala de Henares, 2005-, vol. 2, p. 1058-1061; PROFETI, Maria Gracia, "danzas", *Gran Enciclopedia Cervantina*, ALVAR, Carlos (dir.), Centro de Estudios Cervantinos, Castalia, Alcala de Henares, 2005-, vol. 4, pp. 3163-3168.

Parte III

L'OPERA DI LOPE NELLA MUSICA SPAGNOLA
del XX SECOLO

Sebbene il nostro lavoro si concentri sul genere della canzone con pianoforte, in questo capitolo offriamo una visione più ampia della presenza dell'opera di Lope nella musica composta nel XX secolo, secolo in cui, come già detto, è stato prodotto il 93% delle canzoni incluse nel catalogo. L'interesse dei compositori spagnoli per l'opera di Lope de Vega non si limita ovviamente alle canzoni. Sebbene i suoi testi siano presenti in composizioni vocali, sia prese alla lettera che attraverso adattamenti, l'ispirazione che l'opera di El Fenix rappresenta per molti compositori non si esaurisce qui. Anche la musica puramente strumentale è abbondante, sia come musica di scena che come colonne sonore per il cinema o la televisione.

Dopo una prima sezione in cui riassumeremo la produzione musicale basata sull'opera di Lope in generi musicali diversi da quello di cui ci occupiamo qui, studieremo ora le implicazioni musicali che i centenari della morte e della nascita del poeta, rispettivamente nel 1935 e nel 1962, hanno avuto per la musica in generale e per la produzione liederistica in particolare. Ci sembra interessante confrontare il significato di queste celebrazioni, per quanto riguarda la musica, con quelle dei centenari di Miguel de Cervantes e del suo *Don Chisciotte* (1905, 1915, 1916 e 1947), e di Luis de Gongora (1927). Studieremo le opere musicali generate come conseguenza di queste celebrazioni prima di passare a studiare le derivazioni del tricentenario del lopiano e due eventi fondamentali per il nostro lavoro: l'annuncio del Premio Nazionale di Musica di quell'anno e il concerto tributo offerto dal Conservatorio di Madrid nel Teatro Espanol, eventi che hanno generato la maggior parte delle canzoni su cui baseremo il nostro studio successivo.

Con l'intento di collocare la produzione per voce e pianoforte all'interno del gruppo di opere ispirate a Lope de Vega o basate sui suoi testi, e senza voler essere esaustivi nella descrizione dell'influenza di Lope sui compositori spagnoli, studieremo in questa sezione le creazioni musicali in generi musicali diversi da quello che ci occupa in questo lavoro. La vasta opera della Fenix è servita da stimolo per un gran numero di composizioni di ogni genere e combinazione vocale e strumentale. È importante distinguere tra quelle che utilizzano un testo integrale di Lope e quelle che sono un adattamento basato su una sua opera. Un altro livello a parte sono le creazioni che fanno uso di mezzi puramente strumentali in cui il testo non è presentato esplicitamente, ma come riferimento espressivo o argomentativo. Nel primo gruppo troviamo opere per voce sola accompagnata da uno strumento diverso dal pianoforte, da un ensemble strumentale o da un'orchestra. Numerose sono anche le opere per coro *a cappella,* con o senza solisti, o con organo, harmonium, ensemble strumentale o formazione orchestrale. Come vedremo più avanti, esistono anche due casi di recitativo su musica.

Lope è stato anche utilizzato occasionalmente come base più o meno ampia per la trama di opere teatrali, sia in formato di opera che di zarzuela. In tutti questi casi il testo originale è stato adattato dai rispettivi librettisti. Sempre nell'ambito del palcoscenico, la produzione più ampia è quella delle musiche di scena per le rappresentazioni teatrali delle commedie lopeane, oltre alle partiture per le colonne sonore di film e produzioni televisive, nonché per i balletti.

OPERE VOCALI

L'adattamento di molti testi di Lope de Vega all'ambito della musica sacra o specificamente liturgica ha ispirato alcuni compositori a scrivere canzoni per voce sola o coro all'unisono con accompagnamento di organo o harmonium, strumento fondamentale nella musica sacra. A partire dall'Ottocento Fermin Maria Alvarez (1833-1898) e Salvador Bartoli (18'75-(-?) "[5], autori di numerose canzoni, ad Angel Mingote (18911961) e Miguel Asins Arbo (1918-1996), che hanno adattato per questi strumenti opere scritte per pianoforte o coro e viceversa, passando per un buon gruppo di musicisti ecclesiastici come Jose Manuel Adran, Rafael Lozano, Jose Font Roger, Francisco Laporta o Eduardo Torres, si trovano composizioni con testi su motivi natalizi tratti per lo più da *Pastori di Betlemme*[14] .

Qualcosa di simile si verifica nel repertorio della musica corale, dove l'elenco delle opere ispirate alla poesia religiosa, e in particolare al romanzo sopra citato, è ampio. Le prime

[146] Compositore di musica religiosa, musica di scena e canzoni in spagnolo e catalano. Il luogo di nascita e la data di morte sono sconosciuti. Vedi: DRAAYER, Suzanne R., *Art Song Composers...*, *op. cit.*, pp. 297298.
[147] Salvo diversa indicazione, i dati relativi a queste opere sono tratti da TINNELL, Roger, *Catalogo anotado.*
sono quelli di Francesc Laporta (1890 ca.)[148] , Bernardino Valle Chinestra (1915), Jose Alfonso (1918) e Nemesio Otano (1935). Del dopoguerra sono quelle di Joan M.ª Thomas (1944 e 1958), Angel Mingote (1944 e 1960) e Arturo Duo Vital (1952), incrementando la produzione degli anni Sessanta con le opere di Padre Luis del Santisimo: (1959), Joaquin Hernandez (1964), M. Pilar Escudero (1966).ª Pilar Escudero (1966), Matilde Salvador (1970), Victorina Falco de Pablo (1972), Jesus M.ª Muneta (1976), Jose M.ª Sanmartin (1978), Jose Miguel Moreno (1983), Manuel Seco de Arpe (1983), P. Felix Remon (1985), Jose L. Zamanillo (1986), Angel Peinado (1987), Joaquin Broto (1989), Jose Luis Rubio Pulido (1989) e Antonio Celada (1994).

La fioritura della musica vocale religiosa in questi anni si spiega, tra le altre ragioni, con l'impulso di quella che è nota come la Generazione *Motu proprio*, il folto gruppo di compositori, molti dei quali ecclesiastici, spinti dalla dichiarazione papale sulla musica sacra del 1903, che prese forma in Spagna a partire dagli anni Trenta. Federico Sopena difende l'idea che alcuni compositori, tra cui spicca padre Otano, abbiano scritto dei brani con un'evidente influenza di alcuni *Lieder* di Schubert, Schumann o Brahms, cercando un tipo di musica che unisse la semplicità allo stile della canzone popolare[149] . Questi musicisti che, pur scrivendo occasionalmente altri tipi di musica, si concentrarono sul lavoro di valorizzazione della musica religiosa[150] . L'impulso che motivò e guidò questi compositori si ritrova nella pubblicazione, nel 1903, del *Motu proprio di* Pio X *Tra le solecitudini*[151] , sulla musica sacra. In risposta a questo documento papale si tennero in Spagna tre congressi di musica sacra: Valladolid nel 1907, Barcellona nel 1912 e Vitoria nel 1928, quest'ultimo di particolare rilevanza[152] . Il gruppo di musicisti che seguì le nuove linee guida basò le proprie creazioni sul recupero della tradizione gregoriana e delle tecniche compositive rinascimentali e barocche, come reazione all'italianismo e al manierismo generale in cui era caduta la musica liturgica e religiosa in generale. Questo movimento si indebolì dopo la guerra civile, anche se la sua influenza successiva fu notevole a causa delle condizioni ideologiche del regime politico. L'opera di questa generazione si è protratta fino al Concilio Vaticano II, quando sono stati emanati altri due documenti ufficiali, la *Sacrosantum Concilium*, la costituzione sulla sacra liturgia del Concilio Vaticano II, del 1963, e l'Istruzione sulla musica nella sacra liturgia *Musicam Sacram,* del 1967, che, secondo Tomas Marco, "ha eliminato bruscamente tutta la musica liturgica di una certa altezza artistica, non così la musica da concerto, che ha conosciuto una certa rinascita e ha continuato a dare frutti notevoli"[153] . Nelle parole di José Sierra Perez, "il grande dibattito motivato dal *Motu Proprio* su come debba essere la musica religiosa, si è infine risolto, secondo l'opinione più generalizzata, dicendo che la qualità principale della musica religiosa è che deve essere buona musica". D'accordo con Marco, Sierra Perez ritiene che questa generazione sia stata una generazione frustrata in gran parte dalle conseguenze del Vaticano II[154] .

Tra le opere più ambiziose con testo sacro in termini di numero di strumenti, troviamo composizioni di Jesus Guridi, *Pastores de Belen* (tre soprani e orchestra, del 1958), Jose Ignacio

---

[148] *Fons Francesc Laporta i Mercader*, Biblioteca di Catalogna. Sezione di Musica. Inventaris, p. 11.
[149] SOPENA, Federico, *El "Leed" lornnntioo*, op. cit., p. 134-135.
[150] MARCO, Tomas, *Historia de la musica...*, *op. at.*, p. 107. Marco prende la denominazione "Generazione del Motu Proprio" da Josë Subira e Juan Alfonso Garcia.
[151] Tomas Marco confonde questa dichiarazione papale con un'entidica intitolata "Motu proprio". Questo termine viene dato nella Chiesa cattolica a un documento emesso dal Papa di propria iniziativa e autorità. Il titolo di questo documento, come *Motu proprio*, tratto come da tradizione dalle prime parole del testo, è *Trale solecitudne* ("Tra le cure"). *Ibidem*, p. 106.
[152] Sui tre congressi tenuti in Spagna, si veda: AVINOA, Xose, "Los congresos del "Motu Proprio" (1907-1928): repercusion e influencias", *Revista de Musicolog'a*, vol. 27, n° 1, 2004, pp. 381400. [Questo volume contiene gli atti del Simposio internazionale "Il Motu Proprio di San Pio X e la musica (1903-2003)" (Barcellona, 26-28 novembre 2003)].
[153] MARCO, Tomas, Historia de la musica..., op. cit., 107.
[154] SIERRA PEREZ, Jose, "Presentazione", *Revista de Musicologa...*, *op. cit.*, p. 17.

34

Prieto, *Dos villancicos* (voce e orchestra, del 1976-79), Jose Font Roger, *Al sol de Belen* (solisti, coro e orchestra), Conrado del Campo, *Figuras de Belen* (solisti e orchestra, del 1946), Joaquin Rodrigo, *A la Clavelina* (coro e orchestra, del 1952). Utilizzano anche testi sacri nelle opere *Alegraos pastores* (1952) di Arturo Duo Vital e *Dos poemas (Pastor que con tus silbos amorosos e Pues andais en las palmas,* del 1961) di Joaquim Homs, con soprano e ensemble strumentale ridotto.

Le opere con testo profano sono scarse rispetto alle precedenti. Dell'anno del tricentenario sono due opere per coro a quattro voci, *Cancion de velador* e *Villano,* di Manuel del Fresno[155] . Enrique Casal Chapi, compositore fondamentale per il nostro lavoro, scrisse nel 1935 una *Cancion madrigalesca,* dalla commedia *E acero de Madrid,* per tre voci uguali, flauto e chitarra[156] . Le canzoni originali per voce e pianoforte poi orchestrate dagli stessi compositori sono le tre di Bacarisse[157] e l'*Elega al caballero de Olmedo* di Manuel Palau. Francesc Bonastre ha composto *Si os parterades al alba* per soprano e un piccolo gruppo strumentale, e Cesar Cano ha scritto *Quedito* nel 1997, per quattro voci a cappella, con la stessa poesia "Si os partierades al al alba, / quedito, pasito, amor, / no espanteis al ruisenor" da *E ruisenor de Sevilla.*

Il formato della cantata[158] [159] è utilizzato da Julio Gomez in *Elegia heroica*™, opera del 1945 per coro misto e orchestra basata su *La Arcadia,* mentre Jose Luis Turina de Santos ricorre a un'unica poesia inclusa nel cosiddetto *Codice del marques de Pidal* in uno dei numeri della sua *Musica ex lingua* (1989) per coro e orchestra da camera, e Juan Angel Quesada de la Vega scrive *E caballero de Olmedo (*1983) per coro e pianoforte solista. Manuel Angulo utilizza un coro di due voci bianche e un gruppo strumentale ridotto per il suo *Dos canciones (*1962), un'opera destinata a esecutori in età scolare[160] .

L'uso della chitarra come supporto strumentale per la voce solista ha prodotto due interessanti e tempestive raccolte di canzoni, *Cuatro canciones de Lope de Vega* di Rafael Rodriguez Albert, scritte nel 1935, anno del III centenario, e *Cinco canciones del siglo XVII* di Gracia Tarrago, pubblicate nel 1963, diretta conseguenza delle celebrazioni del IV centenario nel 1962. Tarrago avrebbe poi scritto la sua versione per voce e chitarra della popolare *Tened los rat nos"* (1968). Per questo formato Joaquin Rodrigo adattò le sue due canzoni per voce e pianoforte *Pastorcito santo* e *Coplas del pastor enamorado.* La popolarità del poema *Zagalejo de perlas* raggiunse anche il mondo dei cantautori. Amancio Prada scrisse la canzone *Hijo del alba,* che egli stesso cantò accompagnato dalla chitarra. Una versione di "A mis soledades voy" è stata composta con il titolo *Soledades* (1975) da José Manuel Ipina ed eseguita dal gruppo musicale Mocedades con un arrangiamento strumentale di Juan Carlos Calderon.

Una combinazione poco frequente, almeno per quanto riguarda le composizioni create ex profeso

---

[155] Eseguite per la prima volta il 3-11-1935, nel dicembre dello stesso anno furono rappresentate in un atto di omaggio a Lope de Vega nell'Ateneo Popular di Oviedo. Cfr. MARTINEZ DEL FRESNO, Beatriz, "La obra de Manuel del Fresno, un capitulo del regionalismo asturiano (1900-1936)", *Homenaje a Juan Una Ru,* vol. 2, Universidad de Oviedo, Oviedo, 1999, p. 1009.

[156] BNE, firme: M.CASAECHAPI / 3 e M.CASAECHAPI / 4. Probabilmente per la messa in scena di questa commedia da parte della compagnia Teatro Escuela de Arte diretta da Rivas Cherif e Jose Franco. Le rappresentazioni si tennero al Teatro Maria Guerrero di Madrid, la prima fu il 4-2-1935. Cfr. in GIL FOMBELLIDA, Mª del Carmen, *Rvas Cherif Margarita Xirgu y el teatro de la II Republica,* Fundamentos, Madrid, 2003, pp. 116 e 313.

[157] Incluso nel nostro catalogo.

[158] All'interno di questo gruppo, non abbiamo trovato traccia del *Poema lirico* di Manuel Palau, che Tinnell segnala come composto nel 1947, nel catalogo delle opere di Palau della SGAE né nella tesi di dottorato che Salvador Segui ha dedicato alla sua opera vocale. SEGUI PEREZ, Salvador, *La prassi aimonico-contrappuntistica nell'opera liederistica di Manuel Palau. Vita e opera del musicista valenciano.* Tesi di dottorato. Università di Valencia, Valencia, 1994. [Microfilm].

[159] Opera che ha ricevuto un accesit nel Concorso Nazionale di Musica del 1945. MART'INEZ DEL FRESNO, Beatriz, *Catalogo obras de Julio Gomez,* Madrid, SGAE, 1997, p. 29.

[160] Queste due canzoni sono state composte ed eseguite in prima assoluta nell'anno della celebrazione del IV centenario della nascita di Lope de Vega. PLIEGO DE ANDRES, Victor, *Manuel Angulo,* Catalogos de compositores espanoles, SGAE, Madrid, 1992, p. 22.

per la recitazione di poesie specifiche, è quella impiegata da Juan Briz e Eduardo Rincon nella scrittura di opere per recitatore e strumento a tastiera, il primo con l'organo in *Engendra al hijo el padre* (1982), e il secondo con la sua *Musica para tres sonetos de Lope de Vega* (1991) con il pianoforte.

MUSICA DI SCENA

Sebbene l'unica opera per orchestra ispirata a una commedia di Lope, la *Fantasia en triptico sobre un drama de Lope* (Premio Nacional de Musica nel 1961) di Rafael Rodriguez Albert, basata su *El mejor alcalde, el Rey*, non sia musica di scena in quanto tale ma una composizione sinfonica per la sala da concerto, serve a introdurre un ampio gruppo di composizioni destinate a fungere da supporto musicale per diverse manifestazioni sceniche, siano esse teatrali, cinematografiche, televisive o di balletto.

Le più abbondanti sono le musiche di scena scritte per le numerose rappresentazioni teatrali delle commedie[161] [162] e autos, molte delle quali non sono state conservate, poiché l'improvvisazione o la scarsa trascendenza delle loro musiche sono all'origine del disinteresse per la loro conservazione. Il compositore che spicca su tutti è Manuel Parada (1911-1973), autore di un ampio catalogo di musica teatrale e cinematografica, di cui si sono conservate fino a dieci partiture di altrettante commedie di Lope. L'elenco di quelle conosciute è ampio:

* *El acero de Madrid*: Paco Aguilera, 1995.
* *El amor enamorado (L'amore innamorato)*, Tomas Bohorquez, 1991.
* *El caballero de Olmedo (Il cavaliere di Olmedo)* Enrique Casal Chapi, 1935[163] [164] ; Manuel Parada, 1946;
Salvador Ruiz de Luna, 1953; Luis Mendo, 1977; Gregorio Paniagua, 1990; Luis Delgado, 2003.
* *El castgo sin venganza* Manuel Parada, 1943; Jose Garcia Roman, 1985.
* Il risveglio del dormiente: Golfi Persiani, 1988.
* *El perro del hortelano*: Luis de Pablo, 1963; Pedro Estevan e Suso Saiz, 1989.
* *El rufan castrucho* Mariano Diaz, 1991.
* *El villano en su rincon* Manuel Parada, 1950; Matilde Salvador, 1962[165] .
* *Fuenteovejuna*[166] : Manuel Parada, 1944 e 1962, Jose Tejera, 1984; Tomas

---

[161] Sulla poesia "Pues andais en las palmas" dei *Pastores de Belen*.

[162] È interessante ricordare qui un lavoro del compositore russo Aram Ilyich Khachaturian, che nel 1940 scrisse le musiche di scena per *La vedova di Valencia* (la sua *op.* 45), da cui compose una suite per orchestra con lo stesso titolo (op. 45A). Si veda a questo proposito SCHWARZ, Boris, "Khachaturian, Aram Ilyich", *The New Grove...*, *op. cit*, vol. 10, p. 47-48.

[163] Riportiamo i titoli e gli autori delle musiche che compaiono in TINNELL, *Catalogo anotado...*, op. cit. e in PEDRAZA JIMENEZ, Felipe B.; RODRIGUEZ CACERES, Milagros (a cura di), *El teatro segun Lope de Vega*, 2 voll., Compania Nacional de Teatro Clasico, Madrid, 2009. Escludiamo dall'elenco gli allestimenti la cui musica non è stata originariamente scritta per l'occasione.

[164] *El baile del Caballero de Olmedo di Lope de Vega*, sei episodi da ballare, con accompagnamento di soli, coro e orchestra. A questi frammenti aggiunge come preludio le "Diferencias sobre il Canto del Caballero" di Antonio Cabezon. Il manoscritto autografo è datato "4-IX-35". Gil Fombellida *(Rivas Cherif margarita Xirgu,..., op, cit*, p. 324) riferisce delle rappresentazioni del 1934 de *El caballero de Olmedo* da parte della compagnia Melia-Cebrian, e Michael D. McDagha (McDAGIA, Michael D., *The theatre in Madrid during the Second Republic: a checklist*, Grant & Cutler, London, 1979, p. 72) segnala una prima della stessa opera, con la stessa compagnia al Teatro Benavente, il 21 giugno 1935. Date le date, la partitura di Casal Chapi potrebbe essere una revisione successiva della musica utilizzata in quelle rappresentazioni teatrali. Si veda anche ALVAREZ CANIBANO, Antonio; CANO, Jose Ignacio; GONZALEZ RIBOT, Mª Jose (eds.), *Rtmo para el espacio. Los compositores espanoles y el ballet del siglo XX*, Centro de Documentacion de Musica y Danza, Madrid, 1998, p. 43.

[165] SEGUI, Salvador, *Matilde Salvador,* Fundacion Autor, Madrid, 2000, pp. 76, 77.

[166] Il *Diccionario panhispanico de dudas*, RAE, 2005, alla voce "Fuente Obejuna" chiarisce che si tratta del "nome ufficiale di questo comune della provincia di Cordova [...]. Le grafie con *v (Fuente Ovejuna, Fuenteovejuna)* derivano da un periodo di esitazione grafica in cui era comune trovare la stessa parola scritta a volte con *b* e a volte con *v*. Infatti, nella famosa opera di Lope de Vega che porta il nome di questa città, lo scrittore madrileno scrisse *Fuente Ovejuna*, che è stato anche trascritto *Fuenteovejuna*, in una sola parola". Real Academia Espanola, *Diccionariopanhispanico de dudas* [online], <http://buscon.rae.es/dpdI/> [visitato il 20-11-2011]. Dato che le due

Bohorquez, 1993.

- *La bella malmaridada* Manuel Parada, 1947; Manuel Blancafort, 1962; Jose Luis Valderrama, 1991.
- *La dama boba (*Federico Garcia Lorca, 1935[167] ; Fernando Moraleda, 1951; Carmelo Bernaola, 1979; Pedro Luis Domingo, 1990; J. M. Diaz-Canel, 1998.
- *La discreta enamorada*: Manuel Parada, 1945.
- *La Dorotea* Alfredo Carrion, 1983.
- *La estrella de Sevilla*: Fernando Moraleda, 1957; Luis de Pablo, 1970; Jose Garcia Roman, 1998.
- *La moza del cantaro*, Manuel Parada, 1952.
- *La noche toledana*: Julio Gergely, 1990.
- *La regina andalusa*: Rafael Riquelme, 1989.
- *La vedova valenciana:* Matilde Salvador, 1962[168] ; Angel Holgado, 1992.
- *Il ritorno dall'Egitto*: Manuel de Falla, 1935.
- Las bizamas de Belisa: Manuel Parada, 1941.
- Los locos de Valencia: Jose Nieto, 1986.
- Los melindres de Belisa: Eduardo Vasco, 1992.
- I sette infanti di Lara: Carmelo Bernaola, 1966.
- *Peribanez y el comendador de Ocana* Manuel Parada, 1942; Jaume Pahissa, 1962; Eliseo Parra, 2002.
- *Combattere fino alla morte*: Gustavo Ros, 1989.
- *Santiago el verde:* Antonio Ramirez Angel, 1953.

Le colonne sonore sono un altro formato compositivo di cui rimangono alcuni esempi. Nel mezzo cinematografico: *Fuenteovejuna* (Antonio Roman, 1947) con musiche di Manuel Parada, *La moza del Cantaro* (Florian Rey, 1953) di Juan Solano, *Fuenteovejuna (*Juan Guerrero Zamora, 1970) di Luis de Pablo e *El perro del hortelano* (Pilar Miro, 1996) di Jose Nieto. Teddy Bautista ha scritto le musiche per la produzione televisiva *La viuda valenciana (*1983), diretta da Francisco Regueiro per TVE.

Sebbene il testo scritto dai librettisti Romero e Fernandez-Shaw sia una versione molto libera ispirata a *La discreta enamorada*, ricordiamo i due lungometraggi con le musiche della commedia lirica *Dona Francisquita* di Amadeo Vives, uno dei più notevoli successi del teatro lirico spagnolo del XX secolo, portato sul grande schermo in due occasioni, nel 1934 per la regia di Hans Behrend e nel 1952 per la regia di Ladislao Vajda[169] . La zarzuela aveva visto la luce nel 1923 e il suo grande successo portò a queste due versioni, la prima alla vigilia del terzo centenario della morte di Lope de Vega[170] . Altre commedie di Fenix videro il loro adattamento alla zarzuela[171 172] : *El*

---

forme *Fuente Ovejuna* e *Fuenteovejuna* sono state utilizzate in modo intercambiabile come titolo di diverse edizioni e opere basate sulla commedia di Lope, d'ora in poi seguiremo la forma utilizzata dalle edizioni più prestigiose della stessa, quelle di McGrady (che è quella che prendiamo come riferimento), Juan Maria Marin e quella di Rinaldo Froldi: tutte e tre riportano *Fuente Ovejuna*. Rispetteremo l'altra forma quando fa parte di un titolo così assegnato dal rispettivo autore.

[167] Vedi: GIL FOMBELLIDA, Mª . Carmen, p. 306.

[168] SEGUI, Salvador, *Matilde Salvador,* Fundacion Autor, Madrid, 2000, p. 78.

[169] Ramon Navarrete analizza queste due versioni cinematografiche, insieme a quella de *El huesped del sevilano* di Jacinto Guerrero, ispirata a *La ilustre fregona* di Cervantes. NAVARRETE, Ramon, "Los clasicos, la zarzuela y el cine", *XXIV y XXV Jornadas de Teatro del Siglo de Oro*, Instituto de Estudios Almerienses, Almena, 2011, pp. 127-139.

[170] Sul secondo degli adattamenti, si veda PEREZ BOWIE, Jose Antonio, "La función parodica de las estrategias metaficcionales. Appunti sull'adattamento cinematografico della zarzuela *Dona Francisquita* (Ladislao Vajda, 1952)", *Anales de Literatura Espanola,* n. 19, 2007, pp. 189-204. Sull'adattamento della commedia di Lope al formato della zarzuela esiste un altro lavoro: FERNANDEZ SAN EMETERIO, Gerardo, "La herencia lopesca en el teatro musical espanol: *La discreta enamorada y Dona Francisquita*", in *Lope de Vega: comedia urbana y comedia palatina. Atti delle XVIII giornate di teatro classico. Almagro, luglio 1995*, Almagro, 1996, pp. 157-171.

[171] Cfr. FLOREZ ASENSIO, Maria Asuncion, "Lope *libretista* de zarzuela", *Revista de Musicologa*, XXI, p. 95.

domine Lucas di Barbieri, basata sull'omonima commedia di Lope; *La vilana (1927)*, basata su *Peribanez y el Comendador de Ocana*, di Amadeo Vives; *La rosa del azafran (1930)* di Jacinto Guerrero, tratto da *Elperro del hortelano"* e *Elhio fingido* (1964) di Joaquin Rodrigo, tratto da *De cuando aca nos vino* e *Los ramilletes de Madrid*; *Fuenteovejuna* (1980) di Mariano Moreno Buendia; e il più recente, *San Isidro labrador (1986)* di Valentin Ruiz Lopez.

Il genere operistico conta due opere che basano il loro libretto su *Fuente Ovejuna*. Una è scritta in francese da Salvador Bacarisse, la sua *Font-aux-cabres*[173] (1956), l'altra purtroppo incompiuta dal compositore Francisco Escudero, con lo stesso titolo della commedia (1967-)[174].

Sono rare le creazioni musicali nella disciplina del balletto[175] che si rifanno a Lope de Vega. Al di fuori della Spagna, *Fuente Ovejuna* è stata utilizzata come trama per il balletto *Laurencia,* scritto da Alexander Krein, che ha debuttato al Teatro Kirov di Leningrado nel 1939, con la coreografia di Vakhtang Chabukiani[176]. Nel nostro Paese, l'unico caso è lo spettacolo di danza flamenca coreografato da Antonio Gades sulla base della trama di *Fuente Ovejuna (1994)*, su libretto di Jose Manuel Caballero Bonald, con musiche di vari compositori e artisti di flamenco. Parte della musica è stata scritta da Anton Garcia Abril per l'occasione, insieme a frammenti di Moussorgsky, Antonio Gades, Faustino Nunez, Juan Antonio Zafra e musica barocca[177].

1935: TERZO CENTENARIO DI LOPE DE VEGA E DEL PREMIO MUSICA NAZIONALE

A trecento anni dalla morte di Lope de Vega, numerose istituzioni ufficiali e private si preparano a celebrare l'evento e a ricordare la sua figura e la sua opera. Gli eventi che si svolgono in tutta la Spagna e all'estero sono numerosi e variegati, e l'interesse per lo studio delle sue creazioni è dimostrato dal gran numero di pubblicazioni apparse intorno a questo evento. I primi decenni del XX secolo hanno visto, oltre a questa, altre celebrazioni che hanno stimolato l'interesse di scrittori e studiosi per l'enorme opera letteraria della nostra Età dell'Oro. Nelle sezioni che seguono, studieremo le conseguenze musicali del centenario della nascita di Cervantes, di Gongora e della pubblicazione del Don Chisciotte, ponendo l'accento sulla produzione di canzoni da concerto, anche rispetto alle celebrazioni degli anniversari di Cervantes, Gongora e della pubblicazione del Don Chisciotte.

I precedenti ravvicinati della celebrazione del terzo centenario della morte di Cervantes nel 1916 e di Gongora nel 1927, di cruciale importanza letteraria, non ebbero le stesse ripercussioni in termini

---

[172] La relazione tra le due opere è studiata da Florez Asensio nell'articolo citato. *Ibidem*, p. 93-112.
[173] La biblioteca della Fundacion Juan March conserva diversi materiali come il libretto di Jean Camp, la partitura, la riduzione per pianoforte e voce, nonché una registrazione della Radio Televisione Francese.
[174] LARRINAGA CUADRA, Itziar, "Il processo di creazione di *Fuenteovejuna*, l'opera inacabada di Francisco Escudero", *Eusko Ikaskuntza*, n° 17, 2010, pp. 497-556.
[175] Joaquin de Entrambasaguas, in un articolo di giornale del 1962, a cui dà il titolo fuorviante di "Lope de Vega autore del "balletto"", fornisce alcuni esempi dell'uso che Lope fa della danza e del ballo nei suoi due sensi, la danza puramente coreografica e le danze che contengono riferimenti alla trama, nonché l'uso di specifiche indicazioni coreografiche, affermando con una certa leggerezza, forse per un'esigenza di impatto giornalistico, che queste manifestazioni sono "il precedente di ciò che modernamente si intende per "balletto"".
ENTRAMBASAGUAS, Joaquin de, "Lope de Vega autor de "ballets"", *ABC*, 8-4-1962 [articolo nel numero speciale che *ABC* ha dedicato al IV centenario della nascita di Lope de Vega].
[176] Balletto in tre atti su libretto di E. Mandelberg e scenografia di S. Virsaladze. Rappresentato per la prima volta il 22 marzo 1939. Creato su richiesta del governo sovietico, fu molto popolare e fu messo in scena più volte in Unione Sovietica e nell'Europa orientale. Nel 2010 è stato riproposto dopo cinquant'anni in una nuova produzione del Mikhailovsky Ballet. Vedi: CRAINE Debra; MACKRELL, Judith, "Laurencia", *The Oxford Dictionary of Dance*, Oxford University Press Inc. Oxford Reference Online. Oxford University Press. Università di Valencia. <http://www.oxfordreference.com/views/ENTRY.html?subview=Main&entry=

t74.e1456> [accesso: 13-2-2012].
[177] Rappresentato per la prima volta all'Opera di Ginevra, è stato poi presentato in Spagna al Teatro de la Maestranza. BAYO, Javier, *Diccionario biografico della danza*, Libreria Esteban Sanz, Madrid, 1997, p. 134; ALVAREZ CANIBANO, Antonio; RIBOT, Maria Jose, *Ritmo para el espacio: los compositores espanoles y el ballet en el siglo XX*, Centro de Documentacion de Musica y Danza, Madrid, 1998, p. 47. Esiste un DVD commerciale delle rappresentazioni di questo spettacolo al Teatro Real di Madrid nel 2011 (etichetta Teatro Real).

di composizione di opere liederistiche, come sublimazione musicale del linguaggio poetico. Come si vedrà in seguito, la musica in generale ebbe uno sviluppo notevole, anche se non uniforme, nelle celebrazioni di Cervantes e Gongor rispetto a quelle di Lope. Mentre nel caso di Cervantes l'impulso maggiore si è avuto nelle opere orchestrali e nel genere del poema sinfonico, nel repertorio vocale il bilancio è molto positivo per Lope de Vega. Questo, rispetto a Cervantes, è comprensibile, poiché l'opera poetica, di cui si nutre fondamentalmente il repertorio per voce e pianoforte, è incomparabile tra i due scrittori, per quantità e dedizione. Lo stesso non vale per Gongora, poeta di cui sono state composte solo due opere di questo genere nell'anno del suo centenario.

La prima metà del XX secolo è stata particolarmente intensa in termini di celebrazioni cervantine. La produzione di opere ispirate al Don Chisciotte è abbondante nella prima metà del secolo, un'influenza dovuta alle celebrazioni dei quattro anniversari dell'autore e della sua opera. Tra questi numerosi frutti musicali, però, non sono altrettanto numerose le composizioni che prendono il testo direttamente da Cervantes[178] . Nel 1905 si celebrò il terzo centenario della pubblicazione della prima parte del Don Chisciotte e a questo scopo fu creata la Junta National del Centenario, che avrebbe avuto il compito di promuovere e coordinare le attività che si svolsero, nelle quali Adela Presas vede una chiara intenzione politica nell'utilizzo di questa data come elemento di riaffermazione nazionale[179] . L'atmosfera era già preparata, poiché l'interesse dimostrato dagli scrittori e dagli intellettuali della generazione del '98 negli anni precedenti era quello di un sentimento collettivo di esaltazione[180] . La maggior parte delle opere musicali scritte in Spagna si concentrò sul genere della zarzuela, sul genere sinfonico a carattere programmatico, genere in cui Richard Strauss fece da apripista con il suo *Don Chisciotte, Variazioni fantastiche su un tema cabalistico* del 1896, e, in particolare, sulla composizione di inni elogiativi a Cervantes[181] . Solo una di queste opere è stata originariamente scritta per voce e pianoforte, il *Canto a Atisidora* di Benito Garcia de la Parra[182] . Di particolare rilievo sono le opere orchestrali *Los galeotes* di Tomas Breton, l'*Andante sinfonico* di Angel Mora Vadillo, vincitore del concorso indetto per la celebrazione del III centenario, *La cueva de Montesinos* di Camilo Perez Monllor, *La vela de las armas* di Amadeo Vives, *El caballero de los espejos* di Manuel Nieto, e le opere sceniche *Don Quijote de la Mancha* di Teodoro San Jose, *[Gloria a Cervantes!* di José Verdu e *Atisidora* di Rafael Taboada. L'opera *Don Chisciotte in Aragona*, composta con la collaborazione di Borobia y Trullas, Sanjuan, Fernandez Goyena e Gonzalez, è stata presentata in anteprima quest'anno a Madrid.

Sebbene la celebrazione nel 1915 del terzo centenario della pubblicazione della seconda parte del romanzo abbia avuto scarsa rilevanza in termini di composizioni musicali[183] , ha lasciato due canzoni con testi di Cervantes di Amadeo Vives, due delle sue *Canciones epigramatcas*, *La buena ventura* e *Madre la mi madre*. La celebrazione nel 1916 del terzo centenario, questa volta della morte di Cervantes, fu preparata con largo anticipo. Già nel 1914, nella *Gaceta de Madrid*

---

[178] Cfr. TINNELL, Roger, *Catalogo anotado...*, op. cit, pp. 190-209. Il catalogo offerto è ampio, ma ci sono molte opere il cui testo è adattato o rielaborato da Cervantes.

[179] PRESAS, Adela, "1905: la trascendenza musicale del III centenario", *Cervantes y el Quijote en la musica: estudios sobre la recepcion del centenario*, Centro Estudios Cervantinos, Madrid, 2007, p. 285.

[180] Gli scritti di Unamuno, Azon'ii, Ganivet, Maeztu, Baroja, tra gli altri, sostenevano la presenza di Don Chisciotte come simbolo dell'identità nazionale. LOLO, Begona, "Interpretaciones del ideal cervantino en la musica del siglo XX (1905-1925)", *Visiones del Quijote en la musica del siglo XX*, Begona Lolo (a cura di), Centro de Estudios Cervantinos, Madrid, 2010, p. 86-87.

[181] PRESAS, Adela, "1905: la trascendencia...", op. cit, pp. 305-307. L'autrice fornisce un elenco completo delle opere composte in quell'anno relative a Don Chisciotte.

[182] Oltre a questa canzone, si è conservata una riduzione per voce e pianoforte, o pianoforte solo, di *Altisidora*, serenata burlesca, di Rafael Taboada y Mantilla, Madrid/Bilbao, Casa Dotesio, [1905]. Il testo non è dello stesso Cervantes, ma di Ricardo Taboada Steger.

[183] Begona Lolo dà notizia di due opere uniche di teatro lirico, la zarzuela *La hisula Barataria* di Arturo Udaeta e la rivista *La Patria de Cervantes y Zorrilla* di Luis Foglietti, nonché del poema sinfonico *Una aventura de Don Quijote* di Jesus Guridi. LOLO, Begona, "Interpretaciones del ideal ceivaiiliiio...", op. cit, p. 95-96.

apparvero ordini e decreti che istituivano la Giunta incaricata di "preparare e dirigere le solennità, le feste e altri eventi per commemorare il terzo centenario della morte di D. Miguel de Cervantes Saavedra", annunciando diversi progetti o indicendo concorsi letterari[184] . Già nel 1916, la RAE istituì e bandì il Premio Cervantes[185] , "un concorso nazionale e quinquennale", che nella sua prima edizione non ebbe successo. Su richiesta ufficiale fu promossa solo la composizione di un inno a Cervantes[186] , "scritto all'unisono, in un'estensione di voce appropriata per essere cantato dal popolo nelle feste che si terranno, l'accompagnamento sarà scritto per banda, soggetto al solito modello in quelle del nostro esercito". L'opera vincitrice è stata l'*Inno a Cervantes* di Julio Gomez[187] .

Negli anni immediatamente successivi al 1916 furono composte alcune opere ispirate a Cervantes, come i poemi sinfonici *Don Quixote de la Mancha*, di Emilio Serrano, *La primera salida de Don Quijote*, di A. M. Pompeo, e *Don Quixote velando las armas* di Espla, o *El Retablo de Maese Pedro,* di Falla, ma solo un'opera per voce e pianoforte, la melodia *Dulcinea* di Jose Luis Lloret[188] .

Nemmeno la celebrazione del IV Centenario della nascita di Cervantes, nel 1947, significò un sostanziale progresso nella composizione di opere per voce e pianoforte. Il bando di concorso tra musicisti e scrittori, promosso dalla Commissione Esecutiva del IV Centenario[189] , avvertiva che le composizioni musicali dovevano rispettare "un lavoro vocale o strumentale basato sui testi di Cervantes che sono allegati al bando. La parte cantata può essere a voce sola o a più voci, con accompagnamento strumentale da parte di una grande orchestra". I testi allegati al bando erano quelli che iniziavano con i versi "Arboles, hierbas y plantas", "Madre, la mi madre" e "Marinero soy de amor". L'anno precedente, il 1946, aveva visto la composizione di due opere che anticipavano la celebrazione, l'ouverture orchestrale di Jose Maria Pages *Las bodas de Camacho* e la colonna sonora del lungometraggio *Dulcinea* scritta da Manuel Parada. Nel 1947 furono composti *Tres epitafios* para coro di Rodolfo Halffter, *Don Quijote* di Bal y Gay, *Don Quijote velando las armas* di Gerardo Gombau, *Preludio sobre la primera salida de Don Quijote y Soneto a Dulcinea del Toboso* di Salvador Bacarisse e *Don Quijote di* Carlos Chavez Ramirez. Altre opere strumentali composte quest'anno sono quella per una trasmissione della BBC dal titolo *Don Chisciotte* di Monica Lazareno[190] e il balletto *La pastora Marcela* di Manuel Martinez Chulillas.
[191] Gil composta da Ernesto Halffter, le *Cuatro letrillas de Cervantes* per coro di Adolfo Salazar, così come le composizioni di Goffredo Petrassi, il balletto *Ritratto di Don Chisciotte*, o le musiche scritte da E. Lehmberg per il film di Flavio Calzavara[192] .

Il Concorso Nazionale di Musica del 1927 non facilitò lo sviluppo del genere, favorendo nelle sue due modalità la composizione di opere ispirate a poesie di
Gongora scritta per orchestra o pianoforte solo[193] . I lavori premiati sono stati *Gongoriana* di

---

[184] *Gaceta de Madrid*, 23-4-1914, Decreto Reale di nomina del Consiglio. Vengono annunciati vari progetti, nessuno dei quali di natura musicale. Nella *Gaceta de Madrid* del 4-11-1915 si annuncia un concorso letterario con tre premi.
[185] *Gaceta de Madrid*, 23-4-1916: la RAE fonda e bandisce un concorso nazionale quinquennale, il "Premio Cervantes", per commemorare il terzo centenario della morte di Cervantes, con il tema "Vocabulario general de Cervantes". Non avendo avuto successo quell'anno, la RAE lo indisse nuovamente con lo stesso slogan nel 1923 (*Gaceta de Madrid,* 27-5-1923).
[186] *Gaceta de Madrid*, 29-7-1915, Ordine Reale.
[187] MARTINEZ DEL FRESNO, Beatriz, *Julio Gomez, op. cit.,* p. 162. TINNELL, Roger, *Catalogo anotado..., op. cit.,* p. 201.
[188] Questo è il titolo annotato da Querol: QUEROL, Miquel, *La musica en..., op. cit,* pp. 209-210. Begona Lolo lo nota con il titolo *Ceivantina* (LOLO, Begona, "Interpretaciones del ideal cervantino.", *op. cit,* p. 96).
[189] Ordinanza del 4 luglio 1947 *(BOE,* 13-7-1947).
[190] TINNELL, Roger, *Catalogo anotado..., op. cit,* p. 202.
[191] Quest'opera è stata premiata con il Premio Nazionale del 1948. Il formato dell'opera e i testi utilizzati coincidono con quelli richiesti nel bando di concorso del 1947, che abbiamo segnalato in precedenza.
[192] QUEROL GAVALDA, Miquel, *La musica en..., op. cit,* pp. 209-210.
[193] La pubblicazione del regolamento e del bando di concorso fu pubblicata nella *Gaceta de Madrid,* num. 27, 27-

Manuel Palau[194] , e le *Seis pequenas composiciones para orquesta y pequeno coro*[195] di Conrado del Campo, ispirate alle "Romanze" del poeta cordovano. La suite orchestrale in sei movimenti, ispirata a poesie gongoriane, *Homenaje a Gongora,* di Fernando

Remacha, scritta nello stesso anno, coincide per formato e tema con i requisiti del Concorso Nazionale, anche se non esiste alcuna documentazione che attesti che quest'opera sia stata presentata al concorso. Anche Adolfo Salazar compose la sua *Zarabanda* per ensemble strumentale nel 1927[196] .

Soneto a Cordoba di Manuel de Falla e *Soledades* di Oscar Espla, quest'ultima originale per voce e orchestra anche se successivamente adattata dal compositore per pianoforte, sono le uniche opere del genere scritte in quell'anno con testi di Gongora[197] . Qualche anno prima, nel 1914, Enrique Granados compose due canzoni con testi di Gongora: *Llorad corazon* e *Serranas de Cuenca*. Nel 1925 Eduardo Lopez-Chavarri utilizzò una poesia per una delle sue *Seis canciones espanolas* del 1925, così come Sabino Ruiz Jalon in *Las flores del romero*, tutte per voce e pianoforte[198] .

Il 27 agosto 1935 ricorreva il trecentenario anniversario della morte di Lope, avvenuta a Madrid nel 1635. La celebrazione del tricentenario della sua morte ebbe un'ampia ripercussione sulla vita culturale spagnola di quell'anno. Furono organizzati numerosi eventi, tra cui spettacoli teatrali, recital di poesia, conferenze, nuove edizioni e pubblicazioni di Lope e concorsi letterari in tutta la Spagna, in Sud America e in alcune città europee come Londra, Cambridge, Amburgo, Amsterdam, Poitiers, Parigi, Lisbona e Strasburgo. È arrivato anche ad Algeri, L'Avana e New York, dove è stata organizzata una cerimonia di omaggio presso la

Columbia University promossa dall'ambasciata spagnola. La rivista *"Fenix"*, apparsa in sei numeri bimestrali nel corso del 1935, raccoglieva gli studi e le iniziative, gli eventi, le pubblicazioni e le rappresentazioni di Lope a livello nazionale e internazionale, "con l'obiettivo di restituire a Lope il prestigio e la leadership di cui godeva nel suo secolo egregio"[199][200] .

Questo prezioso documento, che ci dà un'idea dell'ampiezza e dell'importanza delle celebrazioni, riflette tuttavia la scarsa importanza che la musica aveva nella memoria di Lope. Con l'eccezione delle conseguenze del bando del Concorso Nazionale di Musica, di cui ci occuperemo più avanti, possiamo concludere, dopo aver osservato nel dettaglio le notizie che *Fenix* dà degli eventi musicali legati alle celebrazioni del centenario, che, con poche eccezioni, la musica aveva un ruolo meramente ornamentale. Di seguito sono elencate le notizie che compaiono nella rivista:

1.   No. 1, febbraio:

a.   Pag. 152: Rappresentazione di *Peribanez y el Comendador de Ocana* con illustrazioni musicali di J. Bal y Gay. Teatro Capitol, 25 gennaio 1935.

b.   Pag. 154: Rappresentazione de *Il cavaliere di Olmedo* all'Università di Cambridge, con illustrazioni musicali del XVII secolo eseguite al clavicembalo.

2.   No. 2, aprile:

a.   Pag. 287: Rappresentazione de *La discreta enamorada* da parte dell'Asociacion de Antiguos Alumnos del Instituto Cervantes, al Teatro Cervantes di Madrid, in cui "nell'intervallo sono state eseguite diverse danze dei secoli XVI e XVII".

b.   Pag. 287: Il 24 aprile, atto nel teatro Romea di Murcia, organizzato dall'Università, in cui

---

01-1927, pp. 566-567, firmata a Madrid il 26 gennaio 1927 da Callejo (sic), Direttore Generale delle Belle Arti.
[194] Primo Premio Nazionale di Musica 1927. *Gazzetta di Madrid,* 15-12-1927.
[195] Musica per voce di bambino o mezzosoprano, coro e orchestra. Secondo Premio Nazionale 1927. *Gaceta de Madrid,* 15-12-1927. Esiste un'edizione attuale: Madrid, Barcellona, Editorial de Musica Espanola Contemporanea, 2002.
[196] TINNELL, Roger, *Catalogo anotado..., op. cit.,* p. 276.
[197] *Ibidem,* pp. 271-276.
[198] *Ibidem,* pagg. 274-276.
[199] HERRERO, Miguel; ENTRAMBASAGUAS, Joaquin de, (dirs.), *Fenix, rivista del tricentenario di Lope de Vega, 1635-1935*, Numeri 1-6, Grafica Universal, Madrid, 1935.
[200] GARCIA SANTO-TOMAS, Enrique, La creazione del "Fenix". Recepimento cntico e rappresentazione canonica del teatro di Lope de Vega, Gredos, Madrid, 2000, p. 362.

vengono interpretati, insieme a una conferenza e a una rappresentazione scenica, "una sinfonia del quartetto del signor Salas", una canzone del tempo di Lope de Vega cantata dalla signora Martinez Cano, diversi brani musicali eseguiti dalla Tuna Estudiantil Murciana, e "belle composizioni" cantate dalla Masa Coral della classe di canto corale dell'Istituto Nacional de Segunda Ensenanza.

3.	N. 3, giugno:

a.	Pag. 442: A Granada, rappresentazione da parte degli studenti dell'Università, de *La vuelta de Egpto* e *La moza del cantaro*, "con la direzione musicale dei grandi Manuel de falla e Valentin Ruiz Aznar".

b.	Pagina 443: Una conferenza tenuta da Paul Valery alla Sorbona è stata seguita da un'esibizione del chitarrista spagnolo Emilio Pujol, discepolo di Tarrega, che ha suonato diverse opere musicali.

c.	Pag. 443: In un atto di omaggio del Comitato Francia-Spagna di Parigi, gli studenti del Masa Coral hanno interpretato tonadillas del XV e XVI secolo, adattate da Heri Collet. Poi il pianista Cras e il violoncellista Sener hanno suonato musiche di Nin, Falla, Granados e altri, e la "Senorita Maria Cid ha cantato coplas moderne".

d.	Pag. 657: Pubblicazione del *Cancionero teatral* con prologo e note di Robles Pazos, Baltimora, 1935.

4.	No. 4, agosto:

a.	Pag. 574: Tre straordinarie trasmissioni di Radio Espana il 25, 26 e 27 agosto. L'orchestra dell'emittente ha eseguito "una ricca raccolta di canzoni di Cabezon e di diversi autori anonimi dell'epoca di Lope", insieme a recitazioni di versi e dissertazioni di "maestri della penna".

b.	Pag. 576: A Leon, messa in scena dell'auto sacramentale *La siega*, con musica, "notabilisima muestra de canciones de la mejor estirpe espanola del siglo XVI", del maestro di cappella della catedral leonesa, D. Manuel Uriarte.

c.	Pag. 576: Il 31 agosto, nell'ambito dei corsi estivi della Junta Central de Accion Catolica, si tenne una sessione nel Teatro Pereda in cui p. Nemesio Otano presentò in anteprima "una composizione, nello stile dell'epoca, con il testo del famoso sonetto di Lope *Que tengo yo, que mi amistadprocuras*".

d.	Pag. 577: A Vega de Carriedo, città natale dei suoi genitori, si è tenuto un solenne funerale in memoria di Lope, in cui un coro, diretto da D. Teodoro Hernandez, beneficiario della cattedrale, "ha cantato magistralmente la messa di Haller e il responsorio a tre voci di Perosi, la cui parte musicale è stata affidata al dotto maestro nazionale, il signor Arruga".

5.	No. 6, dicembre:

a. Pag. 763: a conclusione dell'omaggio presso il Centro de Estudios Historicos[201] , il gruppo Cantores Clasicos de Madrid "ha poi offerto alcuni esempi musicali di testi di Lope de Vega, composti da vari maestri dell'epoca".

Non tutte le manifestazioni musicali che hanno avuto luogo quest'anno sono incluse qui, come si vedrà più avanti. Possiamo notare che la composizione di P. Nemesio Otano e l'interpretazione delle canzoni salvate da Bal y Gay da parte dei Cantores Clasicos de Madrid sono le uniche direttamente collegate alla poesia di Lope, mentre le altre si limitano a fungere da semplici illustrazioni musicali di carattere ornamentale.

Il governo della Repubblica, su richiesta del Ministero della Pubblica Istruzione, creò la *Junta de iniciativas del Tricentenario de Lope de Vega*, incaricata di organizzare gli eventi ufficiali[202] . La

---

[201] Il quotidiano *El Sol* dell'11-12-1935, a pag. 5, pubblica una dettagliata recensione firmata da Ad. S. [Adolfo Salazar].
[202] Il Consiglio fu costituito solo il 16 aprile dello stesso anno. Inizialmente era composto da Ramon Menendez Pidal, direttore dell'Accademia di Spagna, come presidente, Rafael Salazar Alonso, sindaco di Madrid, Miguel Artigas, direttore della Biblioteca Nazionale, e Josë F. Montesinos, del Centro de Estudios Historicos, come segretario. La sua missione era quella di proporre e raccogliere iniziative per la celebrazione dell'anniversario *(Gaceta de Madrid. Diario Ofcial de la Republica*, num. 108, del 18/04/1935, pp. 570, ordinanza firmata a Madrid il 16 aprile 1935 da Ramon Prieto, Sottosegretario del Ministerio de Instruccion Publica. Riportato anche in *Fenix*,

moltitudine di iniziative ufficiali, come il restauro della casa di Lope avviato su richiesta dell'Accademia di Spagna[203] , la pubblicazione di una serie di francobolli commemorativi[204] , la realizzazione di uno spettacolo di gala ufficiale nel Teatro Spagnolo con la presenza delle autorità della Repubblica[205] e il bando del Concorso Nazionale di

Gli eventi di Bellas Artes, di cui si parlerà in seguito, sono un piccolo esempio di una lunga lista di eventi promossi da ogni tipo di istituzione pubblica e privata[206] , e una dimostrazione dell'ampio interesse per la celebrazione.

A partire dall'inizio del XX secolo, la figura del regista teatrale che dà la sua visione del lavoro teatrale, come nel caso di Cipriano Rivas Cherif o di Federico Garcia Lorca in un altro campo, ha cominciato a occupare il centro della scena. Allo stesso tempo, la rivalorizzazione del teatro classico, soprattutto verso la fine della dittatura di Primo de Rivera, assunse toni nazionalisti, proponendosi come soluzione alla crisi della scena spagnola[207] . Le implicazioni politiche sono presenti, anche nel teatro classico, in un momento storico così ideologicamente convulso[208] . Come non poteva essere altrimenti, nel 1935 la scena spagnola fu invasa dalle opere drammatiche di Lope. Le rappresentazioni furono allestite in tutta la Spagna. Bisogna capire che il recupero di Lope nel 1935 avvenne in un momento di intensa attività intellettuale, e la sua figura richiamò riflessioni sul suo teatro, sulla sua persona, ma anche su una realtà spagnola più che mai problematica e conflittuale[209] .

Solo a Madrid quest'anno Peribanez y el Comendador de Ocana, El acero de Madrid, La corona merecida, La dama boba, Fuente Ovejuna, San Isidro labrador, El villano en su rincon, El caballero de Olmedo, El degollado, La locura por la honra e La moza del cantaro[210] . Federico Garcia Lorca, con il suo gruppo teatrale La Barraca, portò in tournée quattro titoli: Fuente Ovejuna, l'opera più rappresentata quell'anno, El caballero de Olmedo, La dama boba e Las

---

n° 2, aprile, p. 281). *La Vanguardia* del 19-5-1935, p. 25, *ABC* dello stesso giorno, p. 45, e El Sol del 21-5-1935, p. 3, riportano le dimissioni di Menendez Pidal da presidente a causa della soppressione dello stanziamento economico inizialmente previsto per la Giunta. Prima di queste date, *ABC* del 9-3-1935, p. 20, racconta di una seconda riunione della Giunta alla quale parteciparono Eduardo Chincharro, direttore generale della BBAA, Rafael Salazar Alonso, sindaco di Madrid, Eduardo Marquina, per la Società degli Autori, Miguel Artigas, Enrique Borras e Luis Gabaldon, senza menzionare Menendez Pidal. Probabilmente dall'inizio dell'anno la Giunta funzionò in modo informale fino alla nomina ufficiale del 16 aprile. A Siviglia fu istituito anche un comitato in omaggio a Lope de Vega.
[203] La rivista *Fenix* riferisce dell'inizio della restaurazione nel numero di febbraio, p. 148. Il governo approva un bilancio, senza procedura d'asta, il 6 dicembre 35 (*Gaceta de Madrid: Diario Oficial de la Republica* num. 360, del 26/12/1935, p. 2588-2589). L'*ABC* offre un resoconto completo l'8-5-1935, pag. 6.
[204] Ordine che ordina alla Fabrica Nacional de Moneda y Timbre di procedere alla produzione di una serie di francobolli da 15, 30, 50 cëntimos e una peseta, commemorativi della data di morte di Lope de Vega *(Gaceta de Madrid: Diario Ofcial de la Replica* num. 22, 22/01/1935, p. 640). La notizia è riportata anche da *El Sol*, 16-1-1935, p. 1.
[205] 25 ottobre 1935, spettacolo di gala al Teatro Espanol organizzato dalla Giunta, alla presenza del Presidente della Repubblica, del Presidente del Governo e di altri funzionari. Oltre a vari discorsi e recitazioni di poesie, il gruppo Cantores Clasicos Espanoles esegue opere di Lope in musica del suo tempo, probabilmente trascrizioni di Jesus Bal. Perez Casas, con la Filarmonica, esegue la *Snoina in sol minore* di Mozart. *ABC* del 24-10-1935, p. 35, pubblica un annuncio, Union Radio lo trasmette in diretta (vedi: *ABC*, 25-10-1935, p.42; *E Sol*, 25-10-1935, p. 2). *ABC* del 26-10-1935, p. 51, e *El Sol* dello stesso giorno, p. 2, pubblicano una recensione dell'evento senza menzionare la partecipazione dei Cantores Clasicos.
[206] L'ampio programma di iniziative previste, anche se non tutte realizzate, dalla Sociedad de Autores Espanoles, pubblicato il 26 dicembre 1934, è certamente ambizioso. È raccolto da *Fnix*, n° 1 di febbraio, p. 148-149. L'interessante proposta di Piedad de Salas di realizzare un film biografico su Lope de Vega non è stata portata a termine (*El Sol*, 12-1-35, p. 2).
[207] GARCIA SANTO-TOMAS, Enrique, *La creazione del "Fnni", op. cit.,* pp. 322-323.
[208] Diego San José arrivò a scrivere che lo Stato non promuoveva a sufficienza il suo patrimonio culturale perché "in molte di quelle opere gloriose ci sono grandi insegnamenti politici che non dovrebbero essere messi in onda". Citato da GARCIA SANTO-TOMAS, Enrique, *La creazione del "Fnni", op. cit,* p. 325. Nella sezione 4.2.2 di questa tesi ci occupiamo dell'uso ideologico di Lope in questi anni.
[209] *Ibidem*, p. 343.
[210] *Ibidem*, p. 343. Garcia Santo-Tomas fornisce anche le date delle prime e commenta le rappresentazioni date negli anni Venti e Trenta (pp. 326-368). Anche la rivista *Fnix* dà notizia delle rappresentazioni date, non solo a Madrid.

almenas de Toro[211] . Partecipò anche alle rappresentazioni che la compagnia di Margarita Xirgu fece al Teatro Espanol di Fuente Ovejuna e La dama boba. Le musiche incluse in alcuni di questi spettacoli saranno discusse in seguito.

I numerosi studi pubblicati negli anni precedenti, soprattutto quelli dei prestigiosi ricercatori Rudolph Schevill e Hugo Rennert, hanno ordinato e fissato molti dati su Lope che apriranno piste di indagine in opere successive come quelle di Karl Vossler, Marcelino Menendez y Pelayo, Jose Fernandez Montesinos o Americo Castro[212] . Questi studi non fanno che confermare e aumentare il fascino della sua opera letteraria, delle sue vicende e della sua intensa vita sentimentale.

La ripercussione della celebrazione della morte di Lope nell'ambiente musicale spagnolo è alquanto minore rispetto a quella che ha avuto negli ambienti letterari, scientifici e teatrali, ma in ogni caso importante e degna di nota. L'inserimento della musica in alcuni atti è frequente e vario. A volte è direttamente collegata ai testi, altre volte serve a ricreare l'atmosfera musicale dell'epoca. I giornali di Madrid pubblicano recensioni di diversi atti che includono un qualche tipo di esecuzione musicale, generalmente opere o melodie dell'epoca di Lope in diversi arrangiamenti, sebbene vengano utilizzate anche composizioni non direttamente legate al nostro poeta. L'11 aprile 1935, presso la Casa de Valencia, si tenne un omaggio artistico e letterario e, dopo una conferenza sul soggiorno di Lope a Valencia, il Coro dell'Istituto di Toledo eseguì opere corali ispirate a brani delle opere di Lope[213] . Il 12 giugno dello stesso anno Manuel de Falla preparò e diresse un coro nell'esecuzione di due autos sacramentales di Lope a Granada[214] . Il 18 giugno si tiene nel Salone Marla Cristina una serata letterario-musicale organizzata dal Cabildo della Cattedrale di Madrid, in cui vengono cantate in coro opere del Codice de Medinaceli e del Codice Colonial di Fray Gregorio Dezuola[215] . Il 25, 26 e 27 agosto, Radio Espana ha trasmesso due trasmissioni radiofoniche in cui sono state eseguite le *Diferencias sobre el canto del caballero* de Cabezon, intervallate da recital poetici e drammatici, insieme a diversi interpreti anonimi *(Arrojome las naranjitas, Mananicas Hondas, Como retumban los remos, La verde primavera, Oh, que bien que baila Gi), Entre dos alamos verdes* di Juan Blas de Castro e *Madre, la mi Madre* di Pedro Ruimonte, tutti in arrangiamenti orchestrali anonimi e cantati da Rosita Hermosilla[216] . Di altre manifestazioni musicali inserite in vari eventi, riferiamo più avanti, quando parliamo dello spettacolo di gala ufficiale al Teatro Espanol e della revue *Fenix*. In questi casi si tratta generalmente di illustrazioni musicali strumentali e vocali di tutte le epoche, con una prevalenza di quelle del XVI e XVII secolo.

Enrique Casal Chapi fu uno dei musicisti che più contribuirono alla creazione di musiche basate sulle commedie di Lope. Oltre alle cinque canzoni con pianoforte che studieremo a tempo debito, il suo lavoro come direttore musicale del Teatro Escuela de Arte gli permise di entrare in contatto con la messa in scena di commedie di Lope e di comporre musica incidentale per alcune di esse. È il caso di quella scritta per *El villano en su rincon* nelle rappresentazioni della compama Xirgu-Borras al Teatro Espanol[217] , della già citata *Cancion madrigalesca* per la commedia *El acero de Madrid*, per tre voci uguali con accompagnamento di flauto e chitarra, del 26 gennaio 1935[218] , e

---

[211] La messa in scena di *Las almenas de Toro* è riportata solo da Ian Gibson in *Federico Garcia Lorca*, Barcelona, Gnjalbo, 1987, citato da DIEZ DE REVENGA, Francisco Javier, "El Arte nuevo de hacer comedias y la generation del 27: lilologia y escena", *El Arte nuevo de hacer comedias y la escena, XXXII Jornadas de teatro clasico*, Almagro, 2009, pp. 151-169.
[212] GARCIA SANTO-TOMAS, Enrique, *La creazione del "Fnni", op. cit.*, p. 344.
[213] *ABC*, 12-5-1935, p. 35
[214] *La Vanguardia*, 13-6-1935, p. 23
[215] *ABC*, 19-6-1935, p. 21.
[216] *El Sol*, 21-8-1935, p. 2.
[217] Recensione in *ABC*, 4-6-1935, p. 45.
[218] Ci sono due manoscritti autografi nella BNE con le calligrafie M.CASALCHAPI

3>e
M.CASALCHAPI4, quest'ultimo firmato e datato.

El baile del Caballero de Olmedo, musica incidentale composta da sei episodi da danzare con accompagnamento solistico, coro e orchestra[219] , oltre alla partecipazione alla direzione musicale delle rappresentazioni de *La dama boba* con adattamenti musicali di Garcia Lorca[220] .

Una composizione a quattro voci di P. Nemesio Otano sulla filastrocca *Que tengo yo que mi a mis tad procuras*[21] , secondo la rivista Fenix "nello stile dell'epoca", è stata eseguita in prima assoluta a Santander il 31 agosto in occasione di una funzione commemorativa nell'ambito dei corsi estivi della Junta Central de Accion Catolica[221] [222] .

Le conferenze di Miguel Salvador y Carreras, "Alusiones musicales de Lope en *La Dorotea*", e di Conrado del Campo, "La musica en la epoca de Lope de Vega", sono opere che completano gli studi su Lope dal punto di vista musicale[223] . Tuttavia, la ricerca musicologica più importante e trascendentale è quella portata avanti da Jesus Bal e Gay[224] . Bal pubblicò il suo puntuale lavoro *Treinta canciones de Lope de Vega*[225] , nella rivista *Residencia*, una pubblicazione della Residencia de Estudiantes, come numero straordinario. Oltre alle partiture delle 30 opere polifoniche di maestri del XVI e XVII secolo, vi sono pagine introduttive di Menendez Pidal, i commenti del trascrittore e il volume si chiude con cinque poesie inedite di Juan Ramon Jimenez intitolate *Ramo a Lope*. Il lavoro di ricerca e di redazione ha avuto ripercussioni sulla vita musicale spagnola, poiché queste opere sono state eseguite in diverse manifestazioni, sempre dal quartetto vocale Cantores Clasicos Espanoles[226] . Un altro importante contributo fu quello di un'altra figura chiave di questi anni, Eduardo Martinez Torner, che nel 1935 tenne a più riprese una conferenza dal titolo "La musica en la epoca de Lope de Vega", la cui elaborazione fu inserita nei lavori del Centro de Estudios Historicos. Questa conferenza fu ripetuta nell'ambito delle Missioni Pedagogiche, tenute davanti ai microfoni di Union Radio e in diversi centri culturali, come l'Ateneo di Madrid, la sede del Centro de Estudios Historicos, la Residencia de Estudiantes, l'Instituto Escuela e il Club Femenino[227] .

---

[219] Manoscritto autografo datato 4 settembre 1935. Firma BNE M.CASALCHAPI 3 (la BNE riporta la stessa firma per la *Cancion madrigalesca*. Vedi nota precedente).

[220] GIL FOMBELLIDA, M.ª del Carmen, *Rivas Cheri, Margarita Xirgu y el teatro de la II Repiiblica*, Fundamentos, Madrid, 2003, pp. 257-259 e 311-315.

[221] OTANO EGUINO, Nemesio, *Que tengo yo*, per quattro voci soliste in stile polifonico classico, Tesoro Sacro Musical, 1957. Nemesio Otano è vissuto tra il 1880 e il 1956.

[222] *Fenx*, n° 4, p.576.

[223] Le conferenze furono tenute il 30 gennaio 1936 presso la sede della Real Academia de Bellas Artes di San Fernando. La conferenza di Conrado del Campo fu illustrata con esempi musicali dal quartetto Cantores Clasicos Espanoles, con opere di Victoria e Morales, e dal chitarrista Regino Sainz de la Maza, con opere di Millan, Mudarra e Gaspar Sanz. Si veda l'annuncio in *ABC*, 30-1-1936, p. 40, e l'avviso del 31-1-1936, p. 27.

[224] Tra il 2005 e il 2006 è stata presentata una mostra sulla vita e l'opera di Bal a Lugo, Santiago de Compostela e Madrid ed è stato pubblicato un libro-catalogo: VILLANUEVA, Carlos (dir.), *Jesus Baly Gay: tientosy silencios 1905-1993*, Residencia de Estudiantes, Madrid, 2005.

[225] BAL Y GAY, Jesus, "Treinta canciones de Lope de Vega, puestas en musica por Guerrero, Orlando de Lasso, Palomares, Romero, Company, etc. y transcritas por Jesus Bal. Con alcune pagine inedite di Ramon Menendez Pidal e Juan Ramon Jimenez", *Residencia,* numero straordinario, Madrid, 1935. La presentazione di questa pubblicazione ebbe luogo nell'auditorium della Residencia, insieme all'esecuzione di una selezione delle opere del quartetto Cantores Clasicos Espanoles in un concerto del 14 maggio dello stesso anno. Si veda la recensione in *ABC*, 15-5-1935, p. 52.

[22]₆Esecuzione di *Peribanez* il 25-1-1935, insieme ad altre canzoni popolari per il canto nuziale e il *Trebole* (*El Sol*, 26-1-35, p. 2). Esibizione a Cordoba il 27 agosto in uno spettacolo di *Fuente Ovejuna* (*ABC*, 27-8-1935, p. 25). Concerto nei corsi festivi del Centro de Estudios Historicos (*ABC*,   19-7-1935, p. 39). Omaggio presso il Centro de Estudios Historicos il 31-12-1935: dopo due le dissertazioni di Menendez Pidal e Sanchez Canton rispettivamente su *El arte nuevo de hacer comedias* e alcune note biografiche, il gruppo Cantores Clasicos Espanoles ha proposto diversi brani composti da maestri dell'epoca di Lope (cronaca dell'evento in *ABC*, 1-1-1936, p. 75).

[227] MALLO DEL CAMPO, Maria Luisa, *Torner mas alia del fokore*, Universidad de Oviedo, Oviedo, 1980, pp. 71-72. Mallo riporta anche altre attività di Torner legate a Lope e alla musica, svolte negli anni successivi, come la conferenza alla BBC di Londra, intitolata *Antolaga de villancicos*, con esempi di Santa Teresa, Lope, Gil Vicente e Gongora (p. 147). Ad. S. [Adolfo Salazar] firma un articolo che elogia gli studi di Torner presentati all'evento presso il Centro de Estudios Historicos con l'intervento dei Cantores Clasicos Castellanos che eseguono le opere polifoniche pubblicate nella rivista *Residencia*. *El Sol*, 11-12-1935, p. 4.

L'evento più importante per il nostro lavoro fu il bando del Concorso Nazionale di Belle Arti. Come era consuetudine negli anni precedenti, la *Gaceta de Madrid: Diario Ofcial de la Republica*, nel numero 213 del 1° agosto 1935, pubblicò un'ordinanza con il regolamento dei Concorsi di Letteratura, Pittura, Incisione, Musica e Architettura di quell'anno, datata 30 luglio, e stabilì che la pubblicazione di questo regolamento sarebbe servita come bando di concorso[228] . Il regolamento generale stabiliva le condizioni del concorso: gli artisti dovevano essere spagnoli, ispano-americani o filippini residenti nella Penisola, nelle Isole Baleari e nelle Isole Canarie, ad eccezione di coloro che erano stati premiati in precedenti concorsi analoghi; si chiedeva alla giuria che, per incoraggiare artisti e scrittori, se non avesse riscontrato un merito assoluto, si sarebbe dovuta "attenere al merito relativo delle opere presentate, in modo che nessun concorso rimanesse deserto o senza assegnazione di un premio". Avevano anche la facoltà di proporre che il premio fosse inferiore a quello annunciato nel bando "se a loro giudizio non vi fosse un'opera degna della totalità dei premi", nonché di "consigliare di trasferire i premi da un tema all'altro - quando ve ne siano diversi in concorso - se in uno di essi non si fosse trovata un'opera degna di premio e, invece, in un altro se ne fosse distinta più di una". Le regole per la presentazione e la restituzione delle opere terminano il regolamento su[229] .

L'ordine definisce i temi del concorso in ogni specialità artistica. Per il Concorso musicale, sono stabiliti due temi o modalità:

a)   Una suite per orchestra nello stile e nel carattere della musica spagnola della época di Lope de Vega, in cui il compositore è libero di scegliere gli elementi strumentali utilizzati nella partitura secondo le proprie idee e finalità espressive.

b)   Un gruppo di almeno quattro canzoni per voce sola con accompagnamento di pianoforte o chitarra, su poesie di Lope de Vega scelte a discrezione del concorrente tra le creazioni immortali del glorioso poeta[230] .

I premi previsti sono uno di 4.000 pesetas per la prima categoria e un altro di 1.000 pesetas per la seconda, e la scadenza per la presentazione delle opere va dal 20 al 30 settembre dello stesso anno. Sebbene l'ordinanza stabilisca che le opere premiate appartengono agli autori corrispondenti, questi sono tenuti a lasciarne una copia alla segreteria dei Concorsi Nazionali del Ministero dell'Istruzione Pubblica e delle Belle Arti, e lo Stato si riserva il diritto di pubblicarle se lo ritiene opportuno per la loro diffusione. Dopo la pubblicazione del regolamento del concorso, il Direttore Generale delle Belle Arti, con una nuova ordinanza del 19 settembre[231] , ha rettificato una delle regole, consentendo agli autori che non avevano vinto i primi premi nei tre concorsi precedenti di presentare le loro opere.

La giuria del concorso di musica era presieduta da Joaquin Turina, con Emilio Serrano, Benito Garcia de la Parra ed Eduardo Martinez Torner come membri e Nicanor Hevia[232] come segretario dei concorsi nazionali. Il verbale della giuria è stato firmato il 23 dicembre:

1°. Che l'importo di 4.000 pesetas destinato al premio per il tema A) sia trasferito al tema B), di cui 1.000 pesetas saranno assegnate, come ricompensa, a ciascuna delle opere contrassegnate con i numeri 1, 3 e 10, firmate rispettivamente dai signori José Maria Guervos, Angel Mingote e Francisco Esbri.

2°. Che il premio di 1.000 pesetas indicato per il tema B) sia assegnato all'opera numero 11, firmata dal sig. Julio Gomez[233] .

Dalla decisione della giuria emergono due importanti dubbi. Non sappiamo se la decisione di non assegnare alcun premio nella categoria "a" sia dovuta alla mancanza di iscrizioni o alla mancanza di qualità. L'altro è che in base alla distribuzione dei premi economici secondo le due categorie,

---

[228] *El Sol*, 2-8-1935, p. 5, è l'unico giornale di Madrid a riportare la chiamata.

[229] *Gazzetta di Madrid. Diario Oficial de la Republica*, num. 213, del 01-08-1935, pp. 1079-1081, firmato a Madrid il 30 luglio 1935 da Joaquin Dualde, Direttore Generale delle Belle Arti.

[230] Idem.

[231] *Gaceta de Madrid. Diario Ofcial de la Republica*, num. 268, 25-09-1935, pp. 2345-2346, firmato a Madrid il 19 settembre 1935 da Rafael Gonzalez Cobos, Direttore Generale delle Belle Arti.

[232] *Gaceta de Madrid. Diario oficial de la Republica*. n° 362 del 28-12-1935, pag. 2646, firmato a Madrid il 27 dicembre 1935. Manuel Becerra, sottosegretario del Ministero.

[233] ^dem.

non è chiaro nella decisione se tale distribuzione sia dovuta alla necessità di giustificare amministrativamente la distribuzione economica dei premi, comprendendo che i quattro premi assegnati sono *ex aequo*, o se vi sia una gradazione degli stessi assegnando a Julio Gomez il premio economico della categoria B), corrispondente alle opere per voce e pianoforte[234] . La giuria afferma che "ha la facoltà di trasferire il premio da un tema all'altro se in uno non c'è un'opera che a suo parere lo meriti e nell'altro trova più di un'opera degna di essere premiata"[235] , considerazione che non chiarisce i dubbi che solleviamo.

Dai verbali si può dedurre, dato che quello di Julio Gomez aveva il numero 11, che almeno undici opere furono presentate al concorso. Purtroppo oggi si conservano solo le canzoni vincitrici di Gomez, Guervos e Mingote, mentre quelle di Francisco Esbri sono andate perdute e i nomi e le opere degli altri candidati sono sconosciuti[236] . Si potrebbe ipotizzare che le raccolte di canzoni di Enrique Casal Chapi, Jose Maria Guervos e Fernando Moraleda, che presentiamo nel capitolo V e negli allegati II e III, possano essere state presentate al concorso, dato che soddisfano i requisiti del regolamento del concorso, anche se non abbiamo trovato alcuna prova che ciò sia avvenuto. Le *Cnco canciones* de Guervos non riportano la data esatta di composizione, ma le *Cuatro canciones con textos de Lope de Vega* di Moraleda sono datate, secondo il manoscritto, settembre 1935, e le due raccolte di Casal, composte tra il 21 e il 29 settembre 1935, sono anch'esse datate entro il termine di presentazione degli originali, anche se questo non garantisce che siano state presentate. Ciò che appare chiaro è che l'*Homenaje a Lope de Vega* di Joaquin Turina, eseguito in prima assoluta in occasione del concerto in omaggio a Lope de Vega al Conservatorio di Madrid, di cui riferiamo più avanti, non poté essere presentato al concorso perché lo stesso compositore era presidente della giuria, come abbiamo già visto, il che lo squalificava dalla competizione.

Uno degli ultimi atti di omaggio a Lope fu organizzato dal Conservatorio di Musica e Declamazione di Madrid. Giovedì 12 dicembre 1935, in una rappresentazione matinée, il Conservatorio di Madrid diede il suo contributo al tricentenario preparando e presentando al pubblico riunito nel Teatro Espanol uno spettacolo in cui furono eseguite diverse opere di nostro interesse[237] . Oltre al recital di poesie di Lope offerto da tre studenti di ciascuno dei docenti di declamazione, sono state presentate composizioni di Jose Maria Guervos, Joaquin Turina e Conrado del Campo[238] . Mercedes Garcia Lopez[239] , primo premio di canto al Conservatorio, ha eseguito tre canzoni di Guervos accompagnata dallo stesso compositore: *Lo fngido verdadero, Blanca coge Lucinda las azucenas* e *Cancion de siega*[240] . Turina ha fatto conoscere, dal

---

[234] L'8 gennaio 1936 l'*ABC* dà notizia dell'assegnazione dei premi del Concorso Nazionale di Musica. Dalla redazione interpretiamo che il primo premio è stato assegnato a Julio Gomez e il secondo premio è stato condiviso tra Guervos, Mingote ed Esbry (sic) (*ABC*, 8-1-1936, p. 49). Allo stesso modo, *ABC*, nella sezione delle immagini quotidiane, pubblicò una foto di Mingote con la didascalia: "Don Angel Mingote Lorente, ispirato compositore, che nel concorso nazionale in occasione del tricentenario di Lope de Vega, ha vinto il Premio Nazionale per la sua musica per le canzoni della "Fenix de los Ingenios"", il che contribuisce alla confusione nell'ordine dei premi (*ABC*, 5-11936, p. 30). Neppure *El Sol* (31-12-1935, p. 5), che riporta in una recensione l'assegnazione dei Concorsi Nazionali di Belle Arti: "Nel Concorso di Musica sono state assegnate mille pesetas a ciascuna delle opere presentate dai signori Josë Maria Guervos, Angel Mingote e Francisco Esbri', mentre un altro premio di mille pesetas, segnalato per il tema B, è stato assegnato al signor Julio Gomez". Questo stesso testo appare in *El Heraldo de Madrid*, 31-12-1935, p. 2, e in *La Voz*, 31-12-1935, p. 2.
[235] Idem.
[236] Le ricerche per scoprire questi autori e salvare le loro opere non hanno avuto successo. Oltre a tutti gli archivi e le biblioteche consultati, anche le ricerche delle partiture e dei verbali delle riunioni della giuria presso l'Archivio Generale dell'Amministrazione e l'Archivio del Ministero della Cultura, come già riportato nel Capitolo I, non hanno avuto esito positivo.
[237] Lo spettacolo è stato trasmesso da Union Radio. Cfr. *ABC*, 12-12-1935, pag. 57.
[238] *ABC*, 13-12-1935, p. 44. Viene fornita una cronaca dettagliata dell'evento. Julio Gomez scrive una recensione dello spettacolo su *El Liberal dello* stesso giorno. *El Heraldo de Madrid*, 13-12-1935, p. 15, riporta una cronaca dell'evento. *La Libertad*, 14-12-1935, p. 7, pubblica una recensione che include anche informazioni sulla conferenza di Torner al Centro de Estudios Historicos.
[239] GUERVOS, José Maria, *Cinco canciones*, UME, Madrid, 1936. Guervos gli dedicò queste tre canzoni, come indicato nella partitura pubblicata dalla UME.
[240] Appartenente al ciclo *Cinque canzoni*, premiato al Concorso Nazionale. Si presume che queste tre canzoni

pianoforte, le sue tre canzoni op. 90, *Homenaje a Lope de Vega*, cantate da Rosita Hermosilla, che le ha dedicate[241] , vincitrice del Concorso di canto Lucrecia Arana.

La seconda parte del festival è stata occupata da un "Retablo en verso sobre la vida de Lope de Vega compuesto en dos estampas por los versos de Diego San Jose, y la musica del maestro Conrado del Campo"[242] , con il titolo *Una dama se vende a quien la quierl*[243] . Come nel resto della matinée, gli interpreti erano vari studenti ed ensemble del Conservatorio. L'opera, eseguita con costumi e scene[244] , consisteva in due stampe in versi[245] che commentavano un episodio amoroso della vita di Lope, quello della sua storia d'amore con Elena Osorio. Alla rappresentazione hanno partecipato cantanti solisti, coro e corpo di ballo, tutti allievi del centro preparati dagli insegnanti delle diverse discipline. La parte orchestrale è stata eseguita da insegnanti delle orchestre Sinfonica e Filarmonica.

Nella pala d'altare di Conrado del Campo sono presenti diversi personaggi: Madre Claudia, Ginesa, Aldara, Leonarda, Ines, Elena, Ana, Perronet, Lope de Vega, Dos mozos, Media Capa, Mari Blanca, Un Autor, Rodrigo de Saavedra, oltre a 4 Comediantas, 3 Comediantes, 2 Alguaciles, Mozas e Mozos che formano il coro. L'opera è per orchestra, con arpa, percussioni e chitarra. I numeri musicali, la cui numerazione è stata modificata a matita rossa rispetto all'originale, comprendono un preludio, tre canzoni, una chacona, una zarabanda e una gallarda bailada.

Tra le due immagini della pala d'altare il tenore Miguel Fleta, accompagnato al pianoforte, eseguì una canzone, *Tan vivo esta en mi alma,* sempre di Conrado del Campo, con un testo tratto da *La Dorotea*. Secondo *ABC* e *El Heraldo de Madrid*, questa canzone è stata cantata nel backstage[246] . Il fatto che non sia stata orchestrata e che sia stata inserita tra le due stampe potrebbe essere dovuto al fatto che si è trattato di un contributo personale dell'ultimo minuto del famoso tenore all'atto, dopo la composizione del retablo, inserendo la canzone in mezzo alle due parti a causa della relazione dei versi con la trama che si svolge.

La canzone *Coplas del pastor enamorado* di Joaquin Rodrigo, che studieremo a tempo debito, è un contributo importante in quanto è una delle opere più eseguite, insieme alle canzoni di Turina, tra quelle composte quest'anno.

1962: 400° ANNIVERSARIO DELLA NASCITA DI LOPE DE LOPE DE VEGA

La celebrazione del quarto centenario della nascita di Lope, nel 1962, non ebbe la stessa ripercussione del tricentenario della sua morte, né dal punto di vista musicale né per l'attenzione prestata da istituzioni pubbliche o private. Nell'ambito che ci interessa, il Concorso Nazionale di Belle Arti del 1962 nella sezione Musica, bandito con Ordinanza della Direzione Generale delle Belle Arti firmata il 14 giugno 1962[247] , non poté funzionare da stimolo per la composizione di

---

saranno eseguite in questo concerto.
[241] Ecco come appare nell'intestazione della raccolta, nell'edizione UME.
[242] *ABC*, 13-12-1935, p. 44.
[243] Nel programma di sala, una copia del quale è conservata nella biblioteca del FJM (numero di chiamata M-Pro-1079), il titolo recita "...a quien la quiere", un errore che la rivista *ABC* del giorno successivo ha ripreso, in contrapposizione alla prima riga della diffamazione scritta da Lope contro Elena Osorio e la sua famiglia.
L'Anuario del Real Conservatoiio Superior de Musica y Declamacion de Madrid, 1935-1939, Madrid, 1940, pp. 14-18, riporta il programma della rappresentazione, identico a quello della mano.
[244] *ABC*, 3-12-1935, p. 5. Viene pubblicata una foto di gruppo dei musicisti, dei ballerini e degli attori che hanno partecipato.
[245] Dice Julio Gomez nella sua recensione su *El Liberal:* "Il nostro illustre compagno Diego San Josë è stato quello che ha sostenuto la maggior parte della giornata con la sua maestria letteraria e la sua profusa conoscenza dei classici. Ha composto un tableau in versi galanti nel più stantio stile nazionale sull'episodio della storia d'amore di Lope de Vega con Elena Osorio". *El Liberal*, 13-12-1935.
[246] Questa circostanza non viene menzionata da Julio Gomez nella recensione pubblicata il giorno successivo su *El Liberal*. Se così fosse, potrebbe essere perché il palcoscenico era occupato dalle scenografie e dagli *oggetti di scena* per la rappresentazione di *Una dama se vende a quien la quiera.*
[247] Ordinanza pubblicata nel *BOE*, 17-7-1935, pagg. 9982-9983. Il premio in denaro era di 14.000 pesetas.

musica ispirata all'opera di Lope, come avvenne nel 1935, poiché il tema del concorso non era sensibile alla celebrazione di quell'anno: "composizione di musica da camera da eseguirsi da un quartetto". Il Premio Nazionale di Musica dell'anno precedente, che fungeva da porta d'ingresso alla celebrazione del IV Centenario, fu assegnato a Rafael Rodriguez Albert per la sua opera *Fanl.asia en triptico su un dramma di Lope de Vega,* un'opera orchestrale basata su *El mejor alcalde, el rey,* scritta nel 1961. Curiosamente, il bando di quest'anno ha tenuto conto in anticipo della celebrazione dell'anno in questione, con l'annuncio del Concorso musicale con lo slogan "Tres piezas breves ce orquesta como interludios a un drama de Lope"[248], forse con l'idea che il brano orchestrale vincitore potesse essere utilizzato come musica per una messa in scena l'anno successivo, cosa che non è avvenuta[249].

Tra le opere scritte su iniziativa del compositore per il centenario, abbiamo solo riferimenti a un *Homenatge a Lope de Vega*[250] di Josep Casanovas i Puig, l'unica opera per voce e pianoforte composta quest'anno, finora introvabile[251]. L'interesse di questa composizione deriva dal commento di Celsa Alonso, Tomas Marco e Antonio Fernandez-Cid, che informa che si tratta di un'opera atonale, una delle due composte con questa tecnica tra quelle presentate nel catalogo[252].

La celebrazione del quarto centenario viene sfruttata da alcuni compositori per pubblicare, in una nuova edizione o in un'altra, brani scritti in passato. È il caso della *Romance del conde Ocana* di Joaquin Rodrigo, scritta nel 1947 e pubblicata per la prima volta nell'anno del quarto centenario. Compaiono anche i *Seis villancicos de Lope de Vega* di Joan Llongueres, composti nel 1942, già pubblicati in precedenza a Barcellona dall'Union Musical-Casa Werner[253]. Due raccolte, di Rafael Rodriguez Albert e Gracia Tarrago, intitolate rispettivamente *Cuatro canciones sobre textos de Lope de Vega* e *Cinco canciones del siglo XVII,* furono pubblicate un anno dopo. Le canzoni per soprano e chitarra di Rodriguez Albert erano state composte per la celebrazione del tricentenario nel 1935, ed erano già state pubblicate nello stesso anno[254], per poi essere ripubblicate dall'UME nel 1963. Anche le canzoni di Tarrago furono pubblicate quest'anno[255], e per la loro composizione si basò su melodie esistenti dei contemporanei del poeta: Jose Marin, Mateo Romero, Juan del Vado e due anonimi[256].

A parte questa manciata di opere musicali generate intorno al IV Centenario, i concerti di musica motivati da questa celebrazione sono stati pochi e poco numerosi. Siamo riusciti a raccogliere

---

[248] L'annuncio appare nel *BOE* del 26-7-1961. Il *BOE* non menziona l'assegnazione del premio. L'*ABC* dà la notizia il 17 febbraio 1962, *La Vanguardia* il 20 gennaio.

[249] Anni dopo è stata adattata per il balletto dallo stesso compositore e da Guillermo Fernandez-Shaw. Sebbene l'opera non sia stata eseguita in prima assoluta all'epoca, è ora disponibile una registrazione della JONDE diretta da Jose Antonio Pascual. Catalogo dei compositori contemporanei della Fundacion Autor [online] <http://www.catalogodecompositores.com> [accesso 30-10-2011]. I dati di questo catalogo sono stati tratti da: VEGA SANCHEZ, Jose de la, *Rafael Rodriguez Albert. Catalogo completo delle sue opere,* ONCE, Madrid, 1987.

[250] Conosciamo la sua esistenza grazie ai commenti su Casanovas e le sue canzoni di Celsa Alonso *(Diccionario de la Musica Espanola e Hispanoamericana,* vol. 3, p. 17), Tomas Marco *(Historia de la Musica espanola. 6. Siglo X,* Alianza, Madrid, 1983, p. 205) e Fernandez-Cid *(La musica espanola en el siglo XX,* Juan March/Rioduero, Madrid, 1973, p.221).

[251] Non è stato possibile rintracciare l'archivio personale del compositore, né quest'opera si trova in nessuna delle biblioteche e degli archivi consultati per la preparazione del catalogo. La ricerca nell'Arxiu Nacional de Catalunya è stata infruttuosa. Non compare nemmeno nella *Fons Anna Ricci* della Biblioteca de Catalunya, essendo questa cantante l'interprete abituale in questi anni delle opere vocali di Casanovas e di tutta l'avanguardia musicale spagnola e catalana in particolare.

[252] L'altro è *Al entierro de Cristo,* di Francisco Escudero, del 1974, di cui si conserva la partitura pubblicata (Alpuerto, Madrid, 1975) e due registrazioni RNE: una di Atsuko Kudo e Alejandro Zabala, del 18-8-1992, da un concerto della Quinzaine Musical di San Sebastian, e l'altra di Pura M. Martinez e Gerardo Lopez Laguna, del 27-8-2002, sempre dallo stesso festival.

[253] La data di questa edizione è sconosciuta.

[254] L'edizione del 1935 non menziona l'editore. L'EMU li ha ripubblicati nel 1981.

[255] Oltre al 1963, EMU li ha ristampati nel 1971.

[256] Si tratta delle melodie 'A quien contare mis quejas? di Mateo Romero, Al son de los arroyuelos di Jose Marin, Molinillo que mueles amores di Juan del Vado, e le anonime ¡Oh, que bien baila Gil! e En esta larga ausencia.

49

informazioni solo su una sessione nell'Aula de Cultura, un concerto del soprano Marta Santaolalla e dell'arpista M. del Carmen Alvira, con spiegazioni sullo "schema musicale" del IV Centenario.[a] del Carmen Alvira, con spiegazioni sul "profilo musicale di Lope"[257] , l'esecuzione del brano *Pastorcito Santo* cantato da Isabel Penagos in un concerto in omaggio a Joaquin Rodrigo[258] , una serie di concerti organizzati dal Comune di Madrid nel Teatro Espanol per celebrare il IV Centenario, con l'Orquesta Arriaga diretta da Julian Garcia de la Vega, in cui curiosamente le uniche opere veramente legate a Lope furono le canzoni *Cantarcillo* e *Madre, unos ojuelos vi* di Eduard Toldra, cantate dal soprano Victoria Munoz[259] . Infine, al Pan è andata in scena la prima di *Font-aux-cabres di* Salvador Bacarisse, un'opera scritta nel 1956, adattamento di *Fuente Ovejuna.* Tony Aubin diresse i solisti, il coro e l'orchestra della RTF il 28 dicembre 1962 .[260]

Come già avvenuto nel 1935, il governo nazionale, attraverso il Ministero dell'Educazione Nazionale, promosse la creazione di un Consiglio responsabile dell'organizzazione degli eventi del IV Centenario della nascita di Lope de Vega, composto dai responsabili di diversi enti pubblici e accademici dello Stato, sotto la presidenza dello stesso Ministro dell'Educazione. Essendo questo Consiglio eminentemente rappresentativo, è stata creata una Commissione Esecutiva Permanente, presieduta dal Sottosegretario all'Educazione Nazionale, per l'organizzazione diretta e immediata degli eventi[261] .

L'impulso alle rappresentazioni teatrali delle opere di Lope quest'anno, definito "autenticamente deludente" da Andres Pelaez Martin riferendosi alle produzioni motivate dalla celebrazione[262] , non va oltre tre o quattro titoli nei teatri della capitale, con allestimenti curati e un numero sufficiente di spettacoli, a cui si aggiungono iniziative occasionali, che Pelaez definisce "benintenzionate", ma di minore importanza. Tra le prime ci sono quelle proposte dal Teatro Espanol e dal Teatro Maria Guerrero, tra le seconde le produzioni di compagnie studentesche o di secondo piano:

1.   *La bella malmaridada* della Cia. Teatro Popular Espanol, al Teatro Goya di Madrid; messa in scena da Jose Luis Alonso al Maria Guerrero e al Festival di Santander.

2.   *Fuente Ovejuna:* Teatro Espanol, in una produzione di Jose Tamayo; nella città di Fuente Obejuna; al Festival di Salamanca.

3.   *El perro del hortelano*: Teatro Espanol de Madrid.

4.   *El caballero de Olmedo:* a giugno viene rappresentato nella piazza principale di Madrid insieme a *La ninez de Sal Isidro;* a Olmedo; a cura dell'Istituto degli alunni). Cardenal Cisneros in occasione della festa di San Tommaso d'Aquino; lettura nell'Aula di Teatro del Servicio de Educacion y Cultura del Movimiento.

5.   *El acero de Madrid*: nel Certamen Nacional de Teatro tenutosi a Murcia, il TEU de Madrid vince il premio, con successive rappresentazioni a Madrid.

6.   *Los guanches de Tenerife o la conquista di Tenerife*: Teatro Guimera de Santa Cruz de Tenerife; lettura presso l'Hogar Canario de Madrid.

7.   *El galan de la membrilla* Manzanares, Almagro e Teatro Maria Guerrero, per il TEU di Madrid.

8.   *Porfar hasl.a morin* di una compagnia uruguaiana venuta a Madrid dopo averlo rappresentato

---

[257] Federico Sopena ha scritto una recensione di questo concerto informativo su *ABC* dell'8 maggio.
[258] *ABC*, 24-11-1962.
[259] Federico Sopena scrisse una recensione e critica musicale di questi concerti (*ABC,* 5-12-1962, p. 79) in cui colse l'occasione per suggerire la necessità di organizzare una "sessione accademica in cui lo studio e la musica avessero una speciale solennità" per celebrare il quadricentenario, sessione che non ebbe mai luogo. Un programma di questo concerto è conservato nell'FJM. Forse l'inclusione di questi due brani è dovuta alla recente morte di Toldra, come si dirà più avanti.
[260] *ABC*, 29-12-1962.
[261] Ordinanza del Ministero dell'Educazione Nazionale del 22-12-1961, *BOE*, 3-2-1962.
[262] PELAEZ MARTIN. Andres, "Lope de Vega en los teatros nacionales y festivales de Espana", *Actas del XVIIIjornadas de teatro Clasico de Almagro,* ed. by Felipe B. Pedraza and Rafael Gonzalez Canal, 1995, p. 94. Pedraza e Rafael Gonzalez Canal, 1995, p. 94.

a Parigi.

9. *La siega*, auto sacramental: a giugno nella Plaza Mayor di Madrid.

Alcuni spettacoli di rilevanza internazionale sono stati preparati all'estero, come la produzione di *Fuente Ovejuna* che Jose Tamayo ha presentato nel teatro-auditorium della Biblioteca del Congresso di Washington, in una traduzione inglese di *El caballero de Olmedo*, "Cavaliere da Olmedo", offrendo diverse rappresentazioni nei mesi di novembre e dicembre. Lo stesso regista ha presentato *Fuente Ovejuna* all'inaugurazione della Biennale di Venezia. Altri spettacoli, di minore risonanza, sono stati presentati in omaggio a Lope: a San Juan de Puerto Rico è stato rappresentato *Peribanez y el comendador de Ocana*, a Tetuan El *caballero de Olmedo* e a Ceuta, nell'ambito dei Festival di Spagna di luglio, *E anzuelo de Fenisa*. Altre iniziative legate al IV Centenario, di carattere accademico, si sono svolte al Cairo, dove gli studenti hanno rappresentato una versione ridotta de *El caballero de Olmedo*; a Oxford, dove The Spanish Society ha messo in scena *Fuente Ovejuna*; all'Università di Manchester, dove gli studenti di quell'ateneo hanno rappresentato *Porfiar hasta morir*; e a Tiflis, città dalla quale *ABC* del 16-9-1962 ha riferito dei preparativi per una rappresentazione dallo stesso titolo. Infine, la Radio-Televisione Italiana ha programmato una versione televisiva di *Peribanez y el comendador de Ocana*[263] .

Dalle informazioni riportate nel catalogo delle opere di Matilde Salvador, sappiamo che nel 1962 compose le musiche di scena per la rappresentazione di due commedie di Lope. Queste rappresentazioni furono allestite presso l'Instituto de Ensenanza Media Luis Vives e presso il Claustro de la Universidad de Valencia. L'11 aprile, gli studenti PREU delle scuole secondarie di Valencia Luis Vives e San Vicente Ferrer, diretti da Carola Reig, hanno messo in scena *El viilano en su rincon*, con musica incidentale per soprano, due chitarre e coro. Il 1° luglio dello stesso anno, il Teatro de Camara del CEM, diretto da Antonio Diaz Zamora, mise in scena *La viuda valenciana*, questa volta con musica per voce sola e chitarra[264] . Un'altra opera di musica di scena è stata preparata da Gustavo Pittaluga per le rappresentazioni de *Los guanches de Tenerife y la conquista de Canarias* al Teatro Guimera di Santa Cruz de Tenerife e in altri teatri dell'isola, organizzate e messe in scena dal Teatro de Camara del CEM, diretto da Antonio Diaz Zamora. sostenuta da vari enti ufficiali[265] . Sappiamo anche che Anton Garcia Abril ha composto la musica che è stata suonata durante le rappresentazioni che Jose Tamayo ha dato della traduzione inglese di *El caballero de Olmedo* a Washington, D.C. di cui sopra.

Un curioso spettacolo musicale legato a Lope, programmato appositamente per il periodo natalizio, è annunciato a Madrid come *Pastores de Belen* ("pastori che cantano e ballano") di cui non si conosce l'autore della musica. Lo spettacolo prevede questa rappresentazione seguita dall'atto unico di Gian Carlo Menotti *Ahmal y los Reyes Magos*[266] , eseguito dalla Sinfonica de Madrid diretta da Alberto Blancafort, con Angel F. Montesinos come direttore di scena, vari solisti, il coro RNE e il Grupo de Teatro Los Titeres de la FE y las JONS[267] .

Le conferenze di prestigiose personalità letterarie come Joaquin de Entrambasaguas, forse il più attivo quest'anno, Rafael Balbin Lucas, Angel Valbuena Prats e Eberhard Muller-Brochat, Pedro Rocamora, Jose Hierro, Jose Maria Peman, Felipe Ximenez de Sandoval, o del palcoscenico, come Modesto Higueras, si sono svolte sia nella capitale che in altre città, anche all'estero. A questi eventi si sono aggiunti i premi letterari legati al IV Centenario, come la Justa Poetica en Honor de Lope de Vega a Madrid, i Premios de la Diputacion de Murcia, il premio di poesia ad Arcos de la

---

[263] *ABC*, 14-6-1962.

[264] Di queste opere, due bozze manoscritte sono conservate presso l'Institut Valencia de la Musica. L'inventario del compositore è in corso di compilazione.

[265] *ABC*, 5-12-1962.

[266] In realtà si intitola *Amah e i visitatori notturni [Ahmaly los visitantes noctiunos]*. È stato Julio Gomez a tradurre l'opera di Menotti. Gli fu commissionata nel 1960. Vedi: MARTINEZ DEL FRESNO, Beatriz, *Julio Gomez. Un'epoca...*, *op. cit.*, p. 477.

[267] Viene rappresentato tra il 28 dicembre e il 13 gennaio 1963. Lo spettacolo viene pubblicizzato in diversi giornali di Madrid.

Frontera con tema Lope de Vega e il concorso letterario a Fuente Obejuna. Presso la BNE è stata inoltre presentata una mostra bibliografica con diversi manoscritti ed edizioni delle opere di Lope. Infine, il drammaturgo Alfonso Paso ha presentato in anteprima una delle sue opere, *El mejormozo de Espana, un (da en la vida de Lope de Vega)*, al Teatro Alcazar di Madrid, sfruttando l'impulso dell'evento[268].

Un evento luttuoso ha offuscato questa celebrazione. Si tratta della morte del compositore Eduard Toldra, avvenuta a Barcellona il 31 maggio 1962, uno dei principali compositori di canzoni con pianoforte in Spagna, autore di due opere con testo di Lope, forse le più fortunate scritte nel nostro Paese, *Madre, unos ojuelos* vi e *Cantarcillo*[26].

[269] Nel catalogo (allegato) sono riportati i dettagli di questi brani.

---

[268] Wilfried Floeck parla di un'opera "storica", così, tra virgolette, in cui lo stesso Paso ha preferito essere paragonato, per la sua fecondità teatrale, allo stesso Lope. FLOECK, Wilfried, *Teatro espanol contemporaneo: autoresy tendencias*, Kassel, Reichenberger, 1995, p. 100.

Parte IV

CANZONI SPAGNOLE PER VOCE E PIANOFORTE CON TESTI DI LOPE DE VEGA

In questo capitolo studieremo le 109 opere incluse nel nostro catalogo di canzoni scritte sui testi di Lope de Vega[270] . Se in questo capitolo presentiamo i dettagli di ciascuna canzone, qui studieremo trasversalmente diversi aspetti che ci daranno la necessaria visione d'insieme. Da un lato, osserveremo l'ordine e la distribuzione temporale della composizione, l'influenza dei periodi storici e delle ideologie prevalenti. Dall'altro lato, osserveremo i testi utilizzati nelle canzoni, la loro origine, le poesie più frequentemente utilizzate, il tipo di testi in base al loro argomento o le forme poetiche che li supportano. Studieremo anche i diversi procedimenti e stili musicali con cui i compositori si avvicinano al testo poetico, soprattutto per quanto riguarda le relazioni formali tra musica e poesia, o gli approcci tonali e armonici, così come l'influenza del testo nella scelta degli elementi di rappresentazione musicale che possono mettere in relazione la costruzione musicale con il contenuto semantico del testo. Infine, indagheremo altre questioni legate a partiture, raccolte di canzoni, registrazioni, prime assolute o dediche.

DISTRIBUZIONE TEMPORALE DELLE COMPOSIZIONI

I testi di Lope de Vega sono stati utilizzati per comporre canzoni per voce e pianoforte fin dalla metà dell'Ottocento, ma è nel corso del Novecento che sono state scritte più opere, avendo a disposizione diverse composizioni del secolo attuale. La più antica canzone conosciuta per voce e pianoforte con testo di Lope è *La barca de Amor* di Manuel Garcia[271] . Ovviamente non consideriamo le opere scritte nel XVIII secolo pubblicate da Bal y Gay o quelle raccolte da Querol nel suo *Cancionero de Lope de Vega*, in quanto si tratta di composizioni non adatte al genere musicale di cui ci stiamo occupando.

Le più recenti, le due canzoni di Voro Garcia Fernandez scritte nel 2011, pubblicate nell'aprile dello stesso anno.

Le canzoni si susseguono per tutto il XX secolo e fino ai giorni nostri con un ritmo compositivo ininterrotto, il numero di opere scritte in ogni anno oscilla tra una e cinque, circa. Le eccezioni derivano, in senso negativo, dalla scarsa produzione del XIX secolo e, in senso positivo, dalla particolarità del 1935, anno della celebrazione del III centenario della morte della *Fenice* (cfr. grafico I).

Senza considerare l'anno del tricentenario, gli anni in cui la produzione aumenta discretamente, come nel 1942, nel 1986 e, in misura minore, nel 1998 o nel 2004, sono dovuti alla presenza di raccolte di un unico compositore, come nel caso di Joan Llongueres, Jose Maria Benavente, Antonio Barrera, Gonzalo Diaz Yerro ed Eduardo Rincon rispettivamente. Tuttavia, notiamo l'eccezione dell'anno 1944, in cui vengono composte cinque opere, che corrispondono a tre diversi compositori: Arturo Menendez Aleyxandre, Salvador Bacarisse, Joan Maria Thomas Sabater.

Per verificare più dettagliatamente il ritmo di composizione delle opere del nostro catalogo, presentiamo il grafico II, in cui la scala distribuisce proporzionalmente tutti gli anni compresi nell'intervallo, in modo da poter apprezzare anche gli anni in cui non sono state scritte canzoni con testi di Lope. In questo modo si vede chiaramente che, insieme alle 28 canzoni del 1935, il periodo

---

[270] Nell'allegato i.

[271] Manuel del Populo Vicente Garcia (Siviglia, 1775 - Parigi, 1832), celebre tenore spagnolo, maestro di canto e compositore di grande impatto internazionale nei primi decenni del XIX secolo. Le prime assolute di *Il barbiere di Siviglia* e di *Otello* di Rossini sono considerate l'apice della sua carriera tenorile. Oltre alle opere, compose un gran numero di canzoni da camera, sia con accompagnamento di pianoforte che di chitarra. Le figlie Maria Malibran e Pauline Viardot-Garcia hanno ereditato la fama del padre nel repertorio belcantistico. Cfr. ROMERO FERRER, Alberto; MORENO MENUBAR, Andres (eds.), *Manuel Garcia, de la tonadila escenica a la opera (1775-1832)*, Universidad de Cadiz, Cadiz, 2006.

in cui si registra la maggiore intensità compositiva è quello del dopoguerra, dal 1939 al 1956, con 38 opere, che rappresentano il 62% del totale.

Figura 1: Canzoni composte ogni anno.

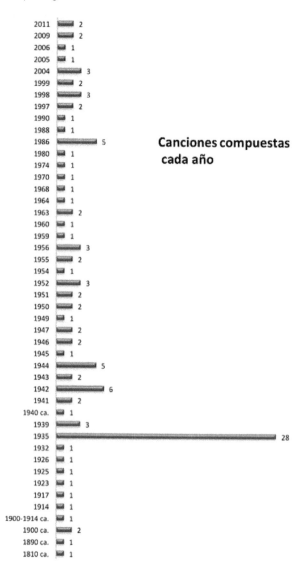

Figura 2: ritmo di scrittura delle canzoni.

Ritmo de composición
de las canciones

Raggruppando i dati per decennio[272] vediamo che negli anni '30, '40 e '50 si compone la maggior parte delle canzoni, il 64%.

Figura 3: Canzoni composte in ogni decennio.

Canzoni composte in ogni decennio

[272] Le due canzoni composte nell'aprile 2011, le più recenti del nostro catalogo, sono incluse nel disco

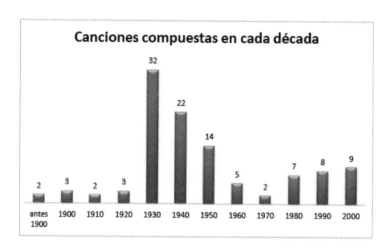

In considerazione dell'influenza di alcuni eventi politici, sociali o ideologici, proponiamo ora un altro raggruppamento delle opere che stiamo studiando. Le principali tappe socio-storiche del XX secolo in Spagna sono segnate principalmente dall'instaurazione della Seconda Repubblica, dalla Guerra Civile, dal dopoguerra franchista e dal periodo democratico iniziato nel 1975. A questi periodi storici aggiungeremo altre due tappe fondamentali per la nostra ricerca legate a Lope de Vega, gli anni della celebrazione del III Centenario della sua morte, nel 1935, e del IV Centenario della sua nascita, nel 1962, in modo da avere una visione d'insieme in cui integrare gli eventi politico-sociali con altri puramente letterari o musicali. Qui dividiamo in due il periodo del regime franchista, prendendo come linea di demarcazione la data del IV centenario (1962), che coincide praticamente con il periodo di apertura del regime nei primi anni Sessanta.

Figura 4: Canzoni composte per periodi storici.

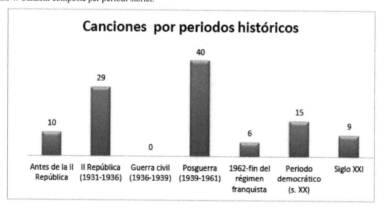

Dal grafico precedente si possono estrarre i seguenti dati:

a)   Prima della Seconda Repubblica, in un periodo di circa 120 anni, sono state composte solo 10 canzoni.

b)   Le 28 canzoni del III centenario sono incluse nel periodo della Repubblica, con una sola, la canzone *Lucinda* di Menendez Aleyxandre, composta senza un motivo apparente. Questa canzone è giunta a noi in seguito alle revisioni del 1943 e a quella definitiva del 1982, e ci sembra altrettanto legittimo ascriverla al gruppo suddetto come alle canzoni del periodo democratico.

c)   Non sono registrate opere per il periodo della guerra civile. Le tre canzoni di Matilde Salvador, datate tra il giugno e il luglio 1939, sono incluse nella tappa seguente.

d)   Il periodo del dopoguerra (1939-1961) è il più fecondo, con 40 canzoni, soprattutto se lo confrontiamo con un periodo di durata simile, come il periodo democratico del XX secolo (1975-2000), che presenta solo 14 composizioni.

e)   L'influenza della celebrazione del quarto centenario nel 1962 è del tutto irrilevante per quanto riguarda la composizione delle canzoni.

I TESTI DELLE CANZONI

ORIGINE DELLE LETTERE

Tra tutti i testi in catalogo, i più abbondanti sono quelli noti come "letras para cantar" (testi per cantare)[273] , anche se non tutti appartengono all'opera drammatica. Il caso dei *Pastores de Belen* è particolare, poiché contiene abbondanti frammenti lirici che Lope mette in bocca ad alcuni personaggi del romanzo. Poiché non si tratta di un testo drammatico e, quindi, non contiene indicazioni sceniche, possiamo dedurre dal testo che precede questi interventi i riferimenti al personaggio che li canta.

Lo stesso accade con *La Dorotea*, opera anch'essa in prosa da cui vengono estratti e musicati diversi frammenti in versi, che vengono cantati in scena dal personaggio corrispondente. L'inserimento di interventi lirici con la musica è un elemento fondamentale nel teatro del Secolo d'Oro e in quello di Lope in particolare, come abbiamo già visto nei capitoli precedenti, un procedimento che Fenix utilizza abitualmente in queste due opere non destinate alla scena.

Figura 5: Origine delle lettere.

Origine delle lettere

Nell'ambito delle opere sceniche sono compresi i testi di frammenti di commedie, siano essi testi per canto o monologhi, e di un auto sacramentale. Nel gruppo di testi corrispondenti alle opere in prosa troviamo i frammenti de *La Arcadia, La Dorotea* e *Pastores de Belen*. In questi tre casi, si tratta di poesie che Lope inserisce in storie di tipo romanzesco e che uno dei personaggi canta. Considerando la funzione che hanno nelle opere di Lope, i testi musicati nella maggior parte delle canzoni che abbiamo catalogato hanno origine da testi per il canto, secondo la denominazione abituale dell'epoca del nostro poeta:

Tabella 1: Numero di canzoni composte in base all'origine del testo.

			N° Canzoni	
Testi da cantare	Teatro	Commedie	45	

---

[273] In espressione del tempo del poeta. primo decennio del XXI secolo.

		Auto	1
	Opera in prosa	La Dorotea	
		Pastori di Betlemme	23
		L'Arcadia	1
Monologhi teatrali			
Lavoro Erica			

In seguito a questo raggruppamento, mostriamo nella tabella seguente l'elenco completo delle opere di Lope da cui sono tratti i testi, seguito dal numero di canzoni composte a partire da quell'opera e indicando i frammenti presi e il numero di canzoni composte a partire da ciascun frammento. L'ordine della tabella ci permette di vedere quali sono i testi più utilizzati dai compositori e quali opere di Lope sono maggiormente rappresentate nelle canzoni. Il testo su cui è stato scritto il maggior numero di canzoni è "Madre, unos ojuelos vi", una poesia cantata da Dorotea nell'omonima opera teatrale. Seguono "Las pajas del pesebre" da *Pastores de Belen*, "Blanca me era yo" da *El gran duque de Moscovia* e "Mananicas floridas" da *El cardenal de Belen*. Tutte e quattro hanno la forma poetica di un canto.

Tabella 2: Numero di canzoni composte a partire da ciascuna commedia di Lope e dai frammenti da essa tratti.

	Opere di Lope		Frammento	
	Tftulo obra Lope	Numero di canzoni	la strofa	Numero di canzoni
Teatro	Peribanez e il Comandante di Ocana		Congratulazioni al dente	
			Tr'bole, jay Jesus, come guele!	
			Cogiome a tu puerta el toro	
	Il Cardinale di Betlemme	5	I mannikin in fiore	5
	Il Granduca di Moscovia e imperatore perseguitato	5	Il bianco ero io	5
	Il Cavaliere di Olmedo	5	Che è stato ucciso di notte	
			Ho visto il più bel labrador	1
			Oh, stato rigoroso	1
	Il cattivo, nel suo angolo		Sulla montagna da solo	
	La buona guardia		Lavami nel Tago	
			Verdi e piacevoli sponde del fiume	1
	Fuente Ovejuna		Al val de Fuente Ovejuna	
			Benvenuti	1
	L'amante discreto		Quando ti guardo così bella	
	Il manichino della scuola		Naranjitas me tira la nina	
	Le porcellane di Murcia	1	Morenica mi adorano	1
	L'Aldeguela	1	Hanno saltato i miei occhi	1
	Pedro Carbonero	1	Piccoli fiumi bellissimi	1
	I merli di Toro	1	Candela che il castello candeggia	1
	Il serafino umano	1	Gesù, ero cieco	1
	Se solo le donne non vedessero...	1	Chi non conosce l'amore, vive tra le bestie selvagge	1
	Il Cavaliere di Illescas	1	Il bianco prende Lucinda	1
	I fiori di Don Giovanni e i ricchi e i poveri si scambiavano	1	Lasciano Valencia	1
	Il cattivo di Getafe	1	Una signora mi ha mandato	1

58

La borghesia di Lerma	1	Verbena "non più catturabile	1
La stella di Siviglia	1	Se con i miei desideri	1
Celebrità asturiane	1	Pariome mi madre	1
La rapina di Dina	1	Nelle mananiche	1
L'Arauco addomesticato	1	Piraguamonte, piraguamonte, piragua	1
La finta verità	1	Non sarà così, Lucinda, la tua bella	1
La schiava del suo amante	1	Quanto sono brevi le gioie	1
Il Ruisenor di Siviglia	1	Si os parti'redes al alba	1

Tabella 3: Numero di canzoni composte a partire da ciascuna opera in prosa e lirica di Lope con i frammenti tratti da esse.

	Opere di Lope		Frammento	
	Titolo dell'opera Lope	Numero di canzoni	1a strofa	Numero di canzoni
Opere in prosa	Pastori di BelCn	23	Le cannucce nella mangiatoia	
			Zagalejo di perle	
			Beh, siete a Las Palmas	
			No llorCis, i miei occhi	
			Di una bella Vergine	
			Dove stai andando, zagala	1
			Andiamo a Belcn, Pascual	1
			Oggi nasce il ghiaccio	1
			A la dina dana	1
	La Dorotea		Mamma, ho visto degli occhielli	8
			Povera navicella mla	
			No llorcis, ojuelos	
			Così vivo nella mia anima	1
			Alle mie solitudini vado	1
	L'Arcadia	1	O preziosa libertà	
Lavoro lirico	Rime sacre	10	(Che cosa ho io, che tu cerchi la mia amicizia?	
			La sera si oscura	
			Pastore, che con i tuoi fischi amorevoli	
			Tra le braccia di Maria	1
			Quando mi fermo a contemplare il mio stato	1
			Quante volte, Signore, mi hai chiamato	1
			Hincado è in ginocchio	1
	Rime	5	Questi sono i salici e Csta la primavera	1
			Figlia del tempo, che nel secolo d'oro	1
			Un giorno stavo dando da mangiare a un uccellino	1
			Andare e restare, e restando	1

		partire	
		Notte, il creatore di bufale	1
Poesie sciolte274		Oh, amara solitudine	1

[274] Le tre poesie provengono dalle seguenti raccolte: *Romancero general* de 1604 (una delle 28 romanze dedicate a Filis, "Ay, amargas soledades"), dal manoscritto BNE MSS/3985 appartenuto al Duca di Uceda (¡Ay, zagales!, lo que veo") e dal *Codice Agustin Duran* ("Celos, que no me matais"). Le informazioni relative a ciascuna canzone e ai testi sono riportate in dettaglio nel nostro catalogo.

		Oh, amici miei, cosa vedo!	1
		Gelosia, non uccidermi	1
Rimas divinas y humanas del licenciado Tome de Burguillos (rime divine e umane di Tome de Burguillos)	1	Entra, Pascual	1

CARATTERI TIPOGRAFICI

Per classificare le canzoni in base all'argomento a cui si riferiscono i testi, abbiamo definito alcuni raggruppamenti generali in cui le collochiamo in base all'argomento principale che trattano. Oltre ai due temi caratteristici del Fenix, l'amore e la religione, abbiamo aggiunto altri temi non meno frequenti[274].

Tabella 4: Numero di canzoni composte in base all'argomento a cui si riferiscono.

	Numero di canzoni
Amorevole	40
Natale	30
Sacro	
Offerte di lavoro	5
Vari	8
Natura	5
Festivas	
Jocosas	
Stato vitale	
Sacro decontestualizzato	1

Nel gruppo delle canzoni d'amore troviamo testi dal sapore popolare, come quelli che iniziano con "Piraguamonte, piragua", "Saltearonme los ojos", "Trebole, jay Jesus, como guele!", "Cogiome a tu puerta el toro", "Riberitas hermosas", "Por el montecico sola", "Ya no cogere verbena", "Al val de Fuente Ovejuna" e "Naranjitas me tira la nina", e altre di più colta elaborazione poetica, come "Madre, unos ojuelos vi", "No lloreis, ojuelos", "Cuando tan hermosa os miro", "Blancas coge Lucinda", "Ay, rigoro estado", "Que poco duran las dichas", "Tan vivo esta en mi alma", "Yo vi la mas hermosa labradora", "Celos, que no me matais", "Si con mis deseos", "No ser, Lucinda, tus bellas", "Quien no sabe de amor, vive entre fieras", "Velador que el castillo velas", "Si os partieredes al alba", "Ay, amargas soledades". Le poesie "Ir y quedarse, y con quedar partirse" e "A mis soledades voy" sono qui raggruppate in una tipologia che chiamiamo di stato vitale, poiché esprimono sentimenti di sofferenza dovuti rispettivamente all'assenza e alla solitudine. Anche se

[274] La classificazione tematica è tratta da D^EZ DE REVENGA, Francisco Javier, *Teato de Lope de Vegay lrica traditional*, Universidad de Murcia, Murcia, 1983. La difficoltà a cui alludiamo si riflette nella diversa assegnazione tipologica che Pedraza utilizza nello studio della lirica nel teatro di Lope. Le differenze sono generalmente dovute alla ricchezza tematica del poeta stesso. Cfr. PEDRAZA JIMENEZ, Felipe B., *El universo poetico de Lope de Vega*, Laberinto, Madrid, 2003, pp. 241-246.

l'origine potrebbe essere amorosa, così decontestualizzate, perdono questo carattere.
Ci sono due testi festosi, il canto di nozze di *Peribanez e del Comandante di Ocana*, "Dente parabienes", e il canto di benvenuto del Comandante a *Fuente Ovejuna*, "Sea bien venido". Quelle classificate come jocosas sono "Lavareme en el Tajo", "Una dama me mando", alle quali si potrebbero aggiungere, per il loro doppio senso e l'arguzia popolare, "Trebole, jay Jesus, como guele!", "Cogiome a tu puerta el toro" o "Naranjitas me tira la nina", già incluse nel gruppo delle amorosas.
Quelli che si riferiscono a elementi naturali sono la maya "En las mananicas", una canzone di San Juan, "Salen de Valencia", i sonetti "Noche, fabricadora de embelecos" e "Estos los sauces son y esta la fuente" che parlano rispettivamente della notte e della mutevolezza della natura e del cuore umano. Anche il sonetto "Daba sustento a un pajarillo un dla", che includiamo in questo gruppo, potrebbe essere associato alla lirica d'amore, poiché oltre a riferirsi a Lucinda, il nome poetico che egli diede a Micaela de Lujan, il testo gioca con il doppio significato dell'uccellino che va e torna alla sua gabbia come trascrizione dell'amante che abbandona e poi torna dalla sua amata, commosso dalle sue lacrime.
Tra quelle a tema sacro, spiccano per numero quelle che trattano il Natale. Ad eccezione di "Morenica me adoran" da *Los porceles de Murcia* e di "Mananicas floridas" da *El cardenal de Belen* e di "Dejate caer, Pascual" dalle *Rimas divinas y humanas del licenciado Tome de Burguillos*, tutte le altre hanno testi tratti da *Pastores de Belen*, opera per eccellenza incentrata sui misteri della Natività del Signore in forma di romanzo pastorale, e che contiene abbondanti testi cantati dai pastori che compaiono come personaggi del romanzo.
La distinzione tra testi sacri e profani, apparentemente semplice, richiede alcune considerazioni. Il caso della canzone *Coplas del pastor enamorado* di Joaquin Rodrigo, con il frammento da *La buena guarda* "Verdes riberas amenas" è paradigmatico, in quanto si tratta di un testo apparentemente profano ma di argomento sacro se lo si considera nel suo contesto scenico. Questo monologo, come spiegato a suo luogo, esprime il simbolismo della parabola del Buon Pastore, ma decontestualizzato perde questo carattere per diventare un testo profano. Per questo motivo, e considerando che i canti vengono presentati all'ascoltatore al di fuori del loro contesto letterario, ci occupiamo esclusivamente del contenuto semantico del loro testo, senza tenere conto del significato che le parole possono avere all'interno dell'opera da cui sono estratte.

Tabella 5: Numero di canti sacri e profani.

Sacro	43
Profano	65
Sacro decontestualizzato	1

Nella storia della Spagna del XX secolo, l'influenza della religione o della sua negazione è stata particolarmente intensa e persino virulenta in alcuni periodi storici. Dalla tabella precedente ci sembra interessante considerare gli anni di composizione delle canzoni con testi sacri e metterli in relazione con i periodi storici che abbiamo preso in considerazione nella sezione precedente, per poter osservare la possibile influenza dell'ambiente politico, sociale e culturale in cui sono state scritte nella scelta dei testi a causa del loro argomento.

Tabella 6: Numero di canti sacri e profani composti nei diversi periodi storici.

	Sacro	Profano
Prima della Seconda Repubblica	0	10
II Repubblica (1931-1936)	6*	22*
Guerra civile (1936-1939)	0	0
Periodo postbellico (1939-1961)		
1962 - fine del regime di Franco	5	1
Periodo democratico (XX secolo)		

21° secolo	5	
	44 (40,4%)	65 (59,6%)

Dalla tabella precedente emerge chiaramente che il maggior numero di canzoni con testi sacri corrisponde al periodo del regime franchista. Il dato è più rilevante negli anni del nazional-cattolicesimo, il periodo del dopoguerra fino all'apertura del regime negli anni Sessanta. Tuttavia, dal 1962 fino alla fine del regime, anche con un numero inferiore di composizioni, il bilancio è molto favorevole ai testi sacri. La percentuale di canzoni con testi sacri composte in questi trentasei anni del periodo franchista (1939-1975) è pari al 61% di tutte quelle composte in più di un secolo, il che ci porta a concludere che la concentrazione di canzoni sacre in questo periodo coincide almeno con gli approcci ideologici del regime, anche se non è meno certo che 20 siano state scritte con testi laici. Come contraltare, l'epoca della II Repubblica presenta una tendenza opposta, con l'elezione da parte dei compositori di una maggioranza di testi profani.

L'uso ideologico fatto dell'opera di Lope de Vega a partire dagli anni Trenta, e in particolare la rivalutazione che il terzo centenario ha comportato, può essere alla base delle percentuali che abbiamo appena presentato. La forte polarizzazione politica che si verificò in Spagna in quegli anni fece sì che *Fuente Ovejuna* fosse assunta come paradigma dell'opera che sintetizzava l'essenza ideologica di entrambi gli schieramenti politici. Il carattere di opera aperta, secondo il concetto espresso da Umberto Eco, in cui non esiste un'unica via di ricezione, ma molteplici spazi e discorsi culturali[275] , fa sì che la sinistra e la destra evidenzino e si approprino di alcuni valori insiti nell'opera.

L'interpretazione della *Fuente Ovejuna di* Garcia Lorca fu controversa all'epoca ed è l'esempio più chiaro di come la radicalizzazione delle posizioni ideologiche della fase finale della Seconda Repubblica invase la vita culturale dei pals[276] . Francisco Florit Duran, nel suo studio sull'uso ideologico di Lope nel 1935, conclude:

Se è vero che alcuni dei numerosi studi emersi in occasione del tricentenario, o negli anni precedenti o successivi, hanno tentato di giungere a una comprensione ragionata e oggettiva dell'immagine di Lope, non è meno vero che il panorama editoriale dell'epoca abbonda di opere che offrono una lettura marcatamente soggettiva e politicizzata del nostro poeta. Così, se si legge con attenzione buona parte delle opere, siano esse libri, articoli o conferenze, emerge un panorama in cui Lope appare anilelicamente e contraddittoriamente delineato, una sagoma bifronte, senza vie di mezzo, dove a volte la Fenice è il campione di una Spagna imperiale e nazional-cattolica, e altre volte, invece, Lope è il poeta popolare e rivoluzionario, trascrizione di un popolo oppresso e soggiogato dai nuovi signori feudali. Questa immagine paradossale e politicizzata della Fenice poteva emergere solo in un clima come quello che regnava in Spagna nel 1935, perché solo otto anni prima, in occasione del tricentenario di Gongora, non si poteva trovare un atteggiamento simile con il poeta cordovano[277][278] .

In questa versione di *Fuente Ovejuna* viene eliminata la scena finale dei re e viene enfatizzato il carattere sociale della commedia, che "privilegia la lotta sociale tra il signore e i suoi vassalli "[279]

Dall'altra parte, anche la Falange ha trasformato *Fuenteovejuna* in un'opera teatrale che simboleggiava la propria ideologia nazional-cattolica, accusando la sinistra di essersi appropriata del dramma lopesco[279] .

Altre opinioni avvicinano ideologicamente l'opera al campo falangista, come quella riassunta

---

[275] GARCIA SANTO-TOMAS, Enrique, *La creazione del "Feni", op. cit.,* p. 341.

2" La versione di Garcia Lorca, presentata al Teatro Principal di Valencia nel luglio 1933, è raccolta in BYRD, Suzanne W., La Fuente Ovejuna de Federico Garcia Lorca, Pliegos, Madrid, 2003: BYRD, Suzanne W., La *Fuente Ovejuna de Federico Garcia Lorca,* Pliegos, Madrid, 2003. Byrd riferisce che varie musiche e danze folcloristiche erano intercalate nella scena del matrimonio, accompagnate da vihuela, chitarra e terra. Si tratta di "Sal a bailar, buena moza", una danza popolare asturiana, e "Las agachadas", una danza andalusa con musica armonizzata e arrangiata dallo stesso Garcia Lorca (cfr. p. 16). Altri due brani musicali interpolati sono il "Sea bienvenido el Comendadore" e la "Romanza de Fuente Ovejuna" cantata dal coro e accompagnata da strumenti. La paternità di queste due melodie è sconosciuta, anche se presumibilmente sono anche di Garcia Lorca. Le partiture sono incluse in questa stessa edizione: pp. 39, 80-82.

[277] FLORIT DURAN, Francisco, "La recepcion de Lope en 1935: ideologia y literatura", *Anuario de Lope,* VI, 2000, pp. 107-124. Nell'articolo, l'autore dà conto della tendensiosità di molti degli scritti pubblicati in quel periodo.

[278] GARCIA SANTO-TOMAS, Enrique, *La creazione del "Fnnix", op. cit,* p. 350.

[279] FLORIT DURAN, Francisco, *op. cit,* p. 110.

qualche anno dopo da Esteban Calle, che vede in *Fuente Ovejuna* l'emblema del giogo e delle frecce, e che l'opera drammatizza "la realizzazione della giustizia sociale liberando lo stato comune dal barbaro regime feudale e ponendolo sotto lo scettro dello stato sociale"[280] . Felipe Lluch Garin, che nel 1935 propose il recupero delle opere religiose di Lope come "ritorno alla nostra scena classica e cattolica", le opinioni di Julian Pemartm che si appellava al teatro di Lope come riflesso dei principi del totalitarismo fascista, o la difesa da parte di Joaquin de Entrambasaguas delle opere teatrali di Fenix in cui vedeva una concezione storica che sarebbe stata assunta dal regime franchista[281] , favorirono il clima che si sarebbe instaurato nel dopoguerra. Le attività del Teatro Nacional de Falange, attivo durante la guerra, e il lavoro di alcuni registi teatrali legati al tradizionalismo cattolico, come Luis Escobar, Huberto Perez de la Osa e Felipe Lluch, trovarono nell'auto sacramental lo spettacolo teatrale d'elezione[282] .

Le conseguenze di questo uso partigiano di Lope si estesero logicamente nel dopoguerra e si combinarono con altri eventi che trovarono terreno fertile nell'ideologia politica dominante. Oltre agli approcci ideologici del regime, l'aumento dell'interesse per la composizione di opere religiose, liturgiche e non, fu favorito nel dopoguerra dal fiorire della cosiddetta Generazione *Motu proprio, una* generazione di musicisti di cui abbiamo già parlato nel capitolo III.

Dei compositori di maggior spicco del movimento *Motu proprio* abbiamo un solo caso in catalogo, quello del maiorchino Joan Maria Thomas, che, curiosamente, musicò nel 1944 due poemi profani di *Peribanez y el comendador de Ocana*. Un altro musicista che potremmo ascrivere al movimento, e presente in catalogo, è Angel Larroca, maestro di cappella della Cattedrale di Murcia, che scrisse negli anni 1940-1945 due opere sacre *La oración de Cristo en el Huerto* ("Hincado esta de rodillas") e *Plegaria a Cristo crucifcado* ("Pastor, que con tus silbos amorosos").

Dove questo tipo di opere si distingue è in altri generi musicali e in altri tipi di formazioni strumentali legate alla musica liturgica e di chiesa, come le opere a una o più voci con organo o armonium, e le composizioni corali con o senza accompagnamento. Di questo tipo sono le opere con testi sacri di Lope di compositori minori come Jose Manuel Adran, Gregorio Arciniega, G. Calzolari, Arturo Duo Vital, Victorina Falco de Pablo, Jose Font Roger, Francisco Laporta, Rafael Lozano, Jose Luis Rubio Pulido, Eduardo Torres e Jose Alfonso. Nel capitolo III abbiamo fatto riferimento a opere religiose di altri generi musicali.

Tabella 7: Anni di composizione di testi musicati in almeno tre occasioni.

Prima strofa	canzoni	Anni di composizione
"Mamma, ho visto degli occhielli".	8	antes1900-1900-1923-1925-1935-1941-1944-1950
"Le pagliuzze nella mangiatoia		1935-1935-1942-1957-1963-2009
"Il bianco ero io"	5	1935-1935-1935-1938-1986
"Mananiche in fiore".	5	1947-1955-1963-1990-2004
"Beh, sei nelle palme".		1941-1952-1954-2006
"Sulla montagna da solo".		1939-1944-1950-1955
"Zagalejo di perle		1942-1952-1959-1970
"Che è stato ucciso di notte"		1944-1951-1986
"("Che cosa ho io perché tu cerchi la mia amicizia?".		1935-1999-2004
"Non piangere, occhi miei"		1946-1956-1960

[280] Citato da GARCIA SANTO-TOMAS, Enrique, *La creazione del "Fnnix", op. cit,* p. 355.
[281] HUERTA CALVO, Javier, "Clasicos cara al sol, I", *XXIVy XXVJornadas de Teatro del Siglo de Oro,* Istituto di Studi Almeriani, Almena, 2011, pp. 219-220.
[282] *Ibidem,* p. 232.

La tabella precedente mostra che non sembrano esserci lettere che vanno di moda in un momento particolare. Il testo più frequente, "Madre, unos ojuelos vi", da *La Dorotea,* non viene più utilizzato dopo il 1950; anche "Por el montecico sola", da *El vilano, en su rincon,* viene utilizzato solo nella prima metà del XX secolo, tra il 1939 e il 1955. I canti "Zagalejo de perlas" e "No lloreis, mis ojos", entrambi da *Pastores de Belen,* rispettivamente con 4 e 3 canzoni, si concentrano sul periodo 19421970.

Del frammento dei *Pastores de Belen* "Las pajas del pesebre" e di "Mananicas floridas", da *El cardenal de Belen*, entrambi molto popolari nella musica corale, troviamo composizioni distribuite nell'ampio periodo 1935-2009, come nel caso di "Que de noche le mataron", anche se in un periodo più breve, fino al 1986. Il sonetto "^Que tengo yo, que mi amistad procuras?" è quello che presenta la maggiore disparità, con una composizione del 1935 e altre due del XXI secolo.

Nella scelta del repertorio vocale o nella preparazione dei programmi dei recital, i cantanti hanno talvolta preso in considerazione il carattere maschile o femminile dei testi delle canzoni. Nel catalogo che presentiamo, 9 testi sono chiaramente maschili (11 canzoni), 6 sono femminili (14 canzoni) e 47 sono indistinti per entrambi i sessi (89 canzoni). Ovviamente la considerazione di questo fattore è strettamente personale. Se all'interno del genere vocale che ci interessa, al di fuori dell'ambito teatrale, consideriamo il cantante come un recitatore di versi, non come un attore che interpreta un personaggio, anche se dà la visione drammatica richiesta dal testo, questa distinzione può essere accessoria.

TIPI DI VERSI. METRICA

È impossibile sapere se la scelta di un testo per comporre una canzone sia influenzata dal tipo di verso. Che la forma poetica influenzi la forma musicale è evidente, come abbiamo studiato analizzando e confrontando entrambi i fattori nelle canzoni del 1935. Statisticamente, la forma poetica del canto nelle sue diverse varianti è la maggioranza nelle canzoni del nostro catalogo, il 55%.

Tabella 8: Numero di canzoni in base alla strofa poetica del testo.

	Numero di canzoni
Canto di Natale	
Sonetto	
Il romanticismo	10
Romancillo	8
Seguidilla	
Data	
Redondilla	
Distici di piedi rotti	1
Silva	1
Canzone	1
Terzi incatenati	1

La varietà metrica e la ricorrenza del ritornello offerte dalla forma villancico fanno di questa struttura poetica una delle più utilizzate, sia da Lope nelle canzoni inserite nelle sue commedie e opere in prosa, sia dai compositori quando scrivono canzoni. In questi casi, il ritornello consente l'utilizzo di un elemento musicale ricorrente che ordina strutturalmente la canzone, allo stesso tempo fornisce un ritorno del materiale melodico più caratteristico del brano, unendo formalmente l'opera. Dal canto loro, le strofe svolgono la funzione esplicativa dello sviluppo dell'azione in alcuni casi, dell'esposizione delle idee poetiche in altri. All'interno dello schema di base dell'alternanza ritornello-stanza, esistono diverse forme di versificazione, che combinano diverse strutture strofiche, come si può vedere nella tabella seguente:

Tabella 9: Forme di versificazione nel tipo ritornello-stanza.

	Numero di canzoni	Numero di lettere
coro irregolare, piede con redondilla		8
ritornello e piede con redondillas		
estribillo seguidilla, piede con redondilla		
ritornello e piede con seguidillas	5	
data irregolare		1
ritornello seguidilla, piede e rima generale di romancillo		
forma e rima del romancillo	8	5
versi sul piede rotto		1
forma romanzesca e rima	1	1

Le forme più comuni di villancico sono quelle costruite con la forma canonica di estribillo e piede, quest'ultimo composto da mudanza, enlace e verso de vuelta. Le variazioni riguardano il tipo di verso su cui si basano questi elementi. Nelle 24 liriche che seguono questa struttura, la redondilla è la forma che compare più frequentemente: la troviamo nella maggior parte dei canti, di solito nella parte del piede (12 casi) e nel ritornello (2 casi). La seguidilla è usata come ritornello (4 casi) e anche nel piede (2 casi). Ma i ritornelli più comuni nei testi sono quelli che non corrispondono a una struttura preesistente. Negli 8 casi in cui ciò avviene, troviamo combinazioni di tre versi (5), due (2) e quattro (1), gli ultimi due abbinati dalla rima:

a. 8/a/8b/8b: "Si os partieredes al alba": "Se ve ne andate all'alba".

b. 8-/8a/8a: "Non scopro più la verbena".

c. 8-/5a/8a "Cogiome a tu puerta el toro".

d. 6-/6a/9a: "Il bianco ero io".

e. 9-/10a/10a: "Le candele del castello".

f. 8a/5a: "Gelosia, non uccidermi".

g. 10-10-: "Trebole, jay Jesus, como guele!".

h. 8a/6a/6b/8b: "Quando ti guardo così bella".

L'irregolarità di questi ritornelli influisce anche, come possiamo apprezzare, sul calcolo sillabico, che nelle canzoni avrà bisogno dei necessari aggiustamenti per bilanciare il fraseggio musicale. Le particolarità di alcuni di essi saranno studiate in dettaglio nelle analisi delle canzoni del 1935. Il tipo successivo per numero di casi è il villancico, che organizza i suoi elementi sulla base del romaiicillo, per quanto riguarda le sillabe e la rima. I testi sono cinque: "Donde vais, zagala", "Hoy al hielo nace", "Naranjitas me tira la nina", "No lloreis, mis ojos" e "Saltearonme los ojos".

La scelta di un poema d'arte maggiore o minore ha un'influenza decisiva sull'organizzazione delle frasi e delle semifrasi, poiché il numero di sillabe del verso genera periodi musicali più o meno ampi. Solo 15 dei brani sono composti su versi d'arte maggiore: i 14 sonetti musicati da Salvador Bacarisse, Vi'ctor Carbajo Cardenas, Enrique Casal Chapi, Gonzalo Diaz Yerro (4), Voro Garcia Fernandez, Julio Gomez, Angel Larroca, Arturo Menendez Aleyxandre, Miquel Ortega, Eduardo Rincon, e solo uno con terzine incatenate, *Dulasimo Senor, yo estaba ciego,* sempre di Eduardo Rincon. D'altra parte, la combinazione di arte maggiore e minore si ritrova in due canzoni che mettono in musica una silva, *Si con mis deseos* di Turina, e una canzone normale, *La Libertad* di Bernardino Valle, la nota "Oh libertad preciosa".

USO DELLE LETTERE

I testi delle canzoni sono generalmente ripresi dai compositori nella loro interezza, sia che si tratti di poesie singole che di frammenti di un'opera più ampia. Tuttavia, non è sempre così, perché ci sono casi in cui il compositore interviene modificando il frammento originale in un modo o nell'altro. Gli interventi abituali sono:

1. Cambiamento dell'ordine delle strofe:

a.   Antonio Barrera, in *Seguidilla*, appartenente alla sua raccolta *Canciones del Siglo de Oro*, cambia l'ordine delle strofe rispetto al testo originale della commedia. In essa i musicisti intervengono alternando le tre strofe con interventi di D^a Clara, Damas 1^a e 2^a, Galan 1° e 2°, iniziando con "Lavareme en el Tajo..." (terza strofa della canzone), quindi seguendo le altre due strofe nello stesso ordine della canzone "Que no quiero bonetes" e "Si te echares al agua" (rispettivamente prima e seconda della canzone).

b.   Antonio Mingote, in *Copla,* in cui mette in musica la nota "Madre unos ojuelos vi", inverte l'ordine delle due strofe rispetto al testo di Lope. Allo stesso modo, Antoni Parera Fons, in Palmas de Belen, non utilizza il ritornello del poema, ma si limita a musicare le strofe, ma in un ordine diverso dal solito, cambiando la seconda, "El Nino divino", con la terza, "Rigurosos hielos", e viceversa.

2. Omissioni:

a.   Omissione di strofe: le omissioni sono l'intervento più frequente dei compositori sul testo originale, in molti casi perché i frammenti poetici utilizzati sono troppo lunghi per il formato di una canzone con pianoforte. In *La barca de Amor,* Manuel Garcia utilizza in questa canzone solo la prima delle quattro strofe che formano la scena "indiana" di *El Arauco domado.* Asins Arbo prende solo due strofe delle dieci che compongono *Las pajas del pesebre* e omette il ritornello all'inizio di *Donde vais que hace fro?* Vicente Miguel scrive solo le prime 4 strofe di "Las pajas del pesebre" nella sua *Tonadila navidena.* Bernardino Valle sceglie 6 delle 9 strofe (1-4-5-7-8 e 9) che compongono la poesia *La Libertad*, mentre utilizza le prime dieci di "Pobre barquilla mia" in *La barquila.* In *Danza giana*, José Maria Benavente prende 10 e poi 8 dei 116 versi di "A la dina dana" di Elifilia in *Pastores de Belen.* Sia Granados che Mercedes Carol omettono la seconda strofa di "No lloreis ojuelos" da *La Dorotea.* Llongueres, in *Dejate caer Pascual*, omette 90 versi, utilizzando solo la prima e l'ultima delle 10 strofe. Fernando Moraleda omette l'ultima strofa di *Dicha*, e in *Pobre barquila mi'a* prende le prime quattro delle 11 strofe. Palau riprende le prime 4 strofe di "Las pajas del pesebre" nel suo *Villancico.* Eduardo Rincon in *Diici'sinio Jesus* riprende le strofe 3, 5, 6 e 8 delle 10 terzine incatenate del poema. Matilde Salvador riprende il secondo intervento dei musicisti "Naranjitas me tira la nina", nella sua canzone *Valenciana*, omettendo il primo intervento "Claros aires de Valencia".

Turina, in *Si con mis deseos,* mette in musica i primi 11 versi della performance di Estrella in *La Estrella de Sevila.*

b.   Mescolanza di strofe: Enrique Truan omette una strofa e il ritorno del ritornello in *No lloreis mis ojos*, e in *Mananicas foridas* mescola due strofe di due opere diverse: la prima strofa è tratta dall'auto *El nombre de Jesus "*, e la seconda, da cui prende il titolo, da *Pastores de Belen.*

c.   Omissione dei discorsi di un altro personaggio della commedia: un altro procedimento comune e logico è quello di omettere i discorsi dei personaggi della commedia che sono intervallati o alternati alla poesia cantata o recitata da un altro personaggio. Da *La Dorotea,* Casares, Cotarelo e Toldra riprendono dal frammento "Coma un manso arroyuelo" il canto intercalato, "Madre, unos ojuelos vi", di cui Lope, attraverso il dialogo tra il protagonista, Don Bela e Gerarda, separa il ritornello e i versi. Lo stesso accade in "Salen de Valencia noche de San Juan" dalla commedia *Las flores de don Juan*, frammento utilizzato da Gustavo Duran per le sue *Seguidillas de la noche de San Juan*, eliminando il dialogo dei personaggi che si alterna agli interventi dei musicisti.

d.   Omissione di singoli versi: è il caso di Joaquin Rodrigo in *Coplas del pastor enamorado,* dove omette un verso intermedio e i tre versi finali dell'intervento del pastore in *La buena guarda.* Allo stesso modo, in *Al entierro de Cristo*, Francisco Escudero mette in musica i primi 56 versi dei 96 della romanza completa. Nel gruppo di quelli musicati, omette le strofe 3, 10 e 11, il primo verso della seconda strofa, metà del primo verso della sesta strofa e ripete una parola del primo verso dell'ottava strofa.

3.   Aggiunto:

a.   Strofe o versi che non sono di Lope: Nin-Culmell aggiunge due strofe che non sono del poeta in *Lavareme en el Tajo*, si tratta delle strofe 3ª e 5ª della canzone[283][284]. La seconda strofa di *Por el montecico sola* di Juan Altisent non è di Lope, né di *El villano en su rincon*, da cui è tratta la prima strofa, né di nessun'altra opera, per cui si suppone che sia un'invenzione del compositore. Garcia de la Parra aggiunge una seconda strofa al ritornello "Naranjitas tiraba la nina / en Valencia por Navidad / pues a fe que si las tira / se les van a volver azar"[285]. Nella prima strofa aveva già aggiunto un primo verso "Donde van los suspiros" ai tre versi finali del primo intervento dei musicisti in *El bobo del colegio* "Claros aires de Valencia / Que dais a la mar embates".

b.   Esclamazioni: aggiunta di esclamazioni alla fine di un brano o di una sezione. Mingote in *Canto de un mal nacer* e Turina in *Al val de Fuente Ovejuna* e *Si con mis deseos*, aggiungono un'interiezione "Ah" alla fine del brano, mentre Matilde Salvador in *Castellana* lo fa all'inizio di ogni strofa e alla fine della canzone.

Occasionalmente, il compositore o una seconda persona arrangia liberamente il testo di Lope. Tutti questi casi sono stati esclusi dal catalogo per ovvie ragioni: a noi interessa solo il testo di Lope. La *Romanza del comendador de Ocaiia* di Joaquin Rodrigo è il caso più noto. Il testo di quest'opera, scritta per voce e orchestra e per voce e pianoforte, è un libero adattamento di Joaquin de Entrambasaguas.

I cambiamenti di parole rispetto all'originale di Lope sono frequenti. La causa più comune è l'errore di trascrizione o l'uso di edizioni o antologie con errori. Tuttavia, è possibile che l'intervento del compositore sia all'origine di alcuni cambiamenti, come nel caso di Salvador Bacarisse nella canzone *Por el montecico*, dove cambia "enamorada" con "abandonada", o quello di *Cuando tan hermosa os miro* di Turina, nel cui ultimo verso leggiamo "suspiro por mi deseo" invece di "suspira por mi el deseo" che troviamo in Lope. In questa stessa poesia Jose Maria Franco Bordons in *A...l.i,* scrive l'ultimo verso come in Lope, ma cambia il primo verso, "cuando tu hermosura miro" e modifica il penultimo "si no te veo" invece di "y cuando no os veo", perché cambia il trattamento, il voseo per il tuteo.

ELEMENTI MUSICALI

ESTENSIONE VOCALE

Considereremo qui l'ampiezza della linea melodica della voce, piuttosto che le tessiture in cui si muovono i brani, poiché, come è accaduto nel nostro caso, il trasporto dei brani per adattarsi alle diverse categorie vocali relativizza il concetto di tessitura. Dalla ridotta gamma di sesta de *La barca de Amor* di Manuel Garaa, alla compromessa diciassettesima minore richiesta da Francisco Escudero nel suo brano atonale *Al entierro de Cristo*, troviamo estensioni di ogni tipo. Il grafico seguente mostra che l'intervallo con il maggior numero di casi (52%) va dall'ottava all'undicesima:

Figura 6: Estensione melodica della parte vocale dei brani.

Estensione vocale

---

[283] "Alegria zagales / valles y montes, / que el zagal de Maria / ya tiene nombre". ALIN, Jos6 Maria, *Cancionero teairal...*, *op. cit*, p. 414.

[284] "No corrais vientecillos / con tanta prisa / porque al son de las aguas / duerme mi nina", e "Mariquita me llaman / los carreteros, / mariquita me llaman, / voyme con ellos". Questi versi potrebbero essere di Garcia Lorca, dal momento che Nin-Culmell, come egli stesso nota nella prefazione all'edizione di Max Eschig del 1998, edizione che non è mai stata pubblicata, prende i testi per le sue *Canciones de La Barraca* da un quaderno di Federico conservato da Luis Saenz de la Calzada e Angel Barja con i brani cantati nelle rappresentazioni della compagnia. Si vedano le osservazioni su questa canzone nel nostro catalogo, Appendice I.

[285] Anche il testo del ritornello viene modificato da Garcia de la Parra rispetto a Lope: "Naranjitas me tira la nina / En Valencia por Navidad; / Pues a fe que si se las tiro, / Que se le han de volver azahar".

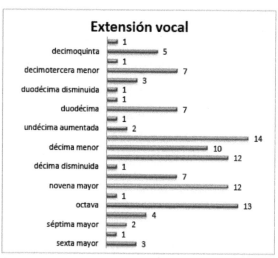

Extensión vocal

decimoquinta	1
	5
decimotercera menor	1
	7
duodécima disminuida	3
	1
duodécima	1
	7
undécima aumentada	1
	2
décima menor	14
	10
décima disminuida	12
	1
novena mayor	7
	12
octava	1
	13
séptima mayor	4
	2
sexta mayor	1
	3

La tessitura assoluta di ogni brano è riportata nel catalogo per orientare il lettore sulle esigenze vocali di ogni opera. Questa indicazione può dare un'idea della categoria vocale per la quale sono stati scritti, dato che in pochissimi casi è indicata nella partitura. 20 brani sono annotati con il tipo di voce per cui il compositore li ha scritti: 3 per soprano *(Al entero de Cristo* di Francisco Escudero; *A la muerte de Jesus* di Jose Luis Iturralde; *Por el montecico sola* di Manuel Palau), 3 per mezzosoprano *(Tres poemas religiosos* di Eduardo Rincon), 2 per controtenore *(A mis soledades voy* e *A la noche* di Voro Garcia), 1 per tenore *(Celos, que no me matais* di Julio Gomez), 9 per baritono *(Mananicas de mayo* e *Tonadila navidena* di Vicente Miguel, *Soneto* di Miquel Ortega, *Cuatro sonetos* di Diaz Yerro, *La Verdad* e(*'Qi.ic tengo yo que mi amistadprocuras?* di Julio Gomez), 2 come duo di soprano e mezzosoprano *(Ausencia* di Victor Carbajo, *Copla di* Salvador Bacarisse). Oltre a questi, in 3 si nota la possibilità di essere cantati da soprano o tenore *(Plegaria a Cristo crucfcado* e *La oracion de Cristo en el Huerto* di Larroca e *Madre, unos ojuelos vi* di Menendez Aleyxandre), in altri 4 c'è confusione sulla tipologia vocale a seconda dei vari manoscritti che si sono conservati *(Castellana, Gallega y Levantna* di Matilde Salvador e *A...t di* Jose Maria Franco). In 5 canzoni il compositore opta per l'asettico e scontato "voce e pianoforte", che è davvero il destino di questo tipo di opere, date le possibilità di trasporto e di interpretazione di testi maschili o femminili da parte di cantanti di entrambi i sessi in modo indistinto.

OMBRA

Il trattamento tonale della maggior parte dei brani, 86 casi (80%), segue le procedure della tonalità tradizionale, con le differenze stilistiche di ciascun compositore. In 10 brani la tonalità è arricchita da diverse risorse armoniche e modulatorie che ampliano le possibilità della composizione, anche se il centro tonale è chiarito nei punti che ciascun compositore ritiene opportuni. Gli anni di composizione di queste opere a cui ci riferiamo qui mostrano che il ricorso all'estensione dei limiti della tonalità si estende nei brani che cataloghiamo a partire dal 1935, anno in cui troviamo brani di Casal Chapi, del Campo e Turina in cui vengono utilizzati procedimenti armonici, modali e formali che superano lo stretto ambito tonale senza abbandonarne le coordinate, a quelle composte nel XXI secolo, come le *Tres poemas religiosos* di Eduardo Rincon *(*2004) o le due canzoni di Vicente Miguel Peris (2009), passando per le canzoni di Matilde Salvador del 1939, il sonetto *Quien no sabe de amor* musicato da Salvador Bacarisse nel 1943, o le canzoni di Manuel Palau (1951) e Jose Peris (1955).

Arturo Menendez Aleyxandre nella sua canzone *Lucinda* e Joaquin Rodrigo in *Coplas del pastor enamorado* lavorano con diversi centri tonali senza che nessuno di essi sia il principale, generando un voluto effetto di ambiguità. Mentre l'opera di Rodrigo è stata composta integralmente nel 1935, quella di Menendez è stata composta nel 1932, anche se ha subito due successive revisioni da parte del suo autore, nel 1943 e nel 1982, senza che si possa sapere in che misura queste revisioni abbiano influito sul risultato finale. Un approccio simile è quello di Victor Carbajo Cardenas con *Ausencia (*1999), un duo per soprano e mezzosoprano in cui impiega un linguaggio diatonico organizzato per sezioni senza supporti o relazioni tonali definite.

Un'altra delle risorse utilizzate nel XX secolo per indebolire e/o estendere le possibilità del linguaggio tonale è l'uso di organizzazioni modali. Nel catalogo ci sono 9 canzoni che ricorrono a questo procedimento, cinque basate sul modo frigio, *Riberitas hermosas* di Jose Maria Guervos, *Cancion de siega* di Antonio Barrera, *Celos, que no me matais* di Julio Gomez, e i sonetti di Enrique Casal Chapi e Miquel Ortega. Questi ultimi due superano l'organizzazione tonale-modale con l'uso di diverse risorse armoniche e modulatorie che arricchiscono e allo stesso tempo indeboliscono la gerarchia tonale. Vale la pena ricordare che la composizione di queste due canzoni, quelle di Casal e Ortega, sono separate da un periodo di 70 anni, dal 1935 al 2005. D'altra parte Gonzalo Diaz Yerro scrive i suoi *Cuatro sonetos*, del 1998-1999, utilizzando complessi modi speciali generati dallo stesso compositore[286] .

L'uso libero dei suoni senza seguire un sistema definito di relazioni tonali è presente in tre opere. Francisco Escudero scrive *Al entierro de Cristo* nel 1974, per voce di soprano e pianoforte, sviluppando una partitura complicata e impegnativa sia per la voce che per il pianoforte. Il registro vocale è il più ampio di tutti, un diciassettesimo che va da A2 a cⱼ, e il pianoforte è dispiegato in tre pentagrammi senza indicazioni di bussola in ampi salti intervallari che includono *cluster e* altre risorse grafiche non convenzionali. Anche le opere di Voro Garcia Fernandez *A la noche* e *A mis soledades voy (*entrambe del 2011), con una scrittura altamente virtuosistica e abbondanti effetti fonetici, hanno un approccio atonale. Va inoltre ricordato che nel 1962 il compositore e critico catalano Josep Casanovas i Puig scrisse un'opera in stile atonale che non è stata rintracciata.

OPERE MUSICALI

TITOLI. COLLEZIONI

I titoli che i compositori danno alle canzoni sono di solito legati ai versi del testo. Raggruppiamo i seguenti casi:

1. Titolo fuori dal testo: su un totale di 68 (62%)
a. 38 canzoni riprendono per intero la prima strofa
b. 12 di una parte della prima strofa
c. 21 utilizzare un altro verso o parte di un verso, diverso dal primo
2. Tratto da un titolo di Lope: in tre canzoni il compositore utilizza lo stesso titolo dato da Lope al suo poema, *A la muerte de Jesus* de Iturralde, *Al entierro de Cristo* de Escudero e *A la noche* de Garcia Fernandez. *Lo fingido verdadero* di Guervos coincide con il titolo della commedia da cui è tratto.
3. Tratto dalla commedia a cui appartiene il frammento: *Foli'a yparabien de unos recien casados* de Thomas, dal titolo interno con cui Lope intesta il ritornello alle nozze di *Peribanez e del Comendador de Ocana*.
4. Titolo inventato dal compositore, anche se legato al testo: in 36 canzoni (33%) il compositore inventa un titolo che, pur essendo evidentemente legato al testo, non è tratto direttamente da esso.
5. Titolo inventato dal compositore, estraneo al testo: 33 canzoni (30%)
a. Espressioni poetiche o musicali (Trova, Cancion, Cantarcillo, Copla, Coplas, Danza, Cancion de amor, Seguidillas, Elegia, Leyenda, Plegaria, Tonadilla e Villancico.

---

[286] Così li descrive lo stesso Diaz Yerro in una comunicazione via e-mail con l'autore di questo lavoro [15-6-2001].

b. Denominazioni che non hanno a che fare con il testo ma con lo stile musicale, come *Gaita e Guitara* de Thomas, *Castellana, Galega e Valenciana*[287] di Matilde Salvador.

Un caso particolare è il canto con il testo "Blanca me era yo / cuando entre en la siega...", musicato da cinque compositori, Casal Chapi, Guervos, Mingote, Barrera e Matilde Salvador. Quattro di essi sono quasi coincidenti: *Cancion de siega, Cantar de siega, Cantar moreno de siega*, e l'altra che non ha nulla a che fare con i versi: la *Castellana* de Salvador. Solo 13 (12%) canzoni hanno i sottotitoli. Quattro di essi coincidono con la prima strofa, altri quattro aggiungono espressioni ridondanti come "Cancion", "Cancion llrica", "Cancion espanola" e "Tonadilla espanola", "Villancico" o "Soliloquio". Due si riferiscono a regioni spagnole, "Castilla la vieja" e "Levantina", e in una troviamo un sottotitolo sotto forma di dedica con il titolo della prima strofa: "A la muerte de Cristo nuestro Senor" (Alla morte di Cristo nostro Signore).

I gruppi di canzoni[288] formati interamente con testi di Lope sono i seguenti:

Tabella 10: Raccolta di canzoni con testi di Lope de Vega.

Autore	Canzoni	Titolo del gruppo
Joan Llongueres		Sei canti di Lope de Vega
Angelo Mingote		Canciones espanolas con textos de Lope de Vega (Canzoni spagnole con testi di Lope de Vega)
Antonio Barrera	5	Canzoni dell'età dell'oro
Josd Maria Benavente	5	T'riplico di Natale di Lope de Vega
Josd Maria Guervos	5	Cinque canzoni
Gonzalo Diaz Yerro		Quattro sonetti
Julio Gomez		Cuatro poesias liricas de Lope de Vega (Quattro poesie liriche di Lope de Vega)
Fernando Moraleda		Quattro canzoni con testi di Lope de Vega
Eduardo Rincon		Tre poesie religiose
Enrique Truan		Tre canti natalizi di Lope de Vega
Joaquin Turina		Omaggio a Lope de Vega
Enrique Casal C' liapi	5	Tre canzoni di Lope de Vega
		Due frammenti del Cavaliere di Olmedo
Salvador Bacarisse		Due cantares di Lope de Vega

In totale, 55 canzoni (50,5%) fanno parte di raccolte di canzoni, tutte con testi di Lope. Le canzoni singole sono 32 (29,5%), mentre le restanti 22 (20%) appartengono a raccolte in cui vengono musicati testi di vari poeti. Tra questi, i gruppi di Joan Altisent, Miguel Asins Arbo, Salvador Bacarisse, Voro Garcia Fernandez, Enrique Granados, Manuel Palau, Matilde Salvador, Joan

---

[287] Questi titoli riferiti a una regione spagnola, manifestazione di presupposti nazionalisti, erano molto frequenti nella prima metà del XX secolo, forse sul modello dei titoli dati da Falla alle sue *Siete canciones espanolas,* ciclo di riferimento per tanti compositori spagnoli. La stessa Matilde Salvador dedica la sua raccolta di canzoni, scritta nel 1939, a "Don Manuel". Il manoscritto è conservato presso l'Instituto Valenciano de la Musica e l'opera della Salvador è in corso di inventariazione.

[288] Vorremmo notare qui la difficoltà di parlare di un ciclo di canzoni, poiché il concetto è molto ampio e talvolta confuso. *Il New Grove*, alla voce "ciclo di canzoni", si riferisce a "una composizione di musica vocale che è costituita da un gruppo di canzoni individualmente complete, per voce sola o per ensemble, con o senza accompagnamento strumentale. Può riguardare una serie di eventi o una serie di impressioni, o può essere semplicemente un gruppo di canzoni unificate secondo il gusto del compositore. I testi possono provenire da un unico autore o da più fonti. Nel senso generalmente accettato, il ciclo di canzoni è una forma del XIX secolo, appartenente principalmente alla tradizione del Lied tedesco. In ogni caso, ha dei predecessori" (PEAKE, Luise Eitel, "Song-cycle", *The New Grove..., op. cit.*, vol. 17, pp. 521-422). Ruth O. Bingham espone la difficoltà di definizione e l'ampiezza di significato del termine in: BINGHAM, Ruth O., "The early nineteenth-century song cycle", *The Cambridge Companion..., op. cit,* pp. 104-107. Si opta quindi per l'asettico termine "gruppo di canzoni", a meno che il compositore non specifichi diversamente.

Maria Thomas e Eduard Toldra utilizzano testi di altri poeti del Secolo d'Oro accanto a quelli di Lope, mentre gli altri, quelli di Benito Garcia de la Parra, Joaquin Nin-Culmell, Mercedes Carol, Jose Maria Franco, Francisco Cotarelo, Jose Luis Iturralde e Vicente Miguel e Joaquin Rodrigo, combinano poesie antiche e contemporanee.

Le due canzoni di Conrado del Campo, *Tan vivo esta en mi alma* e *Cancion de la pastora Finarda*, sono gli unici casi in catalogo inseriti come intermezzi in opere sinfoniche, sebbene scritte per voce e pianoforte. Il primo dal tableau teatrale *Una dama se vende a quien la quiera* (1935), il secondo dalle "evocaciones sinfonicas" intitolate *Figuras de Belen* (1946).

MOTIVAZIONI, ORDINI, DEDICHE

Di tutte le canzoni presentate nel catalogo, 67 (62%) non hanno una motivazione dichiarata dal compositore nella partitura. Tra i brani rimanenti che lo sono, c'è un nutrito gruppo la cui composizione fu una conseguenza del Concorso Nazionale di Belle Arti del 1935: Gomez, Guervos e Mingote (15 brani), e quelli presumibilmente scritti per questa occasione da Casal Chapi e Moraleda (8 brani), per un totale di 23, a cui vanno aggiunti quelli di Francisco Esbri premiati nel Concorso Nazionale che non sono stati rintracciati. Il trittico *Homenaje a Lope de Vega* di Turina e la canzone *Tan vivo esta en mi alma* di Conrado del Campo furono scritti per il concerto-omaggio a Lope de Vega del Conservatorio di Madrid al Teatro Espanol di Madrid nel dicembre 1935. Un'altra canzone scritta per un concerto fu *Ay amargas soledades*. Questa melodia anonima del XVII secolo, tratta dal canzoniere torinese[289] , fu adattata ed eseguita al pianoforte da Felix Lavilla per un recital con altre canzoni con testi di Lope de Vega che tenne accompagnando il tenore Manuel Cid al Teatro Espanol di Madrid[290] . Voro Garaa Fernandez ha composto il ciclo *De el alma*, che comprende *A la noche* e *A mis soledades voy*, commissionato dal Festival Festclasica in occasione del 400° anniversario della morte di T. L. De Victoria. L'*Homenatge a Lope de Vega* di Josep Casanovas, del 1962, oggi perduto, fu presumibilmente scritto per il IV centenario della nascita del poeta.

Esistono diversi casi di opere accademiche. Jose Peris Lacasa ha composto ed eseguito in prima assoluta *Pobre barquilla mia* nel 1952 e *Mananicas foridas* nel 1955, così come Jose Maria Benavente il suo *Triptco navideno de Lope de Vega*, del 1956, tutti "esercizi scolastici" presso il Real Conservatorio Superior de Musica de Madrid[291] . Dell'anno accademico 1998-99 sono i quattro sonetti di Di'az Yerro, scritti ed eseguiti in prima assoluta, sempre come lavori di classe di composizione, presso l'Universitat fur Musik und Darstellende Kunst di Vienna.

Le *Canciones de la Barraca,* di Joaquin Nin-Culmell, due delle quali con testi di Lope e un'altra di Tirso de Molina, anche se erroneamente attribuite al nostro poeta dal compositore, sono state scritte per musicare un quaderno tenuto da Luis Saenz de la Calzada e Angel Barja con brani cantati negli spettacoli della compagnia teatrale *La Barraca* diretta da Federico Garcia Lorca, alla cui memoria sono dedicate, insieme ai membri del gruppo teatrale e a Tierry Mobilion, amico del compositore.

Solo una canzone è stata commissionata dalla RNE: *A enterro de Cristo* di Francisco Escudero.

---

[289] Cfr. QUEROL, Miquel, Cancionero musical de Lope de Vega, II. Poesias sueltas, op. cit. p. 5.

[290] La data esatta e lo scopo di questo concerto sono incerti. La documentazione con i dettagli di questo concerto è andata perduta a causa dell'incendio che nel 1975 distrusse, oltre all'edificio, l'intero archivio documentario. Il tenore Manuel Cid, protagonista vocale del recital, in una conversazione telefonica con l'autore di questo lavoro (25-11-2011), ci informa che il concerto comprendeva opere con testi di Lope, tra cui la già citata *Ay amargas soledades*, i due *Lieder* di Hugo Wolf, *Die ihr schwebet* e *Weint nicht, ihr Augelein*, il brano di Brahms *Geistliches wiegenlied,* eseguito con viola e pianoforte, come nella partitura originale, oltre ad altre composizioni di musicisti dell'epoca di Lope come Monteverdi, insieme ad altre canzoni con testi di Bertold Brecht. Anche il motivo di questo concerto non è chiaro. Sembra che fosse un'attività complementare a una produzione di una commedia di Lope de Vega. Cid spiega anche che la melodia anonima *Ay amargas soledades* era una delle preferite di Lavilla, che in quegli anni la eseguiva spesso in un arrangiamento, non di suo gradimento, di José Maria Goma, e che Lavilla la scrisse appositamente per questo recital. L'attuale malattia di Felix Lavilla ci impedisce di conoscere ulteriori dettagli e di contrastare le informazioni offerte da Manuel Cid.

[291] MARTINEZ DEL FRESNO, Beatriz, *Julio Gomez. Un'epoca..., op. cit*, p. 509-512.

Trenta dei brani sono annotati con una dedica in testa alla partitura. La maggior parte di esse sono dedicate ai cantanti che le hanno eseguite per la prima volta, come i quattro sonetti che Diaz Yerro dedica al baritono Alfredo Garcia, i *Dos cantares de Lope de Vega* di Bacarisse al soprano Amparito Peris, che li ha eseguiti e registrati per la prima volta a Parigi, *Lo fingido verdadero, Blancas coge Lucinda las azucenas* e *Cancion de siega,* di Guervos a Mercedes Garcia Lopez, *Copla de Anlano* di Moreno Torroba, dedicata al soprano russo Dagmara Renina, molto attiva a Madrid negli anni Venti, *Soneto* di Miquel Ortega al baritono Federico Gallar, *Ay, amargas soledades* di Felix Lavilla al tenore Manuel Cid, *Madre, unos ojuelos vi* di Toldra al soprano Mercedes Plantada, *Homenaje a Lope de Vega* di Turina al soprano Rosita Hermosilla, *Cancion de vela* di Matilde Salvador al famoso soprano Victoria de los Angeles, anche se non fu lei a eseguirla per la prima volta, lo fece il soprano valenciano Emilia Munoz nella versione orchestrale, e infine *Los ojos verdes* di Julio Perez Aguirre, al baritono di successo internazionale di fine Ottocento e inizio Novecento Ramon Blanchart.

Jose Maria Guervos dedicò tre delle sue *Cinco canciones* ad altri colleghi insegnanti del Conservatorio di Madrid: *Lo fingido verdadero* al violinista Antonio Fernandez Bordas, *Trebole* al professore di armonia Benito Garcia de la Parra, e *Blancas coge Lucinda las azucenas* alla già citata insegnante di canto Mercedes Garcia Lopez, che la eseguì in prima assoluta insieme ad altre due canzoni del ciclo, *Lo fingido verdadero* e *Cantar de siega*. I destinatari delle altre due canzoni rimanenti furono due parenti, la sorella Carmen, *Cantar de siega,* e la nipote Florinda, *Riberitas hermosas*. Allo stesso modo, Fernando Colodro dedicò *Mananicas floridas* alla nipote Laura, Conrado del Campo la *Cancion de la pastora Finarda* alla figlia Elsa e *Voro Garcia* alla moglie.

Joaquin Rodrigo ha reso omaggio all'amicizia con il diplomatico spagnolo a Parigi Aurelio Vinas dedicando *Coplas del pastor enamorado* e uno dei suoi più famosi successi del genere vocale, l'entranable *Pastorcito Santo* a un altro grande amico di famiglia, il dottor Jack Schermant. L'amicizia personale con il direttore del Pontificio Istituto di Musica Sacra Valentin Miserachs, che ha fatto da trasmettitore, è stato il legame che ha fatto sì che Vicente Miguel Peris dedicasse *Tonadila navidena,* basata sul poema "Las pajas del pesebre", a Papa Benedetto XVI.

Nel 1939 Matilde Salvador scrisse le sue *Sei canzoni spagnole*, dedicandole a Manuel de Falla, al quale le inviò con l'intenzione di fargli conoscere la sua musica. Ricevette una lettera da Manuel con commenti incoraggianti, anche se il viaggio in Argentina e la successiva morte di Falla vanificarono l'inizio del loro rapporto professionale e di amicizia[292] . Tre delle sei canzoni, *Valenciana, Castellana, Gallega,* hanno testi di Lope, le altre hanno testi di Gil Vicente e anonimi. In questo ciclo di canzoni la compositrice di Castellón segue, come molti altri compositori del suo tempo e successivi, il modello stabilito da Falla nelle sue *Siete canciones populares espanolas*.

REGISTRAZIONI. LE ANTEPRIME

Le registrazioni attualmente disponibili di canzoni con testi di Lope non danno un'ampia rappresentazione dei titoli e dei compositori. Le 198 registrazioni che riportiamo nel nostro catalogo sono distribuite su 31 titoli, quindi ce ne sono ancora 76 non registrati.

Tabella 11: Lettere con registri sonori.

Titolo	Compositore	Numero di registrazioni
Mamma, ho visto degli occhielli	Eduard Toldra	
Il Santo Pastore	Joaquin Rodrigo	
Coplas del pastore innamorato		
Cantarcillo	Eduard Toldra	
Non piangere, occhietti	Enrique Granados	
Quando ti guardo così bella	Joaquin Turina	

[292] SOLBES, Rosa, Matilde Salvador, converses amb una compositora apassionada, Tandem, Castello, 2007,

Al val de Fuente Ovejuna		
Se con i miei desideri		
Alla sepoltura di Cristo	Francisco Escudero	
Lavami nel Tago	Joaquin Nin-Culmell	
Lavami nel Tago		
Vigilia di San Giovanni	Pascual Rodriguez	
Oh, amara solitudine	Felix Lavilla	
Benvenuti	Joaqum Nin-Culmell	
Sulla montagna da solo	Salvador Bacarisse	1
Che è stato ucciso di notte		1
Cantarcillo	Mercedes Carol	1
Sonetto	Enrique Casal Chap!	1
Romancillo		1
Seguidillas della notte di San Juan	Gustavo Duran	1
Canto di Natale	Julio Gomez	1
Piccoli fiumi bellissimi	Jose Marla Guervos	1
Alla morte di Gesù	Jose Luis Iturralde	1
Sonetto	Miquel Ortega i Pujol	1
Sulla montagna da solo	Manuel Palau	1
I mannikin in fiore	Jose Peris Lacasa	1
Dolcissimo Signore, ero cieco	Eduardo Rincon	1
I mannikin in fiore		1
Che cosa ho io per cui tu cerchi la mia amicizia?		1
Chitarra	Joan Maria Thomas	1
I mannikin in fiore	Enrique Truan	1

La tabella precedente mostra che le otto canzoni più frequentemente registrate, quelle di Toldra, Rodrigo, Granados e Turina, rappresentano il 75% delle registrazioni disponibili fino ad oggi. Tra queste ci sono due canzoni, *Madre, unos ojuelos v* di Toldra e *Pastorate Santo* di Rodrigo, che si distinguono nettamente dalle altre, con il 39%. Di tutte le registrazioni attualmente disponibili, 117 sono riprese della Radio National de Espana conservate nel suo archivio sonoro, 69 sono registrazioni moderne o rimasterizzazioni su CD, 8 sono conservate su LP o cassetta e 1 su nastro.

Si conosce solo l'uscita di 36 delle 109 canzoni. Tra queste, conosciamo la prima di *Celos, que no me matais* di Julio Gomez, ma non la data. Confrontando l'elenco delle canzoni eseguite in prima assoluta in un concerto pubblico con la precedente tabella delle registrazioni, dobbiamo aggiungere a questo numero quelle che sono state almeno eseguite in prima assoluta direttamente in una registrazione.

ATTRIBUITI, ESCLUSI e PERSI

Pur non avendo inserito nel catalogo le canzoni con testi attribuiti a Lope, desideriamo darne notizia per evitare future confusioni, visto che per errore compaiono nella partitura o nelle schede di catalogo degli archivi o delle biblioteche in cui queste canzoni sono conservate.

1.   Il più antico è di J. Ramon Gomis[293] , intitolato *Yo.... ¿para que naci?* con una poesia di Fray Pedro de los Reyes[294][295][296] , pubblicato da Almagro y Cia. intorno al 1900. La partitura riporta il

---

[293] Nato nel 1856, morto nel 1939. Una copia della partitura si trova nella BNE.

[294] Edward M. Wilson in un articolo sulla poesia religiosa di Miguel Barrios racconta: "La sua poesia *Real consideration del hombre* è la glossa di un'*ottava* che inizia: "Yo, ¿para que naci? Para salvarme..."". Secondo Lope de Vega, questa strofa è stata scritta da Fray Pedro de los Reyes; è stata imparata a memoria da migliaia di bambini spagnoli cattolici-romani". [La sua poesia *Real consideracion del hombre* è una glossa di un'ottava che

sottotitolo "Pensamiento de Lope de Vega".

2.   Emilio Lopez de Saa Paramo ha composto nel dicembre 1979 la canzone *La nina blanccE,* il cui testo attribuisce a Lope. L'espressione "nina blanca" o "nina blanca" compare in alcune opere di Lope e dei suoi contemporanei. La troviamo nella canzone "*E Arauco domado* Jerizaua piragua" (Manuel Garcia scrisse una canzone con questo testo intorno al 1818), in *Pastores de Belen, Rimas sacras* e *La madre de la mejor*[9] . Margit Frenk trova "Que despertad, la nina blanca,..." in Velez de Guevara e in *El labrador de Tormes* di Lope, oltre che nel Romancero di Madrigal[297] , il che ci dà un'idea della popolarità dell'espressione, ma in nessuno dei casi citati il testo coincide con quello della canzone di Lopez de Saa[298] .

3.   Joaquin Nin-Culmell compose la canzone "La Mari-Juana"[299] attribuendo erroneamente il testo a Lope de Vega: "La Mari-Juana, la que cantaba, / bebia vino, se emborrachaba / y a su nino tetica le daba". Queste parole coincidono esattamente con quelle annotate in un quaderno che Garcia Lorca scrisse con alcuni testi delle canzoni da lui ideate per La Barraca[300] . Garcia Lorca, con la sua compagnia, rappresentò *El burlador de Sevilla* di Tirso de Molina a Santander e Zamora. Per la scena del matrimonio di Aminta e Batricio mise in scena un matrimonio popolare con musica[301] , tra cui una canzone con lo stesso testo della canzone di Nin.

L'opera *Romance del comendador de Ocana* è stata originariamente scritta da Joaquin Rodrigo per soprano e orchestra nel 1947. Esiste una versione per voce e pianoforte dello stesso compositore, ma il testo non è interamente di Lope. Joaquin de Entrambasaguas rielabora diversi frammenti di *Peribanez,* utilizzando come base i versi dell'intervento di Casilda nel II atto, "Labrador de lejas tierras,..." (vv. 1554-1617) e della canzone cantata da un mietitore verso la fine dello stesso atto (vv. 1918-1929), che contiene la romanza considerata il germe della tragicommedia[302] :

Più voglio Peribanez

con il suo mantello la pardilla,

che al Comandante di Ocana

con la propria guarnigione.

L'intervento di Entrambasaguas sull'originale di Lope è notevole, cambiando luoghi, tagliando e

---

inizia: "Yo,(q>para que naci? para salvarme" [Io, per cosa sono nato? per salvarmi). Secondo Lope, questo distico è stato scritto da Fray Pedro de los Reyes ed è stato imparato a memoria da migliaia di bambini cattolici spagnoli.... (traduzione dell'autore)]. WILSON, Edward M., "Miguel de Barrios e la poesia religiosa spagnola", *Bulletin of Hispanic Studies,* 40, 1963, p. 177.

[295] La partitura autografa è conservata nella biblioteca della FJM con il numero M-2544-B. Composta nel dicembre 1979, è sottotitolata "cancion lirica" ed è dedicata "A mi hija Iris". Esiste una registrazione del 1982 su un LP Columbia, CS 8589, cantata da Dolores Cava, con lo stesso compositore al pianoforte.

[296] CORDE recupera 6 casi di "nina blanca" e 22 di "nina blanca" di autori diversi tra il 1550 e il 1650. Real Academia Espanola, Corpus Diacronico del Espanol [online], <http://corpus.rae.es/cordenet.html> [accesso: 6-10-2011].

[297] FRENK, Margit, *Nuovo corpus, op. cit.* p. 738.

[298] "(T)o dove va la ragazza bianca al mattino / Se la neve si è posata sulla montagna / Quando la ragazza bianca va in montagna / Nei ruscelli la neve fugge invidiosa / Non correre così di fretta / Perché al suono delle acque la ragazza dorme / La ragazza dorme, jjAy!

[299] *La Mari-Juana,* n. 2 di *Canciones de La Barraca,* di Joaquin Nin-Culmell [iredita].

[300] Già citata, è quella conservata da Luis Saenz de la Calzada e Angel Barja, con la quale Nin-Culmell compose le *Canciones de La Barraca.*

[301] AUCLAIR, Marcelle, *Vida y Muerte de Garcia Lorca,* Era, Messico, 1972, p. 258. L'autrice riferisce che "per il matrimonio di Aminta e Batricio i violini suonarono con un ritmo diabolico, le danze erano ispirate a quelle andaluse e le canzoni rasentavano il picaresco: "La Marijuana, la que cantaba / Bebia su vino, se emborrachaba, / y a su nino tetica le daba. / Andò nel frutteto / a tagliare rametti di verbena / e tu esci, e tu esci, voglio vederti / saltare e saltare...". Luis Saenz de la C alzada, raccontando il matrimonio di Aminta e Batricio da *El Burlador de Sevilla* nella messa in scena di Lorca, ricorda: "Questa volta avevamo l'accompagnamento del violino, perché Carmelo Risoto e Mario Etcheverri sapevano suonare questi strumenti. Canti e balli. [.]; e anche: "La Marijuana / la que cantaba / bebia vino / siempre bailaba / y a su nino tètica la daba. E i ballerini si alternavano. E tu esci, voglio vederla / saltare e saltare e camminare nell'aria [.]". SAENZ DE LA CALZADA, Luis, "*La Barraca,* Teatro Universitario", *Revista de Occidente,* Madrid, 1976, p.80-81.

[302] BLECUA, Alberto; SALVADOR, Gerardo, prologo all'edizione di *Peribanez y el comendador de Ocana,* Prolope, parte IV, vol. I, p. 415.

aggiungendo versi, modificando, aggiungendo o alterando la posizione di alcune parole, motivo per cui abbiamo preso la decisione di escluderlo dal catalogo. Escludiamo anche le versioni per voce e pianoforte delle arie della zarzuela *El hijo fingido* che Rodrigo scrisse tra il 1955 e il 1960, in quanto si tratta di adattamenti di Victoria Kamhi e Jesus de Arozamena da frammenti rielaborati delle commedie *¿D)c cuando aca nos vino?* e *Los ramilletes de Madrid*.

I seguenti brani non sono stati rintracciati in nessuno dei numerosi archivi e biblioteche consultati per la preparazione del catalogo. Ne conosciamo l'esistenza grazie ai riferimenti presenti in alcuni cataloghi di compositori pubblicati, come quelli della SGAE, nei cataloghi pubblicati con le opere pubblicate o in prima esecuzione in Spagna utilizzati per la compilazione del catalogo[303] , così come nei commenti presenti nei manuali e negli studi sulla storia della musica spagnola o nelle monografie dei compositori, e in tutti i libri e articoli che abbiamo consultato. Poiché non disponiamo delle partiture per estrarne i dati necessari, le abbiamo escluse dal catalogo.

1. Miguel Asins Arbo: *Aegres pastores*. Secondo il catalogo SGAE[304] è del 1963 e appartiene alla raccolta *Cuatro villancicos sobre textos antiguos*, che comprende: I. Alegres mudanzas (testo di Joaquin de Hinojosa, II. Alegres mudanzas (testo di Joaquin de Hinojosa), II. Alegres pastores (Lope de Vega), III. Este nino se lleva la flor (testo di José de Valdivieso), IV. Mananicas floridas (Lope de Vega). La tesi di dottorato di Jose Miguel Sanz Garcia[305] , "Miguel Asins Arbo: Musica y cinematografia. Analisis musico-visual de sus composiciones en la filmografia de Luis Garcia Berlanga", include un catalogo del compositore in cui si dice che la partitura si trova nella SGAE, tuttavia non risulta registrata in questa Società. Né questo brano né la raccolta a cui presumibilmente appartiene si trovano nell'Archivio Miguel Asins Arbo, appartenente alla Biblioteca Valenciana, dove è stato depositato l'archivio della famiglia del compositore.

2. Josep Casanovas Puig: *Homenatge a Lope de Vega*. Scritta nel 1962, nell'anno del IV Centenario, non sappiamo se il testo della canzone sia di Lope o se sia un testo di altra penna scritto in suo omaggio. Purtroppo non siamo riusciti a rintracciare la partitura, trattandosi di un'opera importante sia per la data di composizione sia per essere una composizione che segue i principi dell'atonalità, caratteristica poco frequente nel nostro catalogo.

3. Luis Coello: *Cancion de Cuna*. Si tratta di un lavoro accademico della classe di composizione di Julio Gomez al Conservatorio di Madrid. Eseguito per la prima volta in un concerto di studenti di composizione il 17-12-1956[306][307] .

4. Arturo Duo Vital: *Alamos delprado*[M] .

5. Francisco Esbri: raccolta di canzoni con testi di Lope de Vega premiate al Concorso Nazionale del 1935[308] .

6. Ernesto Halffter: *Efectos de amor*, del 1940. Canzone incompiuta, parte di un progetto compositivo incompiuto intitolato *Cinco canciones de amor*, del 1940, composto da *Efectos de*

---

[303] Essenzialmente: ACKER, Yolanda; ALFONSO, M.ª de los Angeles; ORTEGA, Judith; PEREZ CASTILLO, Belen (eds.), *Archivo historico de la Union Musical Espanola, partituras, metodos, librettos y libros*, Instituto Complutense de Ciencias Musicales (ICCMU), Madrid, 2000; GOSALVEZ LARA, Carlos Jose, *La edicion musical espanola hasta 1936*, AEDOM, Madrid, 1995; GUTIERREZ DORADO, Pilar; MARCOS PATIÑO, Cristina (Coords.), *20 anos de estrenos de musica: 1985-2004* (CD-ROM), Centro de Documentation de Musica y Danza, Madrid, 2004; IGLESIAS, Nieves (dir.), *La musica en el Boletin de la Propiedad Intelectual 1847-1915*, Biblioteca Nacional, Madrid, 1997.

[304] ACKER, Yolanda, SUAREZ-PAJARES, Javier, *Miguel Asms Arbo*, SGAE, Madrid, 1995.

[303] SANZ GARCIA, Jose Miguel, Miguel Asins Arbo: Musica e cinematografia. Analisi musico-visiva delle sue composizioni nella filmografia di Luis Garcia Berlanga, tesi di dottorato, Università di Valencia, Valencia, 2008, pag. 692.

[306] Come già detto, Martinez del Fresno annota i programmi di tutti i concerti accademici tenuti dagli studenti di Julio Gomez al Conservatorio di Madrid. MARTINEZ DEL FRESNO, Beatriz, *Julio Gomez. Un'epoca..., op. cit.*, p. 509-512.

[307] Opera del 1951. Non è stato possibile localizzarla. Il catalogo delle opere di questo compositore avverte che è fuori catalogo: LASTRA CALERA, Julia, *Arturo Dlio Vital*, Catalogos de compositores, Fundacion Autor, Madrid, 1999, p. 88: TINNELL, Roger, *Catalogo anotado, op. cit.* p.494.

[308] Si veda la sezione 3.2.4 del Capitolo III.

amor (Lope de Vega), *Cancion de Dorotea* (Cervantes) e *Tres redondillas* (Camoens)[309] .

7.   Anton Garcia Abril: *Mananicas foridas*. Secondo una conversazione con il compositore, questo brano era un lavoro accademico della classe di composizione di Julio Gomez al Conservatorio di Madrid. Non lo conserva nel suo archivio personale[310] .

8.   Fernando Moraleda Bellver: *Soneto,* del 1935. Non è più esistente. Faceva parte di *Cuatro canciones con textos de Lope de Vega,* insieme a *Chanzoneta, Dicha* e *Pobre barqula mia.* Dalla data e dal luogo di composizione, indicati accanto alla firma del compositore alla fine della copia manoscritta delle tre superstiti, "Madrid, settembre 1935", dal numero di opere del gruppo e dall'autore dei testi, potrebbe trattarsi di un gruppo di canzoni scritte per il Concorso Nazionale di Belle Arti[311] . Le tre canzoni sopravvissute recano indicazioni a matita rossa in testa a ciascuna: *Chanzoneta,* "n° 9", *Dicha,* "n° 10/ copiar en parte de apuntar", e *Pobre barqula mia,* "n° 9", il che fa supporre che Moraleda possa aver utilizzato successivamente questi brani in alcuni dei numerosi spettacoli teatrali per i quali era responsabile delle musiche di scena grazie ai suoi rapporti professionali con diverse compagnie e teatri di Madrid. È possibile che *Soneto* sia andato perduto quando ha tolto i fogli su cui era scritto per le prove o la rappresentazione di un ipotetico spettacolo in cui è stato utilizzato. Con ogni probabilità Moraleda prese i testi delle prime tre canzoni da un'antologia di poesie di autori del Secolo d'Oro pubblicata nel 1917[312] . Questa comprende undici poesie di Lope de Vega, alcune delle quali sono intitolate dall'editore. Due di esse, *Dicha* e *Chanzoneta, sono* musicate da Moraleda, che le intitola allo stesso modo; da ciò si deduce che il compositore ha preso i testi dall'antologia, poiché questi titoli non sono di Lope e non si trovano in nessun'altra raccolta. È molto probabile che quella intitolata *Soneto,* al momento introvabile, fosse una delle cinque poesie in questa forma poetica ivi raccolte, che iniziano con "Agradar al discreto, al mas mirado", "No es tan robusta sobre el alta sierra", "Rompe una pena el agua cuando estriba", "Halla con lengua, lagrimas y ruego" o "Ya solo de mi engano me sustento". La quarta canzone del gruppo, *Pobre barquila mi'a, un* frammento de *La Dorotea,* non è presente in questa antologia, ed è l'unica che riporta il titolo della prima strofa, scritto tra parentesi.

9.   Jose Munoz Molleda: *No Iloreis Virgenpiadosa.* Nel catalogo della SGAE si legge che la partitura è conservata nell'archivio di famiglia[313] . Tuttavia, la partitura non è tra quelle catalogate

---

[309] ACKER, Yolanda, "Ernesto Halffter: uno studio sugli anni 1905-1946", *Revista de musicologa,* Vol. 17, N° 1-2, 1994, p. 168. Si veda anche GAN QUESADA, German, "Variaciones sobre el tema cervantino en la musica de la familia Halffter", *Cervantes y el Quijote en la musica estudios sobre la recepcion de un mito,* Lolo, Begona (a cura di), Centro Estudios Cervantinos, Madrid, 2007, pp. 387-388.

[310] Fernando Cabanas annota il titolo come *Mananicas de mayo,* per soprano e pianoforte, del 1955, avvertendo che è fuori catalogo. CABANAS ALEMAN, Fernando J., *Anton Garcia Abril. Sonidos en Ibertad,* ICCMU, Madrid, 1993, p. 167.

[311] Seguiamo qui le argomentazioni avanzate, in relazione al Concorso Nazionale, nello studio delle canzoni di Casal Chapi.

[312] *Poesias ineditas de Herrera el Divino, Quevedo, Lope de Vega, Argensola (Lupercio), Gongora, Marques de Urena y Samaniego, Maria Gertrudis Hore, Alvaro Cubillo de Aragon, Juan de Matos Fragoso, Cristobal del Castillejo, Luis Galvez de Montalvo, Zaida poetisa morisca), Tirso de Molna, Baltasar de Acazar,* Editorial America, Madrid, 1917. Nell'introduzione al libro si legge che le poesie di Lope de Vega incluse nel volume sono tratte dal codice 3.985 [BNE, MSS/3985, del Duque de Uceda]. Si tratta di: "Era Ines de Gil querida", il sonetto "Agradar al discreto, al mas mirado", *Dicha':* "jQ.ue poco duran las dichas!", il *Trozo de comedian* "Y en tres noches, Diana", *Clianzoneta'.* "Oh, amici miei! Cosa vedo", *Dilinas manos de Cloris.* "Clori, la cui mano bianca", *La puerta del alma':* "Por verte a ti, senora", e i sonetti "No es tan robusta sobre el alta sierra", "Rompe una pena el agua cuando estriba", "Halla con lengua, lagrimas y ruego" e "Ya solo de mi engano me sustento" (pp. 63-84). Per quelli con titolo, si tratta del titolo dell'editore. Il manoscritto del XVII secolo, MSS/3985, con il titolo *Poesias diversas,* proviene dalla biblioteca del Duca di Uceda, e contiene poesie di Martin de Urbina, Luis de Ulloa Pereira, Bartolome Leonardo de Argensola, Figueroa, Paravicino, Francisco de la Cueva, Gongora, Fabbio, Lope de Vega, Quevedo, Salinas, Juan de Rojas, Luis de Resa, Esquivel, P. G., P. G., P. G., P. G., P. G., P. G.... Ignacio de Vitoria, Melchor de la Sema... y anonimas. Biblioteca Nazionale, *Inventario Generale dei Manoscritti della BNE,* vol. X, Madrid, 1953-2001, p. 233. [Versione online].

[313] GARCIA EST'EFANIA, Alvaro, *Jose Munoz Molleda,* Catalogos de Compositores, Fundacion Autor, Madrid, 2000, p. 33.

da Gemma Perez Zalduondo nel suo studio sul compositore[314] , compilato a partire da quell'archivio. Composta nel 1978, fu commissionata dalla RNE e presentata in prima assoluta alla Casa de la Radio il 3-31978 da Pura Maria Martinez e Rogelio Rodriguez Gavilanes[315] . L'opera è registrata nella SGAE, ma non ne esiste una copia, ma solo alcune battute del cifrario, come era consuetudine quando si trattava di opere di piccole dimensioni.

10. Jose Peris Lacasa: *Pobre barquila mi'a.* Questa canzone, frutto del lavoro accademico con Julio Gomez al Conservatorio di Madrid, non si trova nel suo archivio personale, secondo quanto dichiarato dallo stesso compositore,[316] . Fu eseguita per la prima volta il 21-5-1952 da Teresa Berganza in un concerto di esercizi accademici presso lo stesso conservatorio .[317]

11. Eduardo Rincon: *Cogiome a tu puerta el toro,* del 1964. L'autore, in una conversazione via e-mail, ci informa che è una delle prime canzoni che ha composto, ma è scomparsa.

12. Eduardo Martinez Torner: *La nina a quien dio el angel* e *Psare yo el polvico*, citati da Tinnell[318] , non si trovano nell'Archivo de Musica de Asturias, dove è conservata la sua opera.

---

[314] PEREZ ZALDUONDO, Gemma, El compositor Jose Munoz Molleda. Dalla generazione del 27 al franchismo, Zejel, Almeria, 1989.
[315] Esiste una registrazione nell'archivio RNE. La durata è di 6' 10".
[316] Jose Peris Lacasa ci ha gentilmente fornito una copia di un'altra canzone del suo archivio personale che abbiamo catalogato, *Mananicas floridas*, anch'essa risalente al periodo studentesco.
[317] MARTINEZ DEL FRESNO, Beatriz, *Julio Gomez. Un'epoca..., op. cit* p. 509-512.
[318] TINNELL, Roger, *Catalogo anotado..., op. cit.,* p. 497.

Fonti e bibliografia

FONTI LETTERARIE

Poesias ineditas de Herrera el Divino, Quevedo, Lope de Vega, Argensola (Lupercio), Gongora, Marques de Urena y Samaniego, Maria Gertrudis Hore, Alvaro Cubillo de Aragon, Juan de Matos Fragoso, Cristobal del Castillejo, Luis Galvez de Montalvo, Zaida (poetessa moresca), Tirso de Molina, Baltasar de Alcazar, Editorial America, Madrid, 1917.

VEGA CARPIO, Lope Felix de, *La buena guarda,* a cura di Maria del Carmen Artigas, Verbum, Madrid, 2002.

La esclava de su galan, Editorial Estampa, Madrid, 1935.

— *--El caballero de Olmedo*, a cura di José Manuel Blecua, Ebro, Saragozza, 1968.

— *--El caballero de Olmedo*, a cura di Rafael Maestre, Aguaclara, Alicante, 1992.

— *--El caballero de Olmedo*, a cura di Alfredo Hermenegildo, Salamanca, Colegio de Espana, 1992.

— *--El Caballero de Olmedo*, a cura di F. Rico, Catedra, Madrid, 2002.

— --, Coleccion escogida de obras no dramaticas de Frey Lope Felix de Vega Carpio, a cura di Cayetano Rosell, Rivadeneyra, Madrid, 1856.

— --, *Comedias,* ed. Grupo ProLope, Milenio, Lleida, 1997- [Finora sono state pubblicate le prime dieci parti].

— --, *La Dorotea,* a cura di Edwin S. Morby, Castalia-University of California Press, Madrid-Berkley, 1968.

— *--La esclava de su galan*, Editorial Estampa, Madrid, 1935.

---*Lo fingido verdadero*, a cura di Mariateresa Cattaneo, Bulzoni Editore, Roma, 1992.

Fuente Ovejuna, a cura di Donald McGrady, Critica, Barcellona, 1993.

---*Fuente Ovejuna*, a cura di Rinaldo Froldi, Madrid, Espasa Calpe, 1995.

Fuente Ovejuna, a cura di Juan Maria Marin, Catedra, Madrid, 1981.

Opere di Lope de Vega pubblicate dalla Real Academia Espanola, a cura di Marcelino Menendez Pelayo, 15 volumi, Rivadeneyra, Madrid, 1890-1913.

Obras de Lope de Vega , a cura di Emilio Cotarelo y Mori, 13 volumi, RAE, Tipografia de la "Revista de Arch., Bibl. y Museos", Madrid, 1916-1930.

Pastori di Betlemme , a cura di Antonio Carreno, PPU, Barcellona, 1991.

Peribanez y el comendador de Ocana , a cura di Donald McGrady, Critica, Barcellona, 2002.

---*Peribanez y el comendador de Ocana,* a cura di Teresa Ferrer, Biblioteca Virtual Miguel de Cervantes, 2002.

---, *Peribanez y el comendador de Ocana,* a cura di Felipe B. Pedraza, PPU, Barcellona, 1988. Pedraza, PPU, Barcellona, 1988.

Rimas Sacras [edizione in facsimile], Joaquin de Entrambasaguas (a cura di), Consejo Superior de Investigaciones Cientficas, Madrid, 1963.

Rimas , a cura di Jose Manuel Blecua, Planeta, Madrid, 1983.

— --, *Rimas,* a cura di Felipe B. Pedraza, Università di Castilla-La Mancha, Cuenca, Cuenca, 2 voll. Pedraza, Università di Castilla-La Mancha, Cuenca, 19931994, 2 voll.

Rimas divinas y humanas delicenciado Tome de Burguiilos, a cura di Macarena Cuinas Gomez, Catedra, Madrid, 2008.

Rimas humanas y otros versos , a cura di Antonio Carreno, Critica, Barcellona, 1998.

— --, *Rimas sacras,* a cura di Antonio Carreno e Antonio Sanchez Jimenez, Iberoamericana-Vervuert, Madrid-Francoforte sul Meno, 2007.

FONTI MUSICALI

PUNTEGGI SCRITTI A MANO

CAMPO y ZABALETA, Conrado del, *Una dama se vende a chi la vuole,* partitura manoscritta, SGAE, Box 8.51.

GOMEZ GARCIA, Julio, *Cuatro poesias liricas de Lope de Vega,* manoscritto, Biblioteca

Nacional de Espana, sig. MP/5352/1.

(Que tengo yo que mi amistad procuras?)   , manoscritto, Biblioteca Fundacion Juan March, sig. M-766-A.

— --, *La Verdad*, manoscritto, Biblioteca Fundacion Juan March, sig. M-767-A.

— --, *Villancico*, manoscritto, Biblioteca Fundacion Juan March, sig. M-771-A.

— --, *Villancico*, manoscritto, Biblioteca Fundacion Juan March, sig. M-772-A.

— --, *Celos, que no me matais*, manoscritto, Biblioteca Fundacion Juan March, sig. M-768-A.

Celos, que no me matais, manoscritto, Biblioteca Fundacion Juan March, sig. M-769-A.

— --, *Celos, que no me matais*, manoscritto, Biblioteca Fundacion Juan March, sig. M-770-A.

MINGOTE, Angel, *Canciones espanolas con textos de Lope de Vega,* manoscritto, Archivo Emilio Reina, Zaragoza, sig. ERG 88 A1.

MORALEDA, Fernando, *Cuatro canciones con textos de Lope de Vega*, partitura manoscritta, Biblioteca Nacional de Espana, sig. M.MORALEDA/9.

PUNTEGGI MODIFICATI

ALONSO, Celsa (a cura di), Manuel Garcia (1775-1832). Canciones y caprichos liricos, ICCMU, SGAE, Madrid, 1994.

ALTISENT, Joan, Seis canciones inspiradas sobre poesias espanolas de la Edad Media y del Renacimiento, A. Boileau y Bernasconi, Barcelona, 1951.

BARRERA, Antonio, *Canciones del Siglo de Oro*, Real Musical, Madrid, 1986.

CAROL, Mercedes [Mercedes Garcia Lopez], *Cinco canciones [Cinque canzoni],* Union Musical Espanola, Madrid, 1964.

CASAL CHAPI, Enrique, *Dos fragmentos del caballero de Olmedo,* Ediciones del Consejo Central de la Musica, Barcellona, 1938.

Tres cantares de Lope de Vega , Ediciones del Consejo Central de la Musica, Barcellona, 1938.

ESCUDERO, Francisco, *Al entierro de Cristo*, Alpuerto, Madrid, 1975.

FALLA, Manuel de, *Siete Canciones populares espanolas,* Ediciones Manuel de Falla, Madrid, 1998.

GARCIA DE LA PARRA y TELLEZ, Benito, *Cancionero espanol, cuaderno primero,* Juan Bta. Pujol Editores, Barcelona, [1943].

GRANADOS, Enric, *Obra completa para voz y piano,* a cura di Manuel Garcia Morante, Trito, Barcellona, 1996.

GUERVOS y MIRA, Jose Maria, *Cinco canciones,* Union Musical Espanola, Madrid, 1936.

LARROCA, Angel, *Plegaria a Cristo crucificado*, Jaime Piles, Valencia, [1940].

LAVILLA, Felix, *Ay, amargas soledades*, Real Musical, Madrid, 1988.

LLONGUERES BADIA, Joan, *Seis villancicos de Lope de Vega*, DINSIC, 2002.

MENENDEZ ALEYXANDRE, Arturo, *Madre, unos ojuelos vi,* Barcelona, Talleres Jose Mora, Barcelona, 1944.

MORENO TORROBA, Federico, *Copla de antano,* Copla de antano, Union Musical Espanola, Madrid, 1923.

PALAU, Manuel, *Seis Lieder (Sei Lieder,* Istituto). Valenciano de Musicologia, Istituzione Alfonso el Magnanimo, Piles, Valencia, 1953.

— --, *Villancico*, Piles, Valencia, 1974.

PEREZ AGUIRRE, Julio, *Los ojos verdes*, Sociedad Anonima Casa Dotesio, Barcellona, [1901-1914].

RODRIGO, Joaquin, *Romanticismo del Conde Ocana*, Ediciones Joaquin Rodrigo, Madrid, 1995.

Album centenario canto y piano , Ediciones Joaquin Rodrigo, Madrid, 1999.

— --, Cuatro madrigales amatorios, Chester Music, 2007.

SALVADOR, Matilde, *Cancion de vela,* Piles, Valencia, 1947.

THOMAS, Juan Maria, *Canciones espanolas de instrumentos,* Ediciones Capella Classica,

Mallorca, 1944.

TOLDRA, Eduard, *Seis canciones,* Union Musical Espanola, Madrid, 1992.

TURINA, Joaquin, *Homenaje a Lope de Vega,* Union Musical Espanola, Madrid, 1992.Bibliografia

ACKER, Yolanda, "Ernesto Halffter: uno studio sugli anni 1905-1946", *Revista de musicologia,* vol. 17, n. 1-2, 1994, pp. 97-176.

ACKER, Yolanda; SUAREZ-PAJARES, Javier, *Miguel Asins Arbo,* SGAE, Madrid, 1995.

ACKER, Yolanda; ALFONSO, Mª de los Angeles; ORTEGA, Judith; PEREZ CASTILLO, Belen (eds.) *Archivo historico de la Union Musical Espanola, partituras, methodos, libretos y libros,* Istituto Complutense de Ciencias Musicales (ICCMU), Madrid, 2000.

ALIX, Jose Maria, "Sobre el 'Cancionero' teatral de Lope de Vega: las canciones embebidas y otros problemas", *Lope de Vega y los origenes del teatro espanol: actas del I Congreso Internacional sobre Lope de Vega,* 1981, pp. 533-40.

ALIN, Jose Maria; BARRIO ALONSO, Maria Begona, *Cancionero teatral de Lope de Vega,* Tamesis, Londra, 1997.

ALMEIDA, Pedro, "Gustavo Duran (1906-1969): preludio inconcluso della generazione musicale della Repubblica. Spunti per una biografia", *Revista de Musicologia,* vol. IX / 2, 1986, pp. 511-42.

ALONSO, Celsa, "Felip Pedrell y la cancion culta con acompanamiento en la Espana decimononica: la dificil convivenza de lo popular y lo culto", *Recerca Musicologica,* XIXII, 1991-1992, pp. 305-328.

La cancion espanola desde la monarqui'a fernandina a la restauracion alfonsina", *La musica espanola en el siglo XIX,* Universidad de Oviedo, 1995.

Canciones y musicos asturianos: entre dos siglos", *Canciones de dentro: musica asturiana per voce e pianoforte,* Caja de Asturias, Fundacion Principe de Asturias, Consejeria de Cultura del Principado de Asturias, Oviedo, 1996, pagg. 21-53.

Cancion lrica espanola en el siglo XIX, Istituto Complutense de Ciencias Musicales, Madrid, 1998.

La poesia prebecqueriana e becqueriana: un fermento del lied espanol", *Homenaje a Jose Maria Martinez Cachero,* Universidad de Oviedo, 2000, pp. 41-61.

(a cura di), *Cien anos de cancion lirica espanola (I): 1800-1868,* Istituto Complutense de Ciencias Musicales, Madrid, 2001.

ALONSO, Miguel, *Catalogo delle opere di Conrado del Campo,* Fundacion Juan March, Centro de Documentacion de la Musica Espanola Contemporanea, Madrid, 1986.

ALVAR, Carlos (dir.), *Gran Enciclopedia Cervantina*, 8 volumi, Centro de Estudios Cervantinos, Castalia, Alcala de Henares, 2005- [ad oggi sono stati pubblicati i primi 8 dei 10 volumi].

ALVAREZ CANIBANO, Antonio; CANO, Jose Ignacio; GONZALEZ RIBOT, Mª Jose (eds.), *Ritmo para el espacio. Los compositores espanoles y el ballet del siglo XX,* Centro de Documentacion de Musica y Danza, Madrid, 1998.

Anuario del Real Conservatorio Superior de Musica y Declamacion de Madrid, 1935-1939, Talleres Ferga, Madrid, 1940.

AUCLAIR, Marcelle, *Vida y Muerte de Garcia Lorca,* Era, Messico, 1972.

AVINOA, Xose, "Los congresos del "Motu Proprio" (1907-1928): repercusion e influencias", *Revista de Musicologia,* vol. 27, n° 1, 2004.

BAL y GAY, Jesus, *Treinta canciones de Lope de Vega*, Residencia de Estudiantes, Madrid, 1935.

BAYO, Javier, *Diccionario biografico della danza,* Libreria Esteban Sanz, Madrid, 1997.

BIBLIOTECA NACIONAL, Inventario General de Manuscritos de la BNE, Madrid, 1953-2001, Madrid, 15 volumi [Versione online].

BLECUA TEIJEIRO, José Manuel, *Linca de Lope de Vega,* Castalia, Madrid, 1981.

--Canciones en el teatro de Lope de Vega", *Anuario Lope de Vega,* IX, 2003, pp. 11174.

BROWN, Jane K., "In the begining was poetry", *The Cambridge Companion to the Lied,* James

Parson (ed.), Cambridge University Press, Cambridge, 2004.

BYRD, Suzanne W., *La Fuente Ovejuna di Federico Garci'a Lorca,* Pliegos, Madrid, 2003.

CABALLERO FERNANDEZ-RUFETE, Carmelo, "La musica nel teatro classico", *Historia del teatro espanol,* Javier Huerta Calvo (dir.), Gredos, Madrid, 2003, vol. 1, "De la Edad Media a los Siglos de Oro", p. 677-715.

CABANAS ALEMAN, Fernando J., *Anton Garci'a Abril. Sonidos en libertad,* ICCMU, Madrid, 1993.

CALMELL, Cesar, *Eduard Toldra,* SGAE, Madrid, 1995.

CAMPANA, Patrizia, "Le canzoni di Lope de Vega. Catalogo e spunti per lo studio", *Anuario de Lope de Vega,* 5, 1999, pp. 43-72.

CARRILLO GUZMAN, Mercedes del Carmen, *La musica incidentale nel Teatro Espanol di Madrid (1942-1952y1962-1964),* tesi di dottorato, Università di Murcia, 2008.

CASARES RODICIO, Emilio (dir. e coord.); FERNANDEZ DE LA CUESTA, Ismael; LOPEZ-CALO, Jose (eds.), *Diccionario de la Musica Espanola e Hispanoamericana,* 10 vols., Fundacion Autor-Sociedad General de Autores y Editores, Madrid, 1999-2002.

CASARES RODICIO, Emilio, *Diccionario de la zarzuela espanola e Hispanoamericana,* 2 volumi, ICCMU, Madrid, 2002-2003.

CASTRO, Americo; RENNERT, Hugo A., *Vida de Lope de Vega: (1562-1635),* a cura di Fernando Lazaro Carreter, Anaya, Salamanca, 1968.

CAUDET, Francisco, *Las cenizas del Fenix. La cultura spagnola negli anni '30.* Editorial de la Torre, Madrid, 1993.

CERVANTES, Miguel de, *Don Quijote de la Mancha,* a cura di Francisco Rico, Instituto Cervantes, Critica, 1998.

CHASE, Gilbert, *La musica di Spagna,* Dover, New York, 1959.

CLARAMONTE, Andres de, *La Estrella de Sevilla,* Madrid, a cura di Alfredo Rodriguez Lopez-Vazquez Catedra, Madrid, 2010.

COOKE, Deryck, *I Saw the World End: A Study of Wagner's Ring,* Clarendon Press, Oxford, 1979. [Versione audio: *L'anello del Nibelungo,* CD, Decca, 1968].

CORNEJO, Manuel, "La esclava de su galan, ^comedia de senectute de Lope de Vega?: nuovi dati sugli ambienti sevillani del drammaturgo", *Anuario Lope de Vega,* Volume IX, 2003.

COTARELO, Emilio, *La "Estrella de Sevilla", di Lope de Vega,* Imp. Municipal, Madrid, 1930.

CRAINE Debra; MACKRELL, Judith, "Laurencia", *The Oxford Dictionary of Dance,* Oxford University Press, Oxford, 2010.

CUENCA MUNOZ, Paloma, "La redazione paleografica di testi teatrali antichi: *l'encomienda bien guardada* di Lope de Vega". *III Jornadas Cientfcas Sobre Documentation de Castila e Indias en el siglo XVII,* UCM, Madrid, 2006.

DIEZ DE REVENGA, Francisco Javier, *Teatro de Lope de Vega y lirica traditional,* Universidad de Murcia, Murcia, 1983.

Teatro classico e canzone tradizionale", *Cuadernos de Teatro Clasico,* 3, 1989, 29-44.

Blancas coge Lucinda..." amor y lirica traditional en el teatro de Lope", *Amor y erotsmo en el teatro de Lope de Vega: Actas de las XXVJornadas de Teatro Clasico de Almagro, 2002,* a cura di Felipe B. Pedraza Jimenez e Rafael Gonzalez Canal, Università di Castilla La Mancha, 2003.

Pedraza Jimenez e Rafael Gonzalez Canal, Università di Castilla La Mancha, 2003.

La tradition aurea: sobre la reception del Siglo de Oro en poetas contemporaneos, Biblioteca Nueva, Madrid, 2003.

El Arte nuevo de hacer comedias y la generation del 27: filologia y escena", El Arte nuevo de hacer comedias" y la escena, XXXII Jornadas de teatro clasico, Almagro, 2009.

DRAAYER, Suzanne R., *Art Song Composers of Spain. An Encyclopedia,* Scarecrow Press, Maryland, 2009.

DURAN Agustin, "Poesia popular, drama novelesco", *Obras de Lope de Vega,* a cura di

Marcelino Menendez Pelayo, RAE, Vol. 1, Rivadeneyra, Madrid, 1890, pp. 7-16.

--- (a cura di), Cancionero y romancero de coplas y canciones de arte menor, letras, letrillas, romances cortos y glosas anteriores al siglo XVIII, pertenecientes a los generos doctrinal, amatorio, jocoso, satirico, etc., vol. 3 de Coleccion de romances castellanos anteriores al siglo XVIII, Imprenta de E. Aguado, Madrid, 1829.

ENTRAMBASAGUAS, Joaquin de, Cronos en el metaforismo de Lope de Vega, [edizione speciale di 50 copie numerate], Madrid, 1935.

---Lope de Vega autore di "balletti", ABC, 8-4-1962.

ESTEPA, Luis, "Voz femenina: los comienzos de la lirica popular hispanica y su relación con otros géneros literarios", in Cuadernos de Teatro Clasico, 3, 1989, p. 13.

Voz femenina: los comienzos de la lirica popular hispanica y su relación con otros géneros literarios", in Cuadernos de Teatro Clasico, 3, 1989.

FERNANDEZ SAN EMETERIO, Gerardo, "La herencia lopesca en el teatro musical espanol: La discreta enamorada y Dona Francisquita", Lope de Vega: comedia urbana y comedia palatina. Atti delle XVIII Giornate di Teatro Classico. Almagro, luglio 1995, Almagro, 1996, pp. 157-171.

FERNANDEZ-CID, Antonio, La musica e i musicisti di Spagna nel XX secolo, Cultura Hispanica, Madrid, 1963.

Lieder y canciones de Espana. Piccola storia contemporanea della musica nazionale 1900-1963, Editora Nacional, Madrid, 1963.

FISCHER-DIESKAU, Dietrich, I suoni parlano, le parole suonano. Historia e interpretacion del canto. Turner, Madrid, 1990.

FLOECK, Wilfried, Teatro espanol contemporaneo: autores y tendencias, Reichenberger, Kassel, 1995.

FLOREZ ASENSIO, Maria Asuncion, "Lope "libretista" di zarzuela", Revista de Musicologa, XXI, N° 1, 1998, p. 93-112.

FLORIT DURAN, Francisco, "La recepcion de Lope en 1935: ideologia y literatura", Anuario de Lope de Vega, 6, 2000, pp. 107-124.

FRENK ALATORRE, Margit; BICKFORD, John Albert; KRUGER-HICKMAN, Kathryn, Corpus de la antigua lirica popular hispanica (iiglos XVa XVII), Castalia, Madrid, 1987.

Nuevo corpus de la antigua lirica popular hispanica, siglos XV a XVII, UNAM, Messico, 2003.

GAN QUESADA, German, "Variazioni sul tema cervantino nella musica della famiglia Halffter", Cervantes y el Quiote en la musica: estudios sobre la recepcion de un mito, a cura di Begona Lolo, Centro Estudios Cervantinos, Madrid, 2007, pp. 373-398.

GARCIA ESTEFANIA. Alvaro, Francisco Escudero, SGAE, Madrid, 1995.

Jose Munoz Molleda, Cataloghi di compositori, Fundacion Autor, Madrid, 2000.

GARCIA SANTO-TOMAS, Enrique, La creazione del "Fenix". Recepimento critico e rappresentazione canonica del teatro di Lope de Vega, Gredos, Madrid, 2000.

GASSULL, Eugeni, "La canco de cambra a Catalunya entre 1910 i 1930", El lied, una parcel.la importante della musica catalana [Dossier]. Revista Musical Catalana, vol. 9, n° 90 (aprile 1992), p. 31.

GIL FOMBELLIDA, Mª del Carmen, Rivas Cherif, Margarita Xirgu y el teatro de la II Republica, Fundamentos, Madrid, 2003.

GOMEZ AMAT, Carlos, Historia de la musica espanola 5: Siglo XIX, Alianza, Madrid, 1984.

GOMEZ RODRIGUEZ, Jose Antonio, Catalogo di musica: autori e temi asturiani. Oviedo: Fundacion Principe de Asturias, 1995.

GONZALEZ LAPUENTE, Alberto, Joaquin Rodngo, SGAE, Madrid, 1997.

Nel centenario di Enrique Casal Chapi", Scherzo, n° 245, ottobre 2009.

GOSALVEZ LARA, Carlos Jose, La edicion musical espanola hasta 1936, AEDOM, Madrid, 1995.

GRANDELA DEL Rfo, Ines, "Catalogo delle opere musicali di Carlos Botto Vallarino", *Revista Musical Chilena,* vol. 51, n. 187, Santiago del Cile, 1997.

GRIER, James, *La redazione critica della musica,* Akal, Madrid, 2008.

GUTIERREZ DORADO, Pilar; MARCOS PATINO, Cristina (Coord.), *20 anos de estrenos de musica: 1985-2004* (CD-ROM), Centro de Documentation de Musica y Danza, Madrid, 2004.

HEINE, Christiane, "Bacarisse Chinoria, Salvador", *Diccionario espanol e hispanoamericano de la musica,* Emilio Casares Rodicio (dir. y coord.), SGAE, Madrid, 1999-2003, pp. 4-24.

Catalogo delle opere di Salvador Bacarisse, Fundacion Juan March, Madrid, 1990.

La relazione tra poeti e musicisti della Generazione del 27: Rafael Alberti", *Cuadernos de arte de la Universidad de Granada,* n. 26, 1995, pp. 265.96.

HERRERO, Miguel; ENTRAMBASAGUAS, Joaquin de, (dirs.), *Fenix, rivista del tricentenario di Lope de Vega, 1635-1935,* Numeri 1-6, Grafica Universal, Madrid, 1935.

HUERTA CALVO, Javier, "Clasicos cara al sol, I", *XXIV e XXV Jornadas de Teatro del Siglo de Oro,* Institute.) de Estudios Almerienses, Almeria, 2011.

IGLESIAS, Antonio, *Escritos de Joaquin Turina,* Alpuerto, Madrid, 1982.

--- (compilazione e commenti), *Escritos de Julio Gomez,* Alpuerto, Madrid, 1986.

IGLESIAS, Nieves (dir.), *La musica nel sistema di proprietà intellettuale 1847-1915,* Biblioteca Nazionale, Madrid, 1997.

KAMHI, Victoria, *De la mano de Joaquin Rodrigo,* Ediciones Joaquin Rodrigo, Madrid, 1995.

KRAVITT, Edward F., *The lied: mirror of late romanticism,* Yale University Press, Michigan, 1998.

LAMBEA, Mariano (a cura di), *Revista de Musicologa,* vol. 27, n° 1, 2004 [Actas del Simposio Internacional "El motu proprio de San Pio X y la musica (1903-2003)", Barcellona, 26-28 novembre 2003].

LARRINAGA CUADRA, Itziar, "Il processo di creazione di Fuenteovejuna, l'opera inacabada di Francisco Escudero", *Eusko Ikaskuntza,* n° 17, 2010, pp. 497-556.

LaRUE, Jan, *Analisis del estilo musical,* Idea Books, Barcellona, 2004.

LASTRA CALERA, Julia, *Arturo Duo Vital,* Cataloghi di compositori, Fundacion Autor, Madrid, 1999.

LEON TELLO, Francisco, "L'estetica della musica vocale di Joaqrnn Rodrigo: catorce canciones para canto y piano", *Cuadernos Hispanoamericanos,* n° 355, 1990, pp. 70-107.

LIANO PEDREIRA, Maria Dolores, Catalogo delle partizioni dell'Archivio Canuto Berea nella Biblioteca della Diputacion di A Coruna, Diputacion Provincial de La Coruna, La Coruna, 1998.

LLORENS, Vicente, *Memorias de una emigration,* Renacimiento, Siviglia, 2006.

LOLO, Begona (a cura di), *Cervantes y el Quiote en la musica. Studi sulla ricezione di un mito,* Centro de Estudios Cervantinos-Ministerio de Educacion y Ciencia, Madrid, 2007.

--- (a cura di), *Visiones del Quijote en la musica del siglo XX,* Centro Estudios Cervantinos, Madrid, 2010.

Interpretaciones del ideal cervantino en la musica del siglo XX (1905-1925)", *Visiones del Quijote en la musica del siglo XX,* a cura di Begona Lolo, Centro de Estudios Cervantinos, Madrid, 2010.

LOPEZ ESTRADA, Francisco, "La canzone "Al val de Fuenteovejuna" de la comedia Fuenteovejuna de Lope", *Homenaje a W. L. Fichter,* Castalia, Madrid, 1971, pp. 453-68.

Caracteristicas generales de la Edad Media literaria", *Historia de la Literatura espanola,* Tomo I: *La Edad Media,* Jose Maria Diez Borque (coord.), Taurus, Madrid, 1980.

MALLO DEL CAMPO, Maria Luisa, *Torner mas alla del folklore,* Servicio de Publicaciones Universidad de Oviedo, Oviedo, 1980.

MARCO, Tomas, Historia de la Musica espanola. Siglo X, Alianza, Madrid, 1983.

MARTIN MORENO, Antonio, "Musica, passione, ragione: la teoria degli effetti nel teatro e nella musica del secolo d'oro", *Edad de oro,* vol. 22, 2003.

MARTINEZ COMECHE, Juan Antonio, *Documentazione del Siglo de Oro: il Codice Duran,* [s.n.], Madrid, 1997.

MARTINEZ DEL FRESNO, Beatriz, *Catalogo delle opere di Julio Gomez,* Fundacion Juan March, Centro de Documentacion de la Musica Espanola Contemporanea, Madrid, 1987.

Nationalismo e internazionalismo nella musica spagnola della prima metà del secolo XX", *Revista de Musicologa,* n. 1, 1993, pp. 20-37.

---, Catalogo delle opere di Julio Gomez, Madrid, SGAE, 1997.

---, Julio Gomez, Un'epoca della musica spagnola, ICCMU, Madrid, 1999.

L'opera di Manuel del Fresno, un capitolo del regionalismo asturiano (1900-1936)", *Homenaje a Juan Una Riu,* vol. 2, Universidad de Oviedo, Oviedo, 1999.

MAYER, Otto, "Nueva musica espanola", *La Vanguardia,* 22-5-1938.

McDAGHA, Michael D., The theatre in Madrid during the Second Republic: a checklist, Grant & Cutler, Londra, 1979.

MENENDEZ PELAYO, Marcelino, *Estudios sobre el teatro de Lope de Vega,* vol. V, CSIC, Madrid, 1949.

MEYER, Leonard B., *La emotion y elsignificado en la musica,* Alianza, Madrid, 2005.

MOLINA JIMENEZ, Maria Belen, Literatura y Musica en el Siglo de Oro Espanol. Interrelazioni nel teatro lirico, tesi di dottorato, Università di Murcia, 2007.

MOLINER, Maria, *Diccionario de Uso delEspanol,* 2 volumi, Gredos, Madrid, 1998.

MORAN, Alfredo, *Joaqun Turina a traves de sus escritos,* Alianza, Madrid, 1997.

Joaqun Turina , SGAE, Madrid, 1993.

MORENO MENJIBAR, Andres, "Manuel Garcia en la perspectiva", *Manuel Garcia, de la tonadilla escenica a la opera (1775-1832),* Alberto Romero Ferrer, Andres Moreno Menjibar (eds.), Universidad de Cadiz, Cadiz, 2006.

MORGAN, Robert P., *La musica del siglo XX,* Akal, Madrid, 1994.

MORLEY, Griswold; BRUERTON, Courtney, *Cronologa de las comedias de Lope de Vega,* Gredos, Madrid, 1968.

MUNOZ TUNON, Adelaida; ARCE BUENO, Julio; SUAREZ-PAJARES, Javier, *et al., Musica strumentale e vocale. Partituras y materiales del archivo sinfonico.* SGAE, Madrid, 1995.

NAVARRETE, Ramon, "Los clasicos, la zarzuela y el cine", *XXIV y XXV Jornadas de Teatro del Siglo de Oro,* Instituto de Estudios Almerienses, 2011, pp. 127-139.

NOMDEDEU RULL, Antoni, "Por que la Real Academia Espanola es modelo de norma linguistica", *At del XXIII Congresso dell'Associazione Ispanisti Italiani,* Associazione Ispanisti Italiani e Instituto Cervantes, 2005 pp. 446-460.

OLEZA, Joan, "La trama e i testi. A proposito dell'autore di La estrella de Sevilla", *Atti del V Congresso dell'Associazione Internazionale del Secolo d'Oro,* Iberoamericana Vervuert, Munster, 2001, pp. 42-68.

PALACIOS, Maria, La renovacion musical en Madrid durante la dittatura di Primo de Rivera. El grupo de los ocho (1923-1931), SEDEM, Madrid, 2008.

PARSON, James (a cura di), *The Cambridge Companion to the Lied,* Cambridge University Press, Cambridge, 2004.

PEDRAZA JIMENEZ, Felipe B., *Lope de Vega,* Teide, Barcellona, 1990.

En torno al teatro del Siglo de Oro, Irene Pardo e Antonio Serrano (a cura di), Instituto de Estudios Almerienses, Almeria, 2001, pp. 211-231.

(a cura di), Lope de Vega en la Compania Nacional de Teatro Clasico. Anno 2002, Cuadernos de Teatro Clasico, 17, 2003.

L'universo poetico di Lope de Vega, Laberinto, Madrid, 2003.

— --, Cervantes y Lope de Vega: historia de una enemistad y otros estudios cervantinos, Octaedro, Barcellona, 2006.

— --, *Lope de Vega, genio e figura,* Università di Granada, Granada, 2008.

— --, Lope de Vega. Pasiones, obra y fortuna del "monstruo de la naturaleza", EDAF, Madrid,

2009.

PEDRAZA JIMENEZ, Felipe B.; RODRIGUEZ CACERES, Milagros (a cura di), *El teatro segun Lope de Vega,* 2 volumi, Compania Nacional de Teatro Clasico, Madrid, 2009.

PEDRELL, Felipe, *Pornuestra musica,* Heinrich e C^a, Barcellona, 1891, pp. 40-41.

PELAEZ MARTIN. Andres, "Lope de Vega en los teatros nacionales y festivales de Espana", *Actas del XVIII jornadas de teatro Clasico de Almagro,* a cura di Felipe B. Pedraza e Rafael Gonzalez Canal, 1995. Pedraza e Rafael Gonzalez Canal, 1995.

PEREZ BOWIE, Jose Antonio, "La funzione parodica delle strategie metafisiche. Appunti sull'adattamento cinematografico della zarzuela *Dona Francisquita* (Ladislao Vajda, 1952)", *Anales de Literatura Espanola,* n° 19, 2007, pp. 189-204.

PEREZ ZALDUONDO, Gemma, El compositor Jose Munoz Molleda. Dalla generazione del 27 al franchismo, Zejel, Almeria, 1989.

PERIS LACASA, Jose, Catalogo del Archivo de Musica del Palacio Real de Madrid, Patrimonio Nacional, Madrid, 1993.

PERSICHETTI, Vincent, *Armona del siglo XX,* Real Musical, Madrid, 1985.

PLIEGO DE ANDRES, Victor, *Manuel Angulo,* Catalogos de compositores espanoles, SGAE, Madrid, 1992.

PRESAS, Adela, "1905: la trascendenza musicale del III centenario", in *Cervantes y el Quijote en la musica: estudios sobre la recepcion de un mito,* a cura di Begona Lolo, Centro Estudios Cervantinos, Madrid, 2007.

QUEROL, Miquel, Cancionero musical de Lope de Vega, 3 voll. Poesie cantate nei romanzi; II. Poesi'as sueltas puestas in musica; III. Poesi'as cantadas in las comedias, CSIC, Barcellona, 1991.

La musica nell'epoca di Cervantes, Centro de Estudios Cervantinos, Madrid, 2005.

QUIRANTE, Luis; RODRIGUEZ. Evangelina; SIRERA, Josep Lluis, *Pratiche esceniques de ledatmitjana als segles dor,* Universitat de Valencia, Valencia, 1999.

RATTALINO, Piero, *Historia del piano,* Idea Books, Barcellona, 2005.

REAL ACADEMIA ESPANOLA, *Diccionario de Autoridades,* 1739 [versione elettronica, <http://buscon.rae.es/ntlle>].

Diccionario de la lengua castellana compuesto por la Real academia Espanola , ridotto in un unico volume per facilitarne l'uso. Terza edizione, in cui tutti i termini dei supplementi, che erano stati posti alla fine delle edizioni degli anni 1780 e 1783, sono stati collocati al loro posto corrispondente, e sono stati inseriti nuovi articoli nelle lettere D. E. e F., di cui verrà dato un supplemento separato. Madrid. Vedova di Joaquin Ibarra. 1791. [Riproduzione digitale su <http://buscon.rae.es/ntlle>].

Diccionario de la Rea Academia , 22^a Edicion, RAE, Madrid, 2001.

Dizionario panispanico dei dubbi, 2005 (2005): *Diccionario panhispanico de dudas,* Madrid, Real Academia Espanola, Asociacion de Academias de la Lengua Espanola, Santillana, Madrid, 2005. [Versione elettronica, <http://buscon.rae.es/dpdl>].

Ortografa de la Lengua Espanola , Madrid, Espasa Calpe, 2002.

Ortografa de la Lengua Espanola, Real Academia Espanola, Espasa, Madrid, 2010.

REINA GONZALEZ, Emilio, *Angel Mingote Lorente. Ultimo rappresentante della tradizione musicale di Daroca,* Istituzione Fernando el Catolico-Centro di studi darocensi, Saragozza, 1986.

--*Catalogo delle opere di Angel Mingote,* Institucion Fernando el Catolico-Centro de Estudios Darocenses, Daroca, 1997.

RIEMANN, Hugo, "Lied" *Music-Lexikon,* Lipsia, 1992.

RODERO, Leopoldo, *Enrique Truan: vida y obra musical,* Trea, Gijon, 1996.

RODRIGUEZ CUADROS, Evangelina, La técnica del actor espanol en el Barroco: hipotesis y documentos, Castalia, Madrid, 1998.

RODRIGUEZ LOPEZ-VAZQUEZ, Alfredo; RUIZ-FABREGA, Tomas, "En torno al cancionero teatral de Lope", *Lope de Vega y los ongenes del teatro espanol. Actas del Congreso Internacional sobre Lope de Vega*, Edi-6, Madrid, 1981, p. 523-532.

RODRIGUEZ LOPEZ-VAZQUEZ, Alfredo, "La *Estrella de Sevilla* y Claramonte", *Criticon,* n. 21, 1983, pp. 5-31.

RODR^GUEZ-MONINO, Antonio, Manual bibliografico de cancioneros y romanceros impresos durante el siglo XVII, Castalia, Madrid, 1977-1978.

ROMERO FERRER, Alberto; MORENO MENUBAR, Andres (eds.), *Manuel Garcia, de la tonadila escenica a la opera (1775-1832),* Universidad de Cadiz, Cadiz, 2006.

ROSELL, Cayetano, *Coleccion escogida de obras no dramatics de frey Lope Felix de Vega Carpio,* Biblioteca de Autores Espanoles, vol. 38, Rivadeneyra, Madrid, 1856.

RUANO DE LA HAZA, J.M.; ALLEN, John J., Los teatros comerciales del siglo XVII y la escenificacion de la comedia, Castalia, Madrid, 1994.

RUANO DE LA HAZA, José Maria, *La puesta en escena en los teatros comerciales del Siglo de Oro,* Editorial Castalia, Madrid, 2000.

RUIZ MONTES, Francisco, *El compositor granadino Jose Maria Guervos y Mira: revision del estado de la cuestion.* Lavoro di ricerca corrispondente al Diploma di Studi Avanzati, Dipartimento di Storia dell'Arte, Università di Granada, 2001. [Non pubblicato.]

Un romantico fuori dalla sua epoca: il compositore granadino Jose Maria Guervos", *El patrimonio musical de Andahicia y sus relaciones con el contexto iberico,* a cura di F. J. Gimenez Rodriguez e J. Lopez, C. Perez, Universidad de Granada, Granada, 2009.

SADIE, Stanley (a cura di), *The New Grove Dictionary of Music and Musicians,* 20 volumi. Macmillan Publishers, Londra, 1980.

SAENZ DE LA CALZADA, Luis, "*La Barraca,* Teatro Universitario", *Revista de Occidente,* Madrid, 1976.

SALOMON, Noël, *Lo vilano en el teatro delSiglo de Oro,* Castalia, Madrid, 1985.

SANCHEZ DE ANDRES, Leticia, "Gabriel Rodriguez y su relación con Felipe Pedrell: hacia la creación de un lied hispano", *Cuadernos de musica iberoamericana,* vol. 10, 2005, pp. 97-136.

SANCHEZ MARIANA, Manuel, "Los autografos de Lope de Vega", *ManuscrtCao,* n° 10, 2011.

SANTANA GIL, Isidro, "Catalogo delle opere musicali di Bernardino Valle Chinestra conservate nel Museo Canario di Las Palmas de Gran Canaria", in *Nasarre,* X, 1, 1994, 205-268.

SANZ GARCIA, Jose Miguel, Miguel Asins Arbo: Musica e cinematografia. Analisi musico-visiva delle sue composizioni nella cinematografia di Luis Garcia Berlanga. Tesi di dottorato. Università di Valencia, Valencia, 2008. Non pubblicata.

SEGUI PEREZ, Salvador, La prassi armonico-contrappuntistica nell'opera liederistica di Manuel Palau. Vita e opera del musicista valenciano. Tesi di dottorato. Università di Valencia, Valencia, 1994. [Microfilm].

Manuel Palau , Consell Valencia de Cultura, Valencia, 1997.

---, *Matilde Salvador*, Fundacion Autor, Madrid, 2000.

SIERRA MARTINEZ, Fermin, "Acercamiento a Lope de Vega: El Aldegiiela,(-anton'a o atribucion?", *Actas del X Congreso de la Asociacion Internacional de Hispanistas (*Barcelona 21-26 agosto 1989), Antonio Vilanova (coord.), Vol. 2, 1992, pp. 1107-11102. 1107-1120.

SIMSON, Ingrid, "Calderon as Librettist: Musical Performances in the Golden Age", in Theo Reichenberger (coord.), *Caderon: Eminent Protagonist of the European Baroque,* Edition Reichenberger, Kassel, 2000, pp. 217-43.

SOLBES, Rosa, Matilde Salvador, converses amb una compositora apassionada, Tandem, Castello, 2007.

SOPENA, Federico, *El Liedromantico,* Moneda y Credito, Madrid, 1963.

Joaqun Rodrigo, Ministero dell'Istruzione e della Scienza, Madrid, 1970.

---, El Nacionalismo musical y el "lied", Real Musical, Madrid, 1979.

Musica y Literatura , Rialp, Madrid, 1989.

STEIN, Deborah; SPILLMAN, Robert, La *poesia in canto. Esecuzione e analisi dei lieder.* Oxford

University Press, New York, 1996.

STEIN, Luise K., Songs of Mortals, Dialogues of the Gods. Music and Theater in Seventh Century Spain, Oxford University Press, 1993, pp. 336-45.

STEVENS, Denis (a cura di), *Historia de la cancion*, Taurus, Madrid, 1990.

SUAREZ-PAJARES, Javier, Centenario Joaquin Rodrigo. El hombre, el musico, el maestro, Sinsentido, Madrid, 2001.

TINNELL, Roger, *Federico Garcia Lorca y la musica: catalogo y discografia anotados,* Madrid, Fundacion Juan March, 2ª edicion, Madrid, 1998.

Catalogo anotado della musica spagnola contemporanea basata sulla letteratura spagnola, Centro di Documentazione Musicale dell'Andalusia, Granada, 2001.

TORREGO EGIDO, Luis Mariano, *Cancion de autor y educacion popular (1960-1980),* Ediciones de la Torre, 1999.

UMPIERRE, Gustavo, Songs in the Plays of Lope de Vega: A Study of their Dramatic Function, Tamesis, Londra, 1975.

VAZQUEZ MONTALBAN, Manuel, *Antologa de la "Nova Canco" catalana,* Ediciones de Cultura Popular, Barcellona, 1968.

VEGA SANCHEZ, Jose de la, Rafael Rodriguez Albert. Catalogo completo delle sue opere, ONCE, Madrid, 1987.

VV. AA., *Codice 3.985,*BNE, MSS/3985. [Appartenente al duca di Uceda.]

Riproduzione in microforma, MSS.MICRO/15595].

Revista Musica , edizione in facsimile, Publicaciones de la Residencia de Estudiantes, Madrid, 1998.

VILLANUEVA, Carlos (a cura di), *Jesus Bal y Gay: tientos y silencios 1905-1993,* Madrid, Residencia de Estudiantes, Madrid, 2005. [Catalogo della mostra, Residencia de Estudiantes, maggio 2005].

WALDE MOHENO, Lillian von der, "Amores, dineros e indianos. A proposito de la esclava de su galan", *Texto y espectaculo. Selected Proceedings of the Fifteenth International Golden Age Spanish Theater Symposium,* University of Texas, ed. by Jose Luis Suarez Garcia, Spanish Literature Publications Company, South Carolina, 1996.

WILSON, Edward M., "Imagenes y estructura en Peribanez", *El teatro de Lope de Vega,* Buenos Aires, 1962.

---Miguel de Barrios e la poesia religiosa spagnola", *Bulletin of Hispanic Studies*, 40, 1963, p. 174-180.

ZABALA, Alejandro, "La produzione liederistica di Felip Pedrell", *Recerca Musicologica,* XIV-XV, 2004-2005, pp. 325-334.

ZAMORA VICENTE, Alonso, *Lope de Vega: su vida y su obra*, Gredos, Madrid, 1961.

RISORSE *ON LINE*

Agenzia statale Boletin Oficial del Estado. Collezione storica della Gazzetta. <http://www.boe.es/aeboe/consultas/bases_datos/gazeta.php>

Biblioteca digitale ispanica della BNE, <http://bibliotecadigitalhispanica.bne.es>.

Biblioteca virtuale Miguel de Cervantes, <http://www.cervantesvirtual.com>.

Catalogo dei compositori iberoamericani della Fundacion Autor-SGAE, <http://www.catalogodecompositores.com>.

Catalogo della Biblioteca spagnola di musica e teatro contemporaneo della Fondazione Juan March, <http://www.march.es/musica/contemporanea/archivo/archivo.asp>.

Catalogo della Biblioteca Nazionale di Spagna, <http://catalogo.bne.es/uhtbin/webcat>.

Corpus Diacronico del Espanol (CORDE) della RAE, <http://corpus.rae.es/cordenet.html>.

Diccionario de la Real Academia, 22ª ed., <http://buscon.rae.es/drae>

Diccionario panhispanico de dudas, <http://buscon.rae.es/dpdl>].

ABC Newspaper Archive, <http://hemeroteca.abc.es>

Emeroteca *La Vanguardia*, <http://hemeroteca.lavanguardia.com>

Oxford Reference Online. Oxford University Press. <http://www.oxfordreference.com>

Sito ufficiale del compositore Joaquin Rodrigo, <http://www.joaquin-rodrigo.com>.

Sito ufficiale del compositore Joaquin Turina, <www.joaquinturina.com>.

Teatro dell'età dell'oro, <http://teatrosiglodeoro.bne.es>

Teatro spagnolo dell'età dell'oro (TESO), <http://teso.chadwyck.co.uk>

Catalogo delle canzoni per voce e pianoforte con testi di Lope de Vega

Questo catalogo di canzoni per voce e pianoforte con testi di Lope de Vega comprende tutti i dettagli delle opere di compositori spagnoli che sono stati rintracciati dopo la ricerca negli archivi, nelle biblioteche e nelle raccolte documentarie citate nella sezione seguente. Tutte le composizioni sono scritte a partire da testi originali del poeta. In alcuni casi il testo può essere incompleto o abbreviato, o può contenere alcuni errori o modifiche all'originale, ma in nessun caso questi adattamenti sono dovuti ad altri autori. Il periodo di raccolta dei dati va da gennaio 2008 a febbraio 2012.

Le partiture erano originariamente composte per voce sola e pianoforte. Solo due sono per duetto vocale. Nel caso di adattamenti per tastiera da altri accompagnamenti strumentali, sono sempre stati trascritti dal compositore stesso.

Il catalogo è organizzato in ordine alfabetico dei compositori. All'interno di ciascuno di essi i brani sono disposti in ordine cronologico, e allo stesso modo se appartengono a cicli o gruppi di opere.

Le informazioni sono organizzate per "campi", le cui etichette sono scritte per esteso per facilitare la lettura ed evitare l'uso eccessivo di sigle o acronimi. I campi, che vengono omessi se non ci sono dati da visualizzare, sono presentati nel seguente ordine:

Titolo
Sottotitolo
N. di Opus
Raccolta o ciclo
Data di composizione
Luogo di composizione
Appartiene all'opera di Lope de Vega.
Prima strofa
Carattere
Note panoramiche
Durata
Ombra
Tessitura
Indicazioni aggressive
Data di uscita
Sede principale
Prima cantante
Pianista della prima
Posizione del manoscritto
Firma del manoscritto
Data di pubblicazione
Editore
Luogo di pubblicazione
Menzione dell'editing
Dedicazione
Premi
Indicazioni di intestazione
Motivazione
Osservazioni

Le registrazioni disponibili di ogni opera, presentate dopo i campi precedenti, sono assegnate a un numero d'ordine e sono organizzate cronologicamente. Comprendono i seguenti dati:

Registrazione [n. d'ordine] [n. d'ordine] [n. d'ordine] [n. d'ordine] [n. d'ordine] [n. d'ordine] [n. d'ordine]
Anno di pubblicazione
Cantante

Pianista
Luogo di registrazione
Data di registrazione
Supporto
Etichetta discografica
Riferimento discografico
Durata
Osservazioni

Il sistema che seguiamo per indicare l'altezza delle note è il cosiddetto sistema di numerazione delle ottave franco-belga, che assegna il Do3 a quello scritto sulla prima riga aggiuntiva sotto la chiave di violino sulla seconda riga.

ABBREVIAZIONI e ACRONIMI[320]

circa.	Approssimativamente
Bar.	Baritono
BNE	Biblioteca Nazionale di Spagna
ca.	A
CD	Disco compatto
CEDOA	Centro di Documentazione e Archivi
FJM	Fondazione Juan March
SM.	Manoscritto
Mz.	Mezzo-soprano
Op.	Opus
Pno.	Pianoforte
RCSMM	Conservatorio Reale di Musica di Madrid
RNE	Radio Nacional de Espana

SGAESocietà   Generale degli Autori
Sop. Soprano
     Tenore

ARCHIVI e TESTI CONSULTATI

ARCHIVI e BIBLIOTECHE

Archivio Emilio Reina, Saragozza
Asturie Archivio musicale
Archivi familiari di Miguel Asins Arbo, Manuel Palau, Joaquin Nin-Culmell, Vicente Miguel Peris
Archivi personali dei compositori: Miquel Ortega, Antoni Parera Fons, Fernando Colodro, Jose Peris Lacasa, Eduardo Rincon Garcia
Associazione wagneriana di Barcellona
Biblioteca Valenciana
Biblioteca del Conservatorio di Valencia
Biblioteca della Catalogna
Biblioteca del Real Conservatorio Superior de Musica di Madrid
Biblioteca della Fondazione Juan March
Biblioteca musicale del Comune di Madrid
Biblioteca Nazionale di Spagna
Centro di documentazione per la musica e la danza

---

[320] Abbiamo evitato il più possibile l'uso di abbreviazioni per una più agevole gestione dei dati e dei commenti. Non abbiamo incluso in questo elenco le abbreviazioni dei simboli delle biblioteche e degli archivi, degli editori, delle etichette dei dischi e dei riferimenti.

Eresbil, Archivio della musica basca
Istituto di Musica di Valencia
Museo Canario di Las Palmas
Radio Nacional de Espana
Accademia Reale di Belle Arti di San Fernando
Residenza per studenti
Società generale degli autori e degli editori
Unione Musicale Spagnola

PUNTEGGI MODIFICATI

ALONSO, Celsa (a cura di), Manuel Garcia (1775-1832). *Canciones y caprichos liricos*, ICCMU/SGAE, Madrid, 1994.

ALTISENT, Joan, *Seis canciones inspiradas sobre poesias espanolas de la Edad Media y del Renacimiento*, A. Boileau y Bernasconi, Barcelona, 1951.

BARRERA, Antonio, *Canciones del Siglo de Oro*, Real Musical, Madrid, 1986.

CAROL, Mercedes [Mercedes Garcia Lopez], *Cnco canciones*, Union Musical Espanola, Madrid, 1964.

CASAL CHAPI, Enrique, *Dos fragmentos del caballero de Olmedo*, Ediciones del Consejo Central de la Musica, Barcellona, 1938.

Tres cantares de Lope de Vega, Ediciones del Consejo Central de la Musica, Barcellona, 1938.

ESCUDERO, Francisco, *Al entierro de Cristo*, Alpuerto, Madrid, 1975.

GARCIA DE LA PARRA y TELLEZ, Benito, *Cancionero espanol, cuaderno primero*, Juan Bta. Pujol Editores, Barcelona, [1943].

GRANADOS, Enric, *Obra completa para voz y piano*, a cura di Manuel Garcia Morante, Trito, Barcellona, 1996.

GUERVOS y MIRA, Jose Maria, *Cnco canciones*, Union Musical Espanola, Madrid, 1936.

LARROCA, Angel, *Plegaria a Cristo crucrficado*, Jaime Piles, Valencia, [1940].

LAVILLA, Felix, *Ay, amargas soledades*, Real Musical, Madrid, 1988.

LLONGUERES BADIA, Joan, *Seis villancicos de Lope de Vega*, DINSIC, 2002.

MENENDEZ ALEYXANDRE, Arturo, *Madre, unos ojuelos vi*, Barcelona, Talleres Jose Mora, Barcelona, 1944.

MORENO TORROBA, Federico, *Copla de antano*, Copla de antano, Union Musical Espanola, Madrid, 1923.

PALAU, Manuel, *Seis Lieder (Sei Lieder,* Istituto). Valenciano de Musicologia, Institucion Alfonso el Magnanimo, Piles, Valencia, 1953.

— --, *Villancico*, Piles, Valencia, 1974.

PEREZ AGUIRRE, Julio, *Los ojos verdes,* Sociedad Anonima Casa Dotesio, Barcellona, [1901-1914].

RODRIGO, Joaquin, *Album centenario canto y piano*, Ediciones Joaquin Rodrigo, Madrid, 1999.

SALVADOR, Matilde, *Cancion de vela,* Piles, Valencia, 1947.

THOMAS, Juan Maria, *Canciones espanolas de instrumentos,* Ediciones Capella Classica, Mallorca, 1944.

TOLDRA, Eduard, *Seis canciones,* Union Musical Espanola, Madrid, 1992.

TURINA, Joaquin, *Homenaje a Lope de Vega,* Union Musical Espanola, Madrid, 1992.

PUNTEGGI SCRITTI A MANO

CAMPO y ZABALETA, Conrado del, *Una dama se vende a chi la vuole*, partitura manoscritta, SGAE, Box 8.51.

GOMEZ GARCIA, Julio, *Cuatro poesias liricas de Lope de Vega,* manoscritto, Biblioteca Nacional de Espana, sig. MP/5352/1.

(Que tengo yo que mi amistad procuras?) , manoscritto, Biblioteca Fundacion Juan March,

sig. M-766-A.

— --, *La Verdad*, manoscritto, Biblioteca Fundacion Juan March, sig. M-767-A.

— --, *Villancico*, manoscritto, Biblioteca Fundacion Juan March, sig. M-771-A.

— --, *Villancico*, manoscritto, Biblioteca Fundacion Juan March, sig. M-772-A.

Celos, que no me matais, manoscritto, Biblioteca Fundacion Juan March, sig. M-768-A.

— --, *Celos, que no me matais,* manoscritto, Biblioteca Fundacion Juan March, sig. M-769-A.

— --, *Celos, que no me matais,* manoscritto, Biblioteca Fundacion Juan March, sig. M-770-A.

MINGOTE, Angel, *Canciones espanolas con textos de Lope de Vega,* manoscritto, Archivo Emilio Reina, Zaragoza, sig. ERG 88 A1.

MORALEDA, Fernando, *Cuatro canciones con textos de Lope de Vega*, partitura manoscritta, Biblioteca Nacional de Espana, sig. M.MORALEDA/9.

TESTI

ACKER, Yolanda; Alfonso, Mª de los Angeles; ORTEGA, Judith; Perez Castillo, Belen (eds.) *Archivo historico de la Union Musical Espanola, partituras, methodos, librettos y libros*, Instituto Complutense de Ciencias Musicales (ICCMU), Madrid, 2000.

CASARES RODICIO, Emilio (dir. e coord.); FERNANDEZ DE LA CUESTA, Ismael; Lopez-Calo, Jose (eds.) *Diccionario de la Musica Espanola e Hispanoamericana,* 10 vols., Fundacion Autor-Sociedad General de Autores y Editores, Madrid, 2002.

FERNANDEZ-CID, Antonio, Lieder y canciones de Espana. Piccola storia contemporanea della musica nazionale 1900-1963, Editora National, Madrid, 1963.

GOMEZ RODRIGUEZ, Jose Antonio, *Catalogo di musica: autori e temi asturiani.* Oviedo: Fundacion Principe de Asturias, 1995.

GOSALVEZ LARA, Carlos Jose, *La edicion musical espanola hasta 1936*, AEDOM, Madrid, 1995.

GUTIERREZ DORADO, Pilar; MARCOS PATINO, Cristina (coord.): *20 anos de estrenos de musica: 1985-2004* (CD-ROM), Centro de Documentacion de Musica y Danza, Madrid, 2004.

IGLESIAS, Nieves (a cura di), La musica en el Boletin de la Propiedad Intelectual 1847-1915. Biblioteca Nazionale, Madrid, 1997.

LIANO PEDREIRA, Maria Dolores, Catalogo delle partizioni dell'Archivio Canuto Berea nella Biblioteca della Diputacion di A Coruna, Diputacion Provincial de La Coruna, La Coruna, 1998.

MARTINEZ DEL FRESNO, Beatriz, *Julio Gomez, Una epoca della musica spagnola,* ICCMU, Madrid, 1999.

MUNOZ TUNON, Adelaida; ARCE BUENO, Julio; SUAREZ-PAJARES, Javier, *et al., Musica strumentale e vocale. Partituras y materiales del archivo sinfonico.* SGAE, Madrid, 1995.

PERIS LACASA, Jose, Catalogo del Archivo de Musica del Palacio Real de Madrid, Patrimonio Nacional, Madrid, 1993.

RODERO, Leopoldo, *Enrique Truan: vida y obra musical*, Trea, Gijon, 1996.

SANTANA GIL, Isidro, "Catalogo delle opere musicali di Bernardino Valle Chinestra conservate nel Museo Canario di Las Palmas de Gran Canaria", in *Nasarre*, X, 1, 1994, 205-268.

SANZ GARCIA. Jose Miguel, Miguel Asins Arbo: musica e cinematografia. Analisi musico-visiva delle sue composizioni nella cinematografia di Luis Garcia Berlanga. Tesi di dottorato. Università di Valencia, Valencia, 2008. Non pubblicata.

SEGUI PEREZ, Salvador, La prassi armonico-contrappuntistica nell'opera liederistica di Manuel Palau. Vita e opera del musicista valenciano. Tesi di dottorato. Università di Valencia, Valencia, 1994.

TINNELL, Roger, Catalogo anotado della musica spagnola contemporanea basata sulla letteratura spagnola, Centro de Documentacion Musical de Andalucia, Granada, 2001.

VV.AA. "El lied, una important parcel.la de la musica catalana" [Dossier]. El lied, una important parcela de la musica catalana [Il lied, una parte importante della musica catalana], *Catalunya*

Musica/Revista Musical Catalana, vol. 9, n° 90 (aprile 1992), pp. 25-39.

CATALOGHI DI COMPOSITORI

ACKER, Yolanda; Suarez-Pajares, Javier, *Miguel Asins Arbo*, SGAE, Madrid, 1995.

ALONSO, Miguel, *Catalogo delle opere di Conrado del Campo*, Fundacion Juan March, Centro de Documentacion de la Musica Espanola Contemporanea, Madrid, 1986.

CALMELL, Cesar, *Eduard Toldra*, SGAE, Madrid, 1995.

GARCIA ESTEFANIA, Alvaro, *Francisco Escudero*, SGAE, Madrid, 1995.

GONZALEZ LAPUENTE, Alberto, *Joaquin Rodngo*, SGAE, Madrid, 1997.

HEINE, Christiane, *Catalogo delle opere di Salvador Bacarisse*, Fundacion Juan March, Madrid, 1990.

MARTINEZ DEL FRESNO, Beatriz, *Catalogo delle opere di Julio Gomez*, Fundacion Juan March, Centro de Documentacion de la Musica Espanola Contemporanea, Madrid, 1987.

MORAN, Alfredo, *Joaqun Turina*, SGAE, Madrid, 1993.

REINA GONZALEZ, Emilio, *Catalogo delle opere di Angel Mingote*, Institucion Fernando el Catolico-Centro de Estudios Darocenses, Daroca, 1997.

SEGUI, Salvador, *Manuel Palau*, Consell Valencia de Cultura, Valencia, 1997.

---, *Matilde Salvador*, Fundacion Autor, Madrid, 2000.

CATALOGO

ALDAVE RODR^GUEZ, PASCUAL (1924-2013)

Titolo: "Romanzo di Fuenteovejuna".

Data di composizione: 1949

Appartiene alla commedia di Lope de Vega: *Fuente Ovejuna*.

Prima strofa: "Al val de Fuente ovejuna".

Personaggio: Musicisti

Note sceniche: [Giovanni: Venite, abbronzati e cantate, perché sono per uno].

Durata: 2' circa.

Tonalità: Re minore

Tessitura: D3-A4

Indicazioni aggressive: Lento

Ubicazione del manoscritto: Archivio musicale Eresbil-Basco

Simbolo del manoscritto: EP1/226

osservazioni: manoscritto autografo firmato.

Titolo: "Verbena de San Juan".

Data di composizione: giugno 1952 / revisione marzo 1960

Luogo di composizione: Lesaca /Parigue-le-Polin

Appartiene alla commedia di Lope de Vega: La burgalesa de Lerma.

Prima strofa: "Ya no cogert verbena".

Personaggi: Iii('-s e Tristan

Note sceniche: Leonarda e Clavela danzano, Int'-s e Tristan cantano

Lunghezza: 2' 46"

Tonalità: Fa minore

Tessitura: E3 bemole-G4

Indicazioni aggressive: *Calma*

Ubicazione del manoscritto: Archivio musicale Eresbil-Basco

Simbolo del manoscritto: EP1/222

Note sul titolo: Canzoni per voce e pianoforte

Note: Manoscritto autografo datato e firmato alla fine della partitura: "Lesaca, Junio 1952 / Revision en Parigue-le-Polin, Marzo 1960". Con la stessa firma, EP1/222, sono presenti due brani

per canto e pianoforte: Alta, con versi di Salinas, e Verbena de San Juan.
Registrazione 1
Anno: 1992
Cantante: Belaza, Fernando (Bar.)
Pianista: Zabala, Alejandro
Luogo: Chiesa dei Cappuccini, Renteria
Data: 21-5-1992
Supporto: Radio
Durata: 2:46
Osservazioni: Settimana musicale di Renteria. Registrato da RNE.
Registrazione 2
Anno: 2003
Cantante: Fresan, Inaki (Bar.)
Pianista: Alvarez Parejo, Juan Antonio
Sede: Museo Chillida, San Sebastian
Data: 22-8-2003
Supporto: Radio
Durata: non specificata
Osservazioni: La quindicina musicale di San Sebastian. Registrato da RNE. Non è consentita la trasmissione senza l'autorizzazione degli esecutori.

ALTISENT CEARDI, JUAN (1891-1971)

Titolo: " jTrebole!"

Raccolta o ciclo: Sei canzoni ispirate a poemi spagnoli del Medioevo e del Rinascimento, n° 6
Data di composizione: 1951
Appartiene alla commedia di Lope de Vega: Peribanez y el comendador de Ocana.
Prima strofa: "Trebole, jay Jesus, como guele!".
Personaggio: Llorente
Note sceniche: Canta con le chitarre (Cantan)
Durata: 2' 10"
Tonalità: Sol maggiore
Tessitura: F3 diesis-G4
Indicazioni per l'aggressione: *Allegretto*
Data di pubblicazione: 1951
Editore: A. Boileau e Bernasconi
Menzione per l'editing: Copyright di Juan Altisent Ceardi
Luogo di pubblicazione: Barcellona
Osservazioni: Anno di composizione basato sulla data di pubblicazione. La raccolta "Seis canciones" comprende anche: Enamorado vengo (anonimo s. XV), Tres morillas me enamoran (anonimo s. XV), Quiero dormir y no puedo (anonimo s. XVI), ((Por que me beso Perico? (anonimo s. XVI), Dicen que me casè yo (Gil Vicente).

Titolo: "Por el montecico sola..." (Sulla montagna sola...)

Data di composizione: 1955
Appartiene alla commedia di Lope de Vega: El villano en su rincon (Il cattivo nel suo angolo).
Prima strofa: "Por el montecico sola" (Sulla montagna sola)
Personaggio: Musicisti
Note sceniche: Lisarda esce a ballare
Durata: 2' circa.
Tonalità: Do maggiore
Tessitura: C3-C5 (opzionale, o A4 bemolle)

Indicazioni agghiaccianti: *Allegretto moderato*
Data di pubblicazione: 1955
Editore: A. Boileau e Bernasconi
Menzione per l'editing: Copyright Juan Altisent Ceardi
Luogo di pubblicazione: Barcellona
Frontespizio: Poesia de Lope de Vega, Adaptacion de J. A.
Osservazioni: Anno di composizione basato sulla data di pubblicazione. La seconda lettera non è di Lope.

ASINS ARBO, MIGUEL (1918-1996)

Titolo: "Le pagliuzze del presepe".
Data di composizione: 1963
Appartiene all'opera di Lope de Vega: I *pastori di Betlemme.*
Prima strofa: "Le pagliuzze della mangiatoia".
Personaggio: Tebandra
Note sceniche: [Non fu necessario pregare gli altri pastori di cantare, perché tutti si fecero avanti e cominciarono gioiosamente come segue].
Durata: 2' circa.
Tonalità: La minore
Tessitura: E3-M4
Indicazioni Agaggic: *Andantino*
Ubicazione del manoscritto: Biblioteca Valenciana
Simbolo del manoscritto: AMAA/376
Osservazioni: La data di composizione è sconosciuta, non compare nel catalogo SGAE.

Titolo: "Mananicas floridas".
Collezione o serie: Quattro canti su testi antichi, n° 4
Data di composizione: 1963
Appartiene all'opera teatrale di Lope de Vega: *El cardenal de Belen.*
Prima strofa: "Mananicas floridas".
Carattere: Musica, Pascual (Anton, Bras)
Note sceniche: Canto
Durata: 2' 40" circa.
Tonalità: Sol minore
Tessitura: D3-E4 bemolle
Indicazioni per l'aggressione: *Allegretto*
Ubicazione del manoscritto: Biblioteca Valenciana
Simbolo del manoscritto: AMAA/437
Osservazioni: I Cuatro villancicos sobre textos antiguos comprendono: I. Alegres mudanzas (testo di Joaquin de Hinojosa), II. Alegres pastores (Lope de Vega), III. Este nino se lleva la flor (testo di Josë de Valdivieso), IV. Mananicas floridas (Lope de Vega). Il catalogo SGAE indica una durata totale dei quattro brani di 6'. Con lo stesso titolo questa canzone è inclusa in Once villancicos, del 1974, nn. 4, 7 e 8 con testo di Lope de Vega *(Mananicas foridas, Las pajas delpesebre* e *Marianita de diciembre),* le altre canzoni su testi anonimi, di Juan de Avila, Gongora e populares. Dell'intero gruppo esiste una registrazione della RNE della durata di 23'. Un'altra canzone intitolata Mananitas floridas, del 1991, è una versione dell'originale a tre voci uguali, di cui esiste un'altra versione a 4 voci, inclusa in Tres villancicos diferentes sobre una misma letra di Lope de Vega, della durata di 9'.

Titolo: "(Dove stai andando, Maria?".
Sottotitolo: Canto di Natale

97

Data di composizione: 1968
Appartiene all'opera di Lope de Vega: I *pastori di Betlemme.*
Prima strofa: "Dove vai, zagala".
Personaggio: Aminadab
Annotazioni sceniche: [gli disse cantando:]
Durata: 2' Durata: 2' Durata: 2' Durata: 2' Durata: 2' Durata: 2' Durata: 2' Durata: 2
Tonalità: La minore
Tessitura: C3-E4
Indicazioni per l'Aggico: *Moderato*
Ubicazione del manoscritto: Biblioteca Valenciana
Simbolo del manoscritto: AMAA/535
Note sulla rubrica: Canto di Natale

Titolo: "("Dove vai, cosa fa Irio?".
Sottotitolo: Canto di Natale
Data di composizione: 1970
Appartiene all'opera di Lope de Vega: I *pastori di Betlemme.*
Prima strofa: "Zagalejo de perlas".
Personaggi: Aminadab e Palmira
Note sceniche: [Aminadab [...] verna con la sua amata Palmira [...], e la moglie che lo accompagna con voce e strumento, detta i due asft].
Durata: 1'45".
Tonalità: La minore
Tessitura: D3-E4
Indicazioni per l'invecchiamento: *Allegro*
Ubicazione del manoscritto: Biblioteca Valenciana
Simbolo del manoscritto: AMAA/523
Osservazioni: Data di composizione tratta dal catalogo SGAE. La partitura annota alla fine il testo della seconda e terza strofa da cantare sulla stessa musica della prima. Asins omette il ritornello di questa poesia: "Zagalejo de perlas / hijo del alba".

BACARISSE CHINORIA, SALVADOR (1898-1963)

Titolo: "Soneto de Lope de Vega".
Sottotitolo: Chi non conosce l'amore
Opus No.: Op. 35
Data di composizione: 23 luglio 1943
Luogo di composizione: Pans
Appartiene alla commedia di Lope de Vega: ¡Si no vieran las mujeres!....
Prima strofa: "Chi non conosce l'amore, vive tra le bestie selvatiche".
Personaggio: Imperatore [Oton]
Durata: 2' 30".
Tonalità: si bemolle maggiore *
Tessitura: C3 bemolle-La4 bemolle
Indicazioni per l'Agaggic: Andantino quasi allegretto
Ubicazione del manoscritto: Biblioteca Fundacion Juan March
Simbolo manoscritto: M-76-A/M-77-A/M-79-A/M-80-A
Note di testa: Per voce e pianoforte
Osservazioni: Esiste una versione per canto e orchestra: *Soneto de Lope de Vega. Quien no sabe de amor.* Op. 35, pour chant et orchestre / Salvador Bacarisse, 23-7-1943; Andantino; Lento (M-212-A). M-76-A ha annotazioni di dinamica a matita, che sono incluse nelle altre copie manoscritte, quindi si presume che sia precedente.M-77-A include *partcella* della voce. Solo M-

80-A ha come lilule "Ошйп (sic) no sabe de amor_".

Titolo: "Que de noche le mataron" (Fu ucciso di notte)

Opus No.: Op. 39, n° 1

Collezione o serie: Dos cantares de Lope de Vega, n° 1

Data di composizione: 27 agosto 1944

Luogo di composizione: Parigi

Appartiene alla commedia di Lope de Vega: El caballero de Olmedo.

Primo versetto: "Che lo uccisero di notte".

Personaggio: La Voce

Note sceniche: cantare da lontano nel camerino e avvicinarsi con la voce, come se si stesse camminando.

Durata: 3' Durata: 3' Durata: 3' Durata: 3' Durata: 3' Durata: 3' Durata: 3'

Tonalità: Fa minore

Tessitura: C3-Bemolle A-4

Ubicazione del manoscritto: Biblioteca Fundacion Juan March

Simbolo manoscritto: M-83-A / M-84-A

Dedica: Ad Amparito Peris

Note: M-83-A: annotazione manoscritta alla fine della canzone: Parigi 27 agosto. M-84-A: annotazione manoscritta dell'autore alla fine delle due canzoni: 25-27 agosto 1944 (questa copia è successiva al manoscritto M-83-A). Il manoscritto M-83-A è intitolato "Dos canciones de Lope de Vega", M-84-A, "Dos cantares de Lope de Vega". Esistono trascrizioni per voce e arpa (M-81, 328-A), coro misto *a cappella* (M-35-A, M-166-A e M-165-A), voce e orchestra (M-214-A).

Registrazione 1

Cantante: Peris, Amparito (Sop.)

Pianista: Grimand, Yvette

Supporto: Cassetta

Osservazioni: Copia su cassetta dall'originale su cassetta aperta di una registrazione della Radio Televisione Francese. Disponibile presso la Biblioteca FJM, numero di chiamata: MC-927.

Titolo: "Por el montecico sola" (Sulla montagna sola)

Opus No.: Op. 39, n° 2

Collezione o serie: Dos cantares de Lope de Vega, n° 2

Data di composizione: 25 agosto 1944

Luogo di composizione: Parigi

Appartiene alla commedia di Lope de Vega: El villano en su rincon (Il cattivo nel suo angolo).

Prima strofa: "Por el montecico sola" (Sulla montagna sola)

Personaggio: Musicisti

Note sceniche: I musicisti cantano e Bruno canta da solo / Lisarda esce per ballare.

Durata: 1' 30".

Tonalità: Do diesis minore

Tessitura: C3 diesis - A4

Indicazioni Agaggic: *Andantino*

Ubicazione del manoscritto: Biblioteca Fundacion Juan March

Simbolo manoscritto: M-83-A / M-84-A

Dedica: Ad Amparito Peris

Note sul titolo: Per voce e pianoforte

Note: M-83-A: annotazione manoscritta alla fine del brano: "Parigi, 25 agosto 1944. Giorno della liberazione nazista". M-84-A: annotazione manoscritta dell'autore alla fine delle due canzoni: "25-27 agosto 1944" (questa copia è successiva al manoscritto M-83-A). Il manoscritto M-83-A è intitolato "Dos canciones de Lope de Vega", M-84-A, "Dos cantares de Lope de Vega". Esistono trascrizioni per voce e arpa (M-81, 328-A), coro misto *a cappella* (M-35-A, M-166-A e M-165-A), voce e orchestra (M-214-A).

Registrazione 1
Cantante: Peris, Amparito (Sop.)
Pianista: Grimand, Yvette
Supporto: Cassetta
Osservazioni: Copia su cassetta dall'originale su cassetta aperta di una registrazione della Radio Televisione Francese. Disponibile presso la Biblioteca FJM, numero di chiamata: MC-927.

Titolo: "Coplas" (distici)

Opus No.: Op. 52, n° 2
Collezione o serie: Deux chansons classiques espagnoles pour deux voix et piano, n° 2
Data di composizione: 1950
Luogo di composizione: Parigi
Appartiene all'opera di Lope de Vega: *La Dorotea.*
Prima strofa: "Madre, qualche occhiello ho visto".
Personaggio: Dorotea
Note sceniche: [Prendi, Celia, l'arpa; che mi obbliga a molto questa risposta].
Durata: 2' Durata: 2' Durata: 2' Durata: 2' Durata: 2' Durata: 2' Durata: 2' Durata: 2
Tonalità: sol minore
Tessitura: C3-G4/G2-E4 bemolle
Indicazioni per l'aggressione: *Allegretto*
Ubicazione del manoscritto: Biblioteca Fundacion Juan March
Simbolo del manoscritto: M-92-A
Note di testa: Pour deux voix et piano
Osservazioni: *Deux chansons classiques espagnoles* comprende: I. Madrigale, con testo di Gutiërrez Cetrina, e II. *Coplas.* Il manoscritto reca il timbro di registrazione presso la Societë des Auteurs, Compositeurs et Editeurs de Musique, Parigi, 11-3-1959. Anno di composizione tratto dal FJM.

BARRERA, ANTONIO ALVAREZ (1928-1991)

Titolo: "Cancion de siega" (Canzone del raccolto)

Collezione o serie: Canzoni dell'età dell'oro, n° 1
Data di composizione: 1986
Appartiene all'opera teatrale di Lope de Vega: El gran duque de Moscovia (Il granduca di Moscovia).
Prima strofa: "Blanca me era yo".
Personaggio: Musicisti
Note di scena: Escono i musicisti mietitori e con loro Lucinda, Demetrio, Rufino, Belardo e Febo. Cantano
Durata: 1' 30" circa.
Tonalità: Re frigio
Tessitura: C3-E4 bemolle
Data di pubblicazione: 1986
Editore: Real Musical
Luogo di pubblicazione: Madrid
osservazioni: Data di composizione e pubblicazione ricavata dalla registrazione presso l'ufficio del Deposito Legale di Madrid (M 9498-1986).

Titolo: "Leggenda".

Collezione o serie: Songs of the Golden Age, n° 2

Data di composizione: 1986
Appartiene alla commedia di Lope de Vega: El caballero de Olmedo.
Primo versetto: "Che lo uccisero di notte".
Personaggio: La Voce
Note sceniche: Cantare da lontano nel camerino e avvicinarsi alla voce, come se si camminasse.
Durata: 1' 20" circa.
Tonalità: La minore
Tessitura: E3-M4
Data di pubblicazione: 1986
Editore: Real Musical
Luogo di pubblicazione: Madrid
Osservazioni: Data di composizione e pubblicazione ricavata dalla registrazione presso l'Ufficio di deposito legale di Madrid (M 9498-1986).

Titolo: "Seguidillas".
Collezione o serie: Songs of the Golden Age, n° 3
Data di composizione: 1986
Appartiene all'opera di Lope de Vega: La buena guarda o La encomienda bien guardada.
Prima strofa: "Lavami nel Tajo".
Personaggio: Musicisti
Note sceniche: Grida di musica e danza, dame e galanti, e un cameriere con un tabaque come spuntino.
Durata: 2' circa.
Tonalità: La minore
Tessitura: E3-Fa4
Data di pubblicazione: 1986
Editore: Real Musical
Luogo di pubblicazione: Madrid
Osservazioni: Data di composizione e di pubblicazione ricavata dalla registrazione presso l'Oficina del Deposito Legal di Madrid (M 9498-1986). La partitura modifica l'ordine delle strofe rispetto al testo originale della commedia: i musicisti intervengono alternando le tre strofe, iniziando con la strofa "Lavareme en el Tajo..." (terza strofa della canzone), seguita dagli interventi di D~ Clara, Damas 1ª e 2~, Galan 1° e 2°, e poi le altre due strofe nello stesso ordine della canzone.

Titolo: "Canzone d'amore".
Collezione o serie: Songs of the Golden Age, n° 4
Data di composizione: 1986
Appartiene all'opera teatrale di Lope de Vega: El ruisenor de Sevilla.
Prima strofa: "Si os panicredes al alba".
Personaggio: Musicisti
Note di scena: [PADRE: siediti e canta].
Durata: 1' 40" circa.
Tonalità: Fa diesis minore
Tessitura: C3 diesis - F4 diesis
Data di pubblicazione: 1986
Editore: Real Musical
Luogo di pubblicazione: Madrid
Osservazioni: Data di composizione e pubblicazione ricavata dalla registrazione presso l'Ufficio di deposito legale di Madrid (M 9498-1986).

Titolo: "Danza".

Collezione o serie: Songs of the Golden Age, n° 5
Data di composizione: 1986
Appartiene alla commedia di Lope de Vega: *La villana de Getafe.*
Prima strofa: "Mi manda una signora".
Personaggio: Ruiz, In's
Direzioni di scena: canto e danza
Durata: 2' circa.
Tonalità: La minore
Tessitura: D3-Fa4 diesis
Data di pubblicazione: 1986
Editore: Real Musical
Luogo di pubblicazione: Madrid
Osservazioni: Data di composizione e di pubblicazione tratta dall'albo dell'Ufficio del Ministero dell'Economia e delle Finanze.
Deposito legale di Madrid (M 9498-1986).

BENAVENTE MARTINEZ, JOSE MARIA (1929-)

Titolo: "Il sole sconfitto".

Collezione o serie: Trittico di Natale di Lope de Vega, n° 1
Data di composizione: 1956
Appartiene all'opera di Lope de Vega: I *pastori di Betlemme.*
Prima strofa: "Di una bella Vergine".
Personaggio: Joran
Note sceniche: [Non fu necessario pregare gli altri pastori di cantare, perché tutti si fecero avanti e cominciarono gioiosamente come segue].
Durata: 1' 10" circa.
Tonalità: Sol maggiore
Tessitura: G3-G4
Indicazioni Agaggic: *Andantino*
Data di rilascio: 18-5-1956
Luogo della prima: Conservatorio di Madrid
Osservazioni: Il trittico comprende: I. *El sol vencido*, II. *No lloreis mis ojos*, III. *Danza gitana.* Fotocopia del ciclo insieme ad altre composizioni corali e per voce e organo donate dall'autore alla biblioteca del RCSMM, con dedica autografa: "Per la biblioteca del Real Conservatorio de Musica de Madrid...". Josë Mª Benavente, Madrid, 1995. Nessuna data di edizione o menzione dell'editore. Il frontespizio indica il luogo e la data della prima. L'anno di composizione si ricava dalla data della prima.

Titolo: "Non piangere a dirotto".

Collezione o serie: Trittico di Natale di Lope de Vega, n° 2
Data di composizione: 1956
Appartiene all'opera di Lope de Vega: I *pastori di Betlemme.*
Prima strofa: "Non piangere, occhi miei".
Personaggio: Finarda
Annotazioni sceniche: [... tempio di uno strumento e cantando e piangendo disse così].
Durata: 1' 40" circa.
Tonalità: Do minore
Tessitura: G3-G4
Indicazioni per l'Aggico: *Moderato*
Data della prima: 18-5-1956
Luogo della prima: Conservatorio di Madrid

Motivazione: Lavoro accademico di composizione presso il Conservatorio di Madrid, come studente di Julio Gomez.
Osservazioni: Il trittico comprende: I. *El sol vencido,* II. *No lloreis mis ojos,* III. *Danza gitana.* Fotocopia del ciclo insieme ad altre composizioni corali e per voce e organo donate dall'autore alla biblioteca del RCSMM, con dedica autografa: "Per la biblioteca del Real Conservatorio de Musica de Madrid...". Josë Mª Benavente, Madrid, 1995. Nessuna data di edizione o menzione dell'editore. Il frontespizio indica il luogo e la data della prima. L'anno di composizione si ricava dalla data della prima.

Titolo: "Danza gitana".
Collezione o collana: Tnptico navideno de Lope de Vega, n° 3
Data di composizione: 1956
Appartiene all'opera di Lope de Vega: I *pastori di Betlemme.*
Prima strofa: "A la dina dana".
Personaggio: Elifila
Note sceniche: [Elifila, a cui è stata estratta la terza sorte, ha cantato così:]
Durata: 2' 30" circa.
Tonalità: Do maggiore
Tessitura: C3-G4
Indicazioni agghiaccianti: *Allegretto scherzando*
Data di rilascio: 18-5-1956
Luogo della prima: Conservatorio di Madrid
Osservazioni: Il trittico comprende: I. *El sol vencido,* II. *No lloreis mis ojos,* III. *Danza gitana.* Fotocopia del ciclo insieme ad altre composizioni corali e per voce e organo donate dall'autore alla biblioteca del RCSMM, con dedica autografa: "Per la biblioteca del Real Conservatorio de Musica de Madrid, Josë Mª Benavente, Madrid, 1995".
Nessuna data di edizione o indicazione dell'editore. Il frontespizio indica il luogo e la data di pubblicazione. L'anno di composizione si ricava dalla data di pubblicazione.

BUENO AGUADO [BUENAGU], JOSE (1936-)

Titolo: "Dormi, bambino mio".
Data di composizione: giugno 1954
Luogo di composizione: Madrid
Appartiene all'opera di Lope de Vega: I *pastori di Betlemme.*
Prima strofa: "Pues andais en las palmas".
Personaggio: Elifila
Note sceniche: [che intendo imitare nella mia canzone, dicendo così:]
Durata: 1' 50" circa.
Tonalità: La maggiore
Tessitura: A3-A4
Indicazioni per l'aggancio: *Lento/Allegretto tranquillo*
Luogo del manoscritto: Juan March
Simbolo del manoscritto: M-359-B
Titolo: Canto e pianoforte
osservazioni: manoscritto autografo datato e firmato alla fine della partitura: giugno 1954. Nel manoscritto il nome dell'autore appare come Jose B. Aguado. Dalla data di composizione, scritta all'età di 18 anni, probabilmente risale al periodo in cui era studente al Conservatorio di Madrid.

Campo Y ZABALETA, CONRADO DEL (1879-1953)

Titolo: "Così viva è la mia anima".
Collezione o serie: Una signora è in vendita a chi la vuole, Pala d'altare

Data di composizione: 1935
Appartiene all'opera di Lope de Vega: *La Dorotea.*
Prima strofa: "Così vivo è nell'anima mia".
Personaggio: Fernando
Note sceniche: [La prima que se le ha puesto, y a cantar vuelve].
Durata: circa 3' 30".
Tonalità: La minore *
Tessitura: F2-A3
Data di uscita: 12-12-1935
Luogo della prima: Teatro Espanol, Madrid
Cantante d'apertura: Miguel Fleta (Ten.)
Ubicazione del manoscritto: CEDOA-SGAE/RCSMM
Firma manoscritta: Legado Conrado del Campo, scatola 8.51
Note al titolo: Letrilla da "La Dorotea".
Motivazione: Composto per la partecipazione del tenore Miguel Fleta all'atto di omaggio del Conservatorio di Madrid a Lope de Vega.
Osservazioni: Composizione per voce e pianoforte indipendente dalla pala *Una dama se vende a quien la quiera,* eseguita nell'intervallo della stessa, entrambe eseguite in prima assoluta nell'atto di omaggio a Lope de Vega nel tercentenario della sua morte che il Conservatorio di Madrid offrì il 12 dicembre 1935 al Teatro Espanol di Madrid. Nella Biblioteca del RCSMM sono conservate le *parti del* retablo, le scritture di puntamento e un manoscritto di questa canzone, nel CEDOA-SGAE un'altra copia manoscritta della stessa, quest'ultima annotata in alto con "Pte. De Aptar. [parte de apuntar], ed è intitolata *Intermedia.* Il titolo della canzone, tratto dalla prima strofa, è quello utilizzato da Miguel Alonso nel catalogo delle opere di Conrado del Campo.

Titolo: "Canzone della pastorella Finarda".

Collezione o ciclo: *Figuras de Belen,* Evocaciones sinfonicas. Intermedio
Data di composizione: 1946
Appartiene all'opera teatrale di Lope de Vega: *Pastares de Belen.*
Prima strofa: "Non piangere, occhi miei".
Personaggio: Finarda
Annotazioni sceniche: [...tempio di uno strumento e cantando e piangendo, disse così].
Durata: 2'40" ca.
Tonalità: Sol maggiore
Tessitura: D3-Bemolle A4 (B4 opzionale)
Indicazioni per l'invecchiamento: *Andantno*
Data della prima: 1946
Luogo della prima: Teatro Romea, Murcia
Altre esecuzioni: 4-12-86, presentazione del Catalogo de obras de Conrado del Campo, di Miguel Alonso. Nella 2ª parte Pura Mª Maiti'nez, canta la Cancion de la Pastora Finarda.
Ubicazione del manoscritto: CEDOA-SGAE
Firma manoscritta: Legado Conrado del Campo, caja 8.30
Dedica: Elsa del Campo, figlia del compositore
Indicazioni di testa: "Pastori di Betlemme. Lope de Vega" "Con grande tenerezza e quasi declamato".
Motivazione: Intermedio di Figure di Bel'n
Osservazioni: *Figure di Betlemme.* Evocazioni sinfoniche ispirate alla Natività di Salzillo. Si compone di quattro numeri: I. *Ouverture poematica* (El ángel que anuncia, Los pastores caminan alegremente, El portal de Bel'n y Adoracion, con breve intervento di una voce dell'angelo-nino che canta "Gloria in excelsis Deo..."), II. *La vieja hila y el gallo contempla. Intermediate Cancion de*

la pastora Finarda ("No lloreis mis ojos"), per voce e pianoforte (esiste un arrangiamento dell'autore per voce, 2 oboi, 2 fagotti e violino solo), III. *I Re Magi. Cavalcata*. Adorazione. IV. *Notturno. Giro dei pastori* (I pastori marciano verso il portale (una voce di bambino canta "Dejate caer, Pascual"). Il manoscritto reca diverse date: I e II 14 e 26-2-1946, III e IV 11-10-1946.

CARBAJO CADENAS, VICTOR (1970-)

Titolo: "Assenza".

Data di composizione: 25-9-1999
Luogo di composizione: Madrid
Appartiene all'opera di Lope de Vega: *Rimas (Rime)*.
Prima strofa: "Andare e restare, e con il restare partire", Rima LXI
Durata approssimativa: 4' 30".
Indicazioni di testa: per Soprano, Mezzosoprano (o Contralto) e Pianoforte
Tessitura: C2-Do5/A2 diesis-E4 bemolle
Ubicazione del manoscritto: Archivio personale del compositore
Osservazioni: Opera originale per due voci e pianoforte. Il compositore ci fornisce una copia elettronica della partitura, che è inedita. Egli stesso ci informa [e-mail, 8-3-2012] che è stata eseguita in prima assoluta e che sono state date diverse esecuzioni in paesi del Sud America, senza specificare date e luoghi.

CAROL, MERCEDES [MERCEDES GARCIA LOPEZ].[321]

Titolo: "Cantarcillo".

Sottotitolo: No lloreis, ojuelos
Collezione o serie: *Cinque canzoni*, n° 4
Data di composizione: 1964
Appartiene all'opera di Lope de Vega: *La Dorotea*.
Prima strofa: "No lloreis, ojuelos".
Personaggio: Don Fernando
Note sceniche: [Voglio cantare, per farli stare zitti:]
Durata: 1' 40' circa.
Tonalità: Sol minore
Tessitura: D3-E4 bemolle
Indicazioni aggressive: Lento
Data di pubblicazione: 1964
Editore: Union Musical Espanola
Luogo di pubblicazione: Madrid
Note sul titolo: Per voce e pianoforte
Osservazioni: Anno di composizione ricavato dalla data di pubblicazione. Mercedes Carol, pseudonimo di Mercedes Garcia Lopez.
Registrazione 1
Anno: 1977
Cantante: Marlinez, Pura Maria (Sop.) **Pianista:** Rodriguez Gavilanes, Rogelio **Luogo:** Casa della Radio, Madrid
Data: 21-10-1977
Supporto: Radio
Durata: non specificata

---

[321] Nonostante le ricerche effettuate, non è stato possibile rintracciare un parente che potesse fornirci i dati biografici di Mercedes Garcia Lopez, insegnante di canto al Conservatorio di Madrid, dove era stata in precedenza allieva. Ai tempi in cui era allieva, ha eseguito in prima assoluta tre delle *Cinco canciones* di José Maria Guervos nell'Homenaje a Lope de Vega al Teatro Espanol il 12 dicembre 1935, di cui è stata anche dedicataria. Alcuni dei suoi studenti con cui siamo entrati in contatto non sono stati in grado di fornire ulteriori informazioni.

Osservazioni: registrazione RNE.

CASAL CHAPI, ENRIQUE (1909-1977)

Titolo: "Sonetto".

Collezione o serie: Due frammenti del Cavaliere di Olmedo, n° 1
Data di composizione: 21 settembre 1935
Appartiene alla commedia di Lope de Vega: El caballero de Olmedo.
Prima strofa: "Ho visto la più bella bracciante".
Carattere: In("s
Note sceniche: [Leggere la lettera di Alonso].
Lunghezza: 1' 34"
Chiave: Re frigio *
Tessitura: C3 diesis-G4
Indicazioni agrammatiche: Lento, *quasi parlato*
Data di pubblicazione: 1938
Editore: Ediciones del Consejo Central de la Musica
Citazione della pubblicazione: Ministerio de Instruccion Publica, Direccion General de Bellas Artes.
Luogo di pubblicazione: Barcellona
Note sul titolo: Per voce e pianoforte / Nel terzo centenario di Lope de Vega
Motivazione: presumibilmente per il Concorso Nazionale di Musica del 1935.
Registrazione 1
Anno: 1998
Cantante: Gragera, Elena (Mz.)
Pianista: Cardo, Anton
Sede: Centro Culturale Conde Duque, Madrid
Data: 9-3-1998
Supporto: Radio
Durata: non specificata
Osservazioni: registrazione RNE. Durata dei due brani del ciclo "Dos fragmentos del caballero de Olmedo" 6'15".

Titolo: "Romancillo".

Collezione o serie: Due frammenti del Cavaliere di Olmedo, n° 2
Data di composizione: 22 settembre 1935
Appartiene alla commedia di Lope de Vega: El caballero de Olmedo.
Prima strofa: "Ahimè, stato rigoroso".
Personaggio: Alonso
Lunghezza: 3' 55"
Tonalità: si bemolle maggiore
Tessitura: C3 diesis-G4 diesis
Indicazioni per l'invecchiamento: *Molto tranquillo*
Data di pubblicazione: 1938
Editore: Ediciones del Consejo Central de la Musica
Citazione della pubblicazione: Ministerio de Instruccion Publica, Direccion General de Bellas Artes.
Luogo di pubblicazione: Barcellona
Note sul titolo: Per voce e pianoforte / Nel terzo centenario di Lope de Vega
Motivazione: presumibilmente per il Concorso Nazionale di Musica del 1935.
Registrazione 1
Anno: 1998

Cantante: Gragera, Elena (Mz.)
Pianista: Cardo, Anton
Sede: Centro Culturale Conde Duque, Madrid
Data: 9-3-1998
Supporto: Radio
Durata: non specificata
Osservazioni: registrazione RNE. Durata dei due brani del ciclo "Dos fragmentos del caballero de Olmedo" 6'15".
Titolo: "Serrana".
Collezione o serie: Tres cantares de Lope de Vega, n° 1
Data di composizione: 28 settembre 1935
Appartiene all'opera teatrale di Lope de Vega: *El Adegiiela.*
Prima strofa: "Mi hanno saltato gli occhi".
Personaggi: Anton, Toribio, Alejo, Chamorro, Benito, Felipa, Teresa, Marfa e musicisti fanno parte del cast.
Note panoramiche: Cantan
Lunghezza: 1' 38"
Chiave: Fa maggiore *
Tessitura: E3-G4
Indicazioni aggressive: *Mosso assai*
Data di pubblicazione: 1938
Editore: Ediciones del Consejo Central de la Musica
Luogo di pubblicazione: Barcellona
Note sul titolo: Per voce e pianoforte
Motivazione: presumibilmente per il Concorso Nazionale di Musica del 1935.
Titolo: "Harvest Song".
Collezione o serie: Tre canzoni di Lope de Vega, n° 2
Data di composizione: 29 settembre 1935
Appartiene all'opera teatrale di Lope de Vega: El gran duque de Moscovia (Il granduca di Moscovia).
Prima strofa: "Blanca me era yo".
Personaggio: Musicisti
Note sceniche: Escono i mietitori e con loro Lucinda, Demetrio, Rufino, Belardo e Febo. Cantano.
Lunghezza: 2' 25"
Legenda: A
Tessitura: G3-G4
Indicazioni agrammatiche: *Lento molto*
Data di pubblicazione: 1938
Editore: Ediciones del Consejo Central de la Musica
Luogo di pubblicazione: Barcellona
Note sul titolo: Per voce e pianoforte
Motivazione: presumibilmente per il Concorso musicale nazionale del 1935.
Titolo: "Villancico" (canto natalizio)
Collezione o serie: Tres cantares de Lope de Vega, n° 3
Data di composizione: 29 settembre 1935
Appartiene alla commedia di Lope de Vega: Peribanez y el comendador de Ocana.
Prima strofa: "Cogiome a tu puerta el toro".
Personaggio: Musicisti
Note sceniche: I musicisti cantano

Durata: 0' 45"
Tonalità: Fa minore
Tessitura: C3-Fa4
Indicazioni agostane: *Allegretto vivace*
Data di pubblicazione: 1938
Editore: Edizioni del Consiglio Centrale della Musica
Luogo di pubblicazione: Barcellona
Motivazione: presumibilmente per il Concorso Nazionale di Musica del 1935.

CASARES Y ESPINOSA DE LOS MONTEROS, JOSE MARIA (1860 CA.) 1900)

Titolo: "Trova".

Data di composizione: 1890 circa
Appartiene all'opera di Lope de Vega: *La Dorotea.*
Prima strofa: "Madre, qualche occhiello ho visto".
Personaggio: Dorotea
Note sceniche: [Ecco, Celia, prendi l'arpa; sono costretto a fare spesso questa risposta].
Durata: 1' 50" circa.
Tonalità: La bemolle maggiore
Tessitura: E3-Fa4
Ubicazione del manoscritto: Biblioteca Fundacion Juan March
simbolo manoscritto: M-480-A
Titolo: Canto e pianoforte
Osservazioni: Esiste un altro manoscritto (M-920-A) con la stessa musica, intitolato *Coplas*, che sembra essere una stesura precedente. Lo stesso compositore ha un'altra opera per voce e pianoforte con il titolo *Trova* con poesia de H. Heine, che può essere confusa con questa. Date di nascita e di morte sconosciute. Emilio Casares Rodicio (in *Diccionario de la Zarzuela espanola e Hispanoamericana,* vol. 1, p. 416) segnala che si tratta di un compositore di Granada attivo a Madrid a partire dagli anni Settanta dell'Ottocento (è citato anche in *Diccionario de la musica espanola e hispanoamericana,* vol. 3, p. 298). Una lettera di Jorge Bëcquer, figlio di G. A. Bëcquer, datata 10-I-1891, che autorizza Josë Casares y Espinosa de los Monteros a musicare e pubblicare le rime del padre, è conservata nel FJM, insieme ad altre lettere datate 1884, da cui si ricava una data approssimativa di composizione.

COLODRO CAMPOS, FERNANDO (1941-)

Titolo: "Mananicas floridas".

Data di composizione: 5 febbraio 1990
Luogo di composizione: Martos (Jacn)
Appartiene all'opera teatrale di Lope de Vega: *El cardenal de Belen.*
Prima strofa: "Mananicas floridas".
Carattere: Musica, Pascual (Anton, Bras)
Note panoramiche: Canten
Durata: 2' 15" circa.
Tonalità: Sol maggiore
Tessitura: D3-E4
Indicazioni geografiche: *Largo-Larghetto*
Data di uscita: 5-2-1990
Luogo della prima: Colegio San Antonio, Martos Jacn)
Cantante della prima: M- del Carmen Abolafia Martinez (Sop.)
Pianista per la prima: Fernando Colodro

Ubicazione del manoscritto: Archivio del compositore **Dedica:** Dedicato a Laura Antonia Colodro Abolafia

Indicazioni di testa: Voce e pianoforte

Osservazioni: Il compositore la dettò a una nipote ed è eseguita in prima assoluta dalla madre di ësta, soprano solista della Coral Tuccitana diretta da Colodro. Secondo le informazioni fornite dallo stesso compositore, la data della prima esecuzione fornita dal Centro de Documentacion Musica de Madrid (22 novembre 1988) è errata, mentre la data corretta è quella indicata nella partitura, il 5 febbraio 1990.

COTARELO ROMANOS, FRANCISCO (1884-1943)

Titolo: "Mamma, ho visto degli occhielli".

Collezione o serie: *Cuato canciones,* n° 2

Data di composizione: 1925

Appartiene all'opera di Lope de Vega: *La Dorotea.*

Prima strofa: "Mamma, ho visto degli occhielli".

Personaggio: Dorotea

Note sceniche: [Prendi, Celia, l'arpa; che mi obbliga a molto questa risposta].

Durata: 2' 50' circa.

Tonalità: La maggiore

Tessitura: B4 bemolle-La5

Ubicazione del manoscritto: Eresbil, Archivio della Musica Basca

Codice manoscritto: E/COT-01/A-08

Osservazioni: Le informazioni sulla data di composizione (1925 circa) provengono da Isabel Diaz Morlan in *La cancion para voz y piano en el Pais Vasco ente 1870 y 1939,* tesi di dottorato. Le *Cuato canciones* comprendono anche: *El baratero, Los ninos en el parque* e *Capa espanola.*

DIAZ YERRO, GONZALO (1977-)

Titolo: "Quando mi fermo a contemplare il mio stato".

Raccolta o serie: *Quattro sonetti,* n° 1

Data di composizione: 9-10-1998 Luogo di composizione: Vienna

Appartiene all'opera di Lope de Vega: *Rimas sacras (Rime sacre).*

Prima strofa: "Quando mi fermo a contemplare il mio stato", Primo Sonetto

Durata: 2' 10" circa.

Tonalità: Speciale modale

Tessitura: G1 diesis - G3 diesis

Indicazioni aggressive: 60

Data di uscita: ottobre 1999

Luogo della prima: Universitat fur Musik und Darstellende Kunst, Wien

Cantante d'apertura: Alfredo Garcia (bar.)

Pianista per la prima: Sonja Hubert

Ubicazione del manoscritto: CEDOA-SGAE

Simbolo del manoscritto: Archivo Sinfonico 22.230

Dedica: ad Alfredo Garcia

Note di testa: Banton e pianoforte (Bariton-Klavier)

Motivazione: Per il secondo corso di composizione a Vienna

Osservazioni: In tutti l'annotazione "Deo soli gloria" insieme a data e firma. Solo il n. 4 reca l'indicazione del luogo di composizione, "Wien", l'autore afferma che sono stati tutti composti in quella città.

Titolo: "Pastore che con i tuoi fischi amorevoli".

Collezione o serie: *Quattro sonetti,* n° 2

Data di composizione: 27-11-1998
Luogo di composizione: Vienna
Appartiene all'opera di Lope de Vega: *Rimas sacras (Rime sacre)*.
Prima strofa: "Pastore, che con i tuoi amorosi fischi", Sonetto XIV
Durata: 2' ca.
Tonalità: Speciale modale
Tessitura: A1 bemolle-G3
Indicazioni agogiche: circa 60
Data di uscita: ottobre 1999
Luogo della prima: Universitat fur Musik und Darstellende Kunst, Wien
Cantante d'apertura: Alfredo Garcia (bar.)
Pianista per la prima: Sonja Hubert
Ubicazione del manoscritto: CEDOA-SGAE
Firma, da manoscritto: Archivo Sinfonico 22.230
Dedica: ad Alfredo Garcia
Note di testa: Baritono e pianoforte (Baritono-Klavier)
Motivazione: Per il secondo corso di composizione a Vienna
Osservazioni: In tutti l'annotazione "Deo soli gloria" insieme a data e firma. Solo il n. 4 reca l'indicazione del luogo di composizione, "Wien", l'autore afferma che sono stati tutti composti in quella città.

Titolo: "("Che cosa ho io perché tu cerchi la mia amicizia?".
Raccolta o serie: *Quattro sonetti,* n° 4
Data di composizione: 5-2-1999
Luogo di composizione: Vienna
Appartiene all'opera di Lope de Vega: *Rimas sacras (Rime sacre)*.
Prima strofa: "(Qnc ho io, che tu cerchi la mia amicizia?", Sonetto XVIII
Durata: 2' 15" circa.
Tonalità: Speciale modale
Tessitura: A1-E3
Indicazioni sugli aggregati: 60-72
Data di uscita: ottobre 1999
Luogo della prima: Universitat fur Musik und Darstellende Kunst, Wien
Cantante d'apertura: Alfredo Garcia (bar.)
Pianista per la prima: Sonja Hubert
Ubicazione del manoscritto: CEDOA-SGAE
Simbolo del manoscritto: Archivo Sinfonico 22.230
Dedica: ad Alfredo Garcia
Note di testa: Baritono e pianoforte (Baritono-Klavier)
Motivazione: Per il secondo corso di composizione a Vienna
Osservazioni: In tutti l'annotazione "Deo soli gloria" insieme a data e firma. Solo il n. 4 reca l'indicazione del luogo di composizione, "Wien", l'autore afferma che sono stati tutti composti in quella città.

Titolo: "Quante volte, Signore, mi hai chiamato".
Raccolta o serie: *Quattro sonetti,* n° 3
Data di composizione: 27-12-1998
Luogo di composizione: Vienna
Appartiene all'opera di Lope de Vega: *Rimas sacras (Rime sacre)*.
Prima strofa: "Quante volte, Signore, mi hai chiamato", Sonetto XV
Durata: 2' ca.

Tonalità: Speciale modale
Tessitura: G1 ₍diesis₎ - G3
Indicazioni agogiche: circa 60
Data di uscita: ottobre 1999
Luogo della prima: Universitat fur Musik und Darstellende Kunst, Wien
Prima cantante: Alfredo Gai ria (bar.)
Pianista per la prima: Sonja Hubert
Ubicazione del manoscritto: CEDOA-SGAE
Firma del manoscritto: Archivo Sinfonico 22.230
Dedica: ad Alfredo Garcia
Note di testa: Baritono e pianoforte (Baritono-Klavier)
Motivazione: Per il secondo corso di composizione a Vienna
Osservazioni: In tutti l'annotazione "Deo soli gloria" insieme a data e firma. Solo il n. 4 reca l'indicazione del luogo di composizione, "Wien", l'autore afferma che sono stati tutti composti in quella città.

DURAN MARTINEZ, GUSTAVO (1906-1969)

Titolo: "Seguidillas de la noche de San Juan".

Data di composizione: ottobre 1926
Luogo di composizione: Playa de las Canteras, Isola di Gran Canaria
Appartiene alla commedia di Lope de Vega: Las flores de Don Juan, y rico y pobre trocados (I fiori di Don Juan, e ricchi e poveri scambiati).
Prima strofa: "Lasciano Valencia".
Personaggio: Musicisti
Indicazioni sceniche: Gridare e applaudire all'interno e cantare con i sonagli.
Durata: 1' circa.
Tonalità: Si minore
Tessitura: ₍E3-M4₎
Indicazioni per l'invecchiamento: Con una chiara allegrezza. Ma calmo e pesante
Osservazioni: Indicazione della data e del luogo di composizione sulla partitura. Fotocopia della Residencia de Estudiantes.
Registrazione 1
Anno: 2000
Cantante: Estěvez, Estrella (Sop.)
Pianista: Hervas, Francisco
Data: 2000
Supporto: CD
Etichetta: Arsis
Riferimento discografico: ARSIS 4155
Durata: 2:22

ESCUDERO GARCIA, FRANCISCO (1913-2002)

Titolo: "Alla sepoltura di Cristo".

Data di composizione: 1974
Appartiene all'opera di Lope de Vega: *Rimas sacras (Rime sacre)*.
Prima strofa: "A los brazos de Maria", Rima CXXXII
Lunghezza: 4' 53"
Tonalità: Atonale
Tessitura: ₍A2-Do5₎
Data di rilascio: 3-4-1974

Luogo della prima: Estudio Musica I, RNE. Madrid

Cantante d'apertura: Carmen Torrico

Pianista per la prima: Mª Elena Barrientos

Ubicazione del manoscritto: Eresbil-Archivo Vasco de Musica

simbolo manoscritto: E/EsC-07/A-04

Data di pubblicazione: 1975

Editore: Alpuerto

Luogo di pubblicazione: Madrid

Note di testa: Per voce di soprano e pianoforte

Motivazione: Commissionato da Radio Nacional de Espana

Osservazioni: Secondo lo studioso Itziar Larrinaga l'opera risale al 1974, non al 1947 come riportano i cataloghi SGAE e FJM. Nell'unica registrazione esistente è intitolata: "Poema al entierro de Cristo: para soprano y piano", mentre il catalogo SGAE la chiama "Romance al entierro de Cristo para soprano y piano". Qui prendiamo il titolo "Al entierro de Cristo" che è quello che appare nella partitura pubblicata.

Registrazione 1

Anno: 1974

Cantante: Carmen Torrico (Sop.)

Pianista: Maria Elena Barrientos

Sede: Estudio Musica I, RNE, Madrid

Data: 3-4-1974

Supporto: Radio

Osservazioni: Durata non specificata.

Registrazione 2

Anno: 1992

Cantante: Kudo, Atsuko (Sop.)

Pianista: Zabala, Alejandro

Sede: Municipio di San Sebastian

Data: 18-8-1992

Supporto: Radio

Durata: 4:53

Osservazioni: La quindicina musicale di San Sebastian. Registrato da RNE.

Registrazione 3

Anno: 2002

Cantante: Martinez, Pura Maria (Sop.)

Pianista: Lopez Laguna, Gerardo

Sede: Studi Musigrama, Madrid

Data: 2002

Supporto: CD

Etichetta discografica: Fundacion Bilbao Bizkaia Kutxa

Etichetta di riferimento: BBK 010

Registrazione 4

Anno: 2002

Cantante: Maitfnez, Pura Maria (Sop.)

Pianista: Lopez Laguna, Gerardo

Sede: Palazzo Miramar, San Sebastian

Data: 27-8-2002

Supporto: Radio

Durata: 5:10

Osservazioni: La quindicina musicale di San Sebastian. Registrato da RNE. Non è consentita la trasmissione senza l'autorizzazione degli esecutori.

FRANCO BORDONS, JOSE MARIA (1894-1971)

Titolo: "A... te".

Collezione o serie: *Cuato canciones,* n° 1
Data di composizione: 7 gennaio 1917
Luogo di composizione: Madrid
Appartiene all'opera teatrale di Lope de Vega: La discreta enamorada (L'amante discreta).
Prima strofa: "When I look at you so beautifully".
Personaggio: Musicisti
Note sceniche: suonano e cantano
Durata: 1' circa.
Tonalità: Mi bemolle maggiore
Tessitura: B2 bemolle-Re3
Indicazioni agghiaccianti: *Andante cantabile*
Ubicazione del manoscritto: Biblioteca Fundacion Juan March
Simbolo manoscritto: M-7171-B / M-7206-B
Note di testa: Poesia di Lope de Vega
Osservazioni: Data di composizione alla fine del manoscritto. Sotto il titolo si legge "transcripcion para bajo" (trascrizione per basso). Le *quattro canzoni* comprendono altre tre con testi di Amado Nervo (n. 2) e di R. Tagore (nn. 3 e 4). Esiste un'altra canzone con lo stesso titolo, *A...i* con sig. M-7206-B, con data successiva (Madrid, 2 aprile 1918), trascrizione della precedente, un diesis 4[a], con lievi modifiche al pianoforte. Con i dati riportati nei manoscritti relativi alla differenza di date e all'indicazione della trasposizione, non è chiaro quale versione sia l'originale.

GARCIA, MANUEL DEL POPULO VICENTE (1775-1832)

Titolo: "The Love Boat".

Collezione o serie: Chansons espagnoles
Data di composizione: 1810 circa
Appartiene all'opera teatrale di Lope de Vega: *El arauco domado (L'arauco domato).*
Prima strofa: "Piraguamonte, piragua".
Personaggio: Musicisti [Indiani].
Note sceniche: Escono gli indiani e i musicisti con i loro strumenti. [...] Tutti seduti, Quidora e Leocoton ballano, i musicisti cantano.
Durata: 2' 15" circa.
Tonalità: Mi maggiore
Tessitura: D3-B4
Indicazioni agostane: *Vivace* con grazia
Data di pubblicazione: 1994
Editore: Instituto Complutense de Ciencias Musicales
Menzione dell'edizione: Canciones y caprichos liricos. Manuel Garcia. Edizione critica a cura di Celsa Alonso.
Luogo di pubblicazione: Madrid
Osservazioni: Appartiene alla raccolta Chansons espagnoles par Manuel Garcia [x'rc, paroles francaises de Mr. Louis Pomey, arrangi'es avec acompagnement de piano par Mme. Pauline Viardot, Gerard, Paris, Paris, 1875. Lope utilizza nelle canzoni parole descrittive della realtà del Nuovo Mondo che sono state adattate allo spagnolo del XVI secolo, alcune dalle lingue caraibiche (piragua) altre dal quechua (tambo). Garcia utilizza in questa canzone solo la prima delle quattro strofe che compongono la scena. Oltre alla descrizione sensuale e colorata della barca di Venere, Lope mostra la sua capacità di unire due soggetti, uno classico e l'altro indiano. L'elemento di

unione tra i due mondi è la parola "arco", quella di Cupido e l'arma degli indiani. La stessa facilità è dimostrata nel rapporto tra le 4 parti della canzone, che è composta da 4 romanze incorniciate dal ritornello "indiano" che apre e chiude la canzone e separa le 4 parti. Mentre 1- e 3- sono legate alla commedia dal tema "indiano", 2- e 4- sono unite dalla storia di "el nino Amor" (Umpierre, p. 99). Ci sembra interessante interpretare questa canzone con tutto il testo completo di Lope, le quattro strofe, con la musica di Garcia, come una canzone strofica.

GARCIA DE LA PARRA Y TELLEZ, BENITO (1884-1954)

Titolo: "Cancion de Lope de Vega".

Sottotitolo: Castilla la Vieja
Collezione o collana: Cancionero espanol, primo volume, n° 12
Data di composizione: [1943].
Appartiene alla commedia di Lope de Vega: *El bobo del colegio.*
Prima strofa: "Naranjitas me tira la nina".
Personaggio: Musicisti
Note panoramiche: Canten
Durata: 1' 45" circa.
Tonalità: Sol maggiore
Tessitura: Re3-Re4
Indicazioni per l'Aggico: *Moderato*
Data di pubblicazione: [1943].
Editore: Juan Bta. Pujol Editores
Menzione dell'edizione: Sezione femminile della F.E.T. e J.O.N.S.
Motivazione: Assegnazione della sezione femminile
Osservazioni: Anno di composizione dedotto dalla data di edizione. Copia dell'edizione dedicata a Julio Gomez: dedica autografa dell'autore sulla prima pagina: "Al mio buon amico Julio Gomez, illustre compositore spagnolo. L'autore, 8-7-1943". Nella parte di accompagnamento sono indicati pedali e apagar pedales, da cui si deduce che è per pianoforte. La prima strofa non coincide con Lope.

GARCIA FERNANDEZ, VORO (1970-)

Titolo: "Nella notte".

Collezione o serie: *Dall'anima*, n° 2
Data di composizione: 2011
Appartiene all'opera di Lope de Vega: *Rimas (Rime).*
Primo verso: "Notte, artefice di trucchi", rima CXXXVII
Durata: 2' 30" circa.
Tonalità: Atonale
Tessitura: F2 diesis-Fa4
Indicazioni per l'invecchiamento: *Dolce, più intmo,* 54
Ubicazione del manoscritto: Archivio personale del compositore
Data di uscita: 12-5-2011
Luogo della prima: Valencia, Ensems Festival
Cantante esordiente: Jose Hernandez Pastor (controtenore)
Pianista per la prima: Bartomeu Jaume
Altre esibizioni: Auditorium di Cuenca, Auditorio 400 MNCARS di Madrid e Teatro Arriga di Bilbao [aprile 2011].
Dedica: A mia moglie
Motivazione: Commissionato dal Festival Festclasica in occasione del 400° anniversario della morte di T. L. De Victoria.

Indicazioni di testa: una volta che il baritono ha lasciato il palco, il controtenore entra in scena in silenzio. [Si riferisce al baritono che esegue il brano precedente del gruppo].
Osservazioni: Originariamente scritto per controtenore e pianoforte. Il pianista recita alcuni brevi testi di San Juan de la Cruz come transizione tra i brani del gruppo. La partitura comprende vari effetti di percussione con materiali diversi che vengono manipolati sia dal cantante che dal pianista.

Titolo: "Alle mie solitudini vado".

Collezione o serie: *Dall'anima*, n° 4
Data di composizione: 2011
Appartiene all'opera di Lope de Vega: *La Dorotea*.
Prima strofa: "Alle mie solitudini vado".
Personaggio: Don Fernando
Indicazioni di scena: Canta
Durata: 5' circa.
Tonalità: Atonale
Tessitura: F2 diesis-Re3
Indicazioni per l'invecchiamento: *Dolce, più intimo*, 54
Ubicazione del manoscritto: Archivio personale del compositore
Data di uscita: 12-5-2011
Luogo della prima: Valencia, Ensems Festival
Cantante d'apertura: Josë Hernandez Pastor (controtenore)
Pianista per la prima: Bartomeu Jaume
Altre esibizioni: Auditorium di Cuenca, Auditorio 400 MNCARS di Madrid e Teatro Arriga di Bilbao [aprile 2011].
Dedica: A mia moglie
Motivazione: Commissionato dal Festival Festclasica in occasione del 400° anniversario della morte di T. L. De Victoria.
Indicazioni di testa: una volta che il bari'lono ha lasciato il palco, il controtenore entra in silenzio. Prende la spazzola jazz per il copione. [si riferisce al bantono che suona il brano precedente del gruppo].
Osservazioni: Originariamente scritto per controtenore e pianoforte. Il pianista recita alcuni brevi testi di San Juan de la Cruz come transizione tra i brani del gruppo. La partitura comprende vari effetti di percussione con materiali diversi che vengono manipolati sia dal cantante che dal pianista.

GOMEZ GARCIA, JULIO (1886-1973)

Titolo: "("Che cosa ho io perché tu cerchi la mia amicizia?".

Collezione o collana: Cuatro poesias liricas de Lope de Vega, n° 1
Data di composizione: 25 agosto 1935
Luogo di composizione: Yunquera de Henares (Guadalajara)
Appartiene all'opera di Lope de Vega: *Rimas sacras (Rime sacre)*.
Prima strofa: "(Che cosa ho io, perché tu cerchi la mia amicizia?", Sonetto XVIII
Durata: 2' 10"
Tonalità: La bemolle maggiore
Tessitura: D2-Fa3
Indicazioni agghiaccianti: *Andante*
Ubicazione del manoscritto: Biblioteca Fundacion Juan March / BN
Simbolo del manoscritto: JM: M-766-A e BN: MP/5352/1
Note di testa: Bantono e pianoforte / **dalle** Rimas Sacras (Rime Sacre)
Premi: Premio al Concorso Nazionale di Musica nel 1935

Motivazione: Concorso nazionale di musica 1935

Note: Manoscritto firmato e datato: "Yunquera 25 agosto 1935" (si riferisce a Yunquera de Henares, Guadalajara). Si conserva una bozza (FJM, numero di chiamata M-766- A). Nella BN è conservato un manoscritto originale (MP / 5352/1) delle 4 canzoni, con il titolo su un frontespizio: *Cuato poesias liricas de Lope de Vega,* con le canzoni ripulite e correzioni nelle indicazioni dinamiche ed espressive.

Titolo: "La verità".

Collezione o collana: Cuatro poesias liricas de Lope de Vega, n° 2

Data di composizione: 26 agosto 1935

Luogo di composizione: Yunquera de Henares (Guadalajara)

Appartiene all'opera di Lope de Vega: *Rimas (Rime).*

Prima strofa: "Figlia del tempo, che nel secolo d'oro", Sonetto CLIX

Durata: 1' 50".

Tonalità: Do maggiore

Tessitura: C2-E3

Indicazioni aggressive: Lento, grave

Ubicazione del manoscritto: Biblioteca della Fondazione Juan March /BN

Simbolo del manoscritto: FJM: M-767-A e BN: MP / 5352/1

Indicazioni di testa: Bantono e pianoforte / **dalle** Rimas humanas, 1ª parte

Premi: Premio al Concorso Nazionale di Musica nel 1935

Motivazione: Concorso nazionale di musica 1935

Osservazioni: M-767-A è una bozza manoscritta, su un foglio di paesaggio, datata: "Yunquera 26 agosto 935" (sic). Un manoscritto originale (MP / 5352/1) delle 4 canzoni è conservato nel BN con il titolo su frontespizio: *Cuato poesias liricas de Lope de Vega,* con le canzoni ripulite e correzioni nelle indicazioni dinamiche ed espressive.

Titolo: "Villancico" (canto natalizio)

Collezione o collana: Cuatro poesias liricas de Lope de Vega, n° 3

Data di composizione: settembre 1935

Appartiene all'opera di Lope de Vega: I *pastori di Betlemme.*

Prima strofa: "Le pagliuzze della mangiatoia".

Personaggio: Tebandra

Note sceniche: [Non è stato necessario chiedere agli altri pastori di cantare, perché tutti si sono uniti e hanno iniziato con gioia.

Durata: 3' 30".

Tonalità: Re minore

Tessitura: D3-F#4

Indicazioni agiografiche: *Andante*, con semplicità

Ubicazione del manoscritto: Biblioteca Fundacion Juan March / BN

Simbolo del manoscritto: JM: M-771-A, M-772-A -BN: MP / 5352/1

Note di testa: Tiple e pianoforte / Pastori di Betlemme, libro 3°.

Premi: Premio al Concorso Nazionale di Musica nel 1935

Motivazione: Concorso nazionale di musica 1935

Osservazioni: M-772-A è una bozza manoscritta, su foglio panoramico, datata: "setembre 935" (sic). M-771-A è solo firmato. Un manoscritto originale (MP / 5352/1) delle 4 canzoni è conservato in BN con il titolo su frontespizio: *Cuatopoesias liiicas de Lope de Vega,* con le canzoni ripulite e correzioni nelle indicazioni dinamiche ed espressive.

Registrazione 1

Anno: 2011

Cantante: Anna Tonna (Mz.)

Pianista: Jorge Robaina
Sede: Real Conservatorio Superior de Madrid
Data: 2011
Supporti: CD
Etichetta: Verso
Riferimento discografico: VRS 2106
Durata: 3:52
Osservazioni: Incluso nell'album "Las canciones de Julio Gomez".

Titolo: "Gelosia, non uccidermi".

Collezione o collana: Cuatro poesi'as li'ricas de Lope de Vega, n° 4
Data di composizione: 29 settembre 1935
Appartiene all'opera di Lope de Vega: Codice Duran.
Prima strofa: "Gelosia che non mi uccide".
Lunghezza: 2' 35"
Tonalità: Re frigio
Tessitura: F2 diesis - A3
Indicazioni aggressive: lentamente
Cantante d'apertura: Enrique de la Vara (Ten.)
Ubicazione del manoscritto: Biblioteca Fundacion Juan March / BN
Simbolo del manoscritto: JM: M-768-A/M-769-A/M-769-A/M-770-A e BN: MP / 5352/1
Note di testa: Tenore e pianoforte / Dal codice di D. Agiislin Duran
Premi: Premio al Concorso Nazionale di Musica nel 1935
Motivazione: Concorso nazionale di musica 1935
Osservazioni: Una bozza su carta paesaggistica è conservata in FJM, M-770-A, firmata e datata:
"29 sebre 935" (sic.), più due copie manoscritte firmate: M-768-A e M-769-A. Un manoscritto
originale (MP / 5352/1) delle 4 canzoni è conservato in BN, con il titolo su frontespizio: *Cuato
poesias liricas de Lope de Vega,* con le canzoni ripulite e correzioni nelle indicazioni dinamiche ed
espressive.

GRANADOS Y CAMPINA, ENRIQUE (1867-1916)

Titolo: "No lloreis, ojuelos".

Collezione o serie: *Canciones amatoiias,* n° 5
Data di composizione: 1914
Appartiene all'opera di Lope de Vega: *La Dorotea.*
Prima strofa: "No lloreis, ojuelos".
Personaggio: Don Fernando
Indicazioni di scena: [Voglio cantare, così staranno zitti:]
Durata: 1' 15"
Tonalità: Fa maggiore
Tessitura: F3-Do5
Indicazioni aggregate: *vivo*
Data di pubblicazione: 1962/1996
Editore: UME/Trito
Osservazioni: Esistono due versioni pubblicate in due chiavi diverse, quella moderna di Trito,
nella tonalità originale, Fa maggiore, in un'edizione di Manuel Garcia Morante (1996). La prima
edizione dell'UME, rivista da Rafael Ferrer (1962), è in una tonalità più bassa, mi bemolle
maggiore.
Registrazione 1
Anno: 1998
Cantante: Maria Lluisa Muntada (Sop.)

Pianista: Surinyac, Josep
Data: 1998
Supporto: CD
Etichetta: LA MA DE GUIDO
Etichetta di riferimento: LMG 2024
Durata: 1:16
Osservazioni: Incluso nell'album "Enric Granados: Integral de l'obra per a veu i piano". Registrato nel 1997.
Registrazione 2
Anno: 1998
Cantante: Angeles, Victoria de los (Sop.)
Pianista: Larrocha, Alicia de
Data: 1998
Supporti: CD
Etichetta: EMI Classics
Discografia di riferimento: 724356694125
Durata: 1:06
Osservazioni: "Songs of Spain", 4CD, vol. 4: "Granados and Falla", registrazione dal vivo a New York, 1971.
Registrazione 3
Anno: 2001
Cantante: Bayo, Maria (Sop.)
Pianista: Zeger, Brian
Sede: Gran teatro del Liceo, Barcellona
Data: 21-5-2001
Supporto: Radio
Durata: 1:08
Commenti: Registrato da RNE, non può essere trasmesso senza l'autorizzazione dei detenuti.
Registrazione 4
Anno: 2002
Cantante: Pucrlolas, Sabina (Sop.)
Pianista: Estrada, Ricardo
Sede: Corte Ingle's L'illa Diagonal, Barcellona
Data: 24-10-2002
Supporto: Radio
Diracion: non specificato
Commenti: Registrazione RNE. Non si autorizza la trasmissione senza l'autorizzazione degli esecutori.
Registrazione 5
Anno: 2003
Cantante: Lorengar, Pilar (Sop.)
Pianista: Larrocha, Alicia de
Data: 2003
Supporto: CD
Etichetta discografica: DECCA
Riferimento discografico: 4733192
Diracion: 1:17
Osservazioni: inciso nel 1978.
Registrazione 6
Anno: 2003

Cantante: Fink, Bernarda (Mz.)
Pianista: Spencer, Charles
Ligar: Hospital Real, Granada
Data: 22-6-2003
Supporto: Radio
Diracion: non specificato
Osservazioni: Festival Internazionale di Musica e Danza di Granada. Registrazione RNE. Non si autorizza la trasmissione senza l'autorizzazione degli esecutori.
Registrazione 7
Anno: 2003
Cantante: Prieto, Maria Jesus (Sop.)
Pianista: Azizova, Karina
Sede: Auditorio della Fundacion Canal, Madrid
Data: 30-3-2003
Supporto: Radio
Durata: non specificata
Commenti: Registrazione RNE.
Registrazione 8
Anno: 2004
Cantante: Schwartz, Sylvia (Sop.)
Pianista: Munoz, Julio Alexis
Luogo: Capilla de los Estudiantes, Siviglia
Data: 11-11-2004
Supporto: Radio
Durata: 1:00
Osservazioni: Ciclo "Clasicos en Ruta". Registrato da RNE.
Registrazione 9
Anno: 2004
Cantante: Wagner, Virginia Lorena (Sop.)
Pianista: Lamazares, Madalit
Sede: Real Academia de Bellas Artes de San Fernando, Madrid
Data: 5-6-2004
Supporto: Radio
Durata: 1:10
Osservazioni: I concerti di Radio Clasica. Registrato da RNE.
Registrazione 10
Anno: 2004
Cantante: Folco, Maria (Mz.)
Pianista: Viribay, Aurelio
Luogo: Chiesa di San Giuliano e Santa Basilisa, Isla (Cantabria)
Data: 5-8-2004
Supporto: Radio
Durata: 1:18
Osservazioni: Festival Internazionale di Santander. Registrazione RNE. Non è consentita la trasmissione senza l'autorizzazione degli interpreti.
Registrazione 11
Anno: 2006
Cantante: Hendricks, Barbara (Sop.)
Pianista: Derwinger, Love
Data: 2006

Supporto: CD
Etichetta: Arte Verum
Riferimento discografico: AVR 001
Durata: 1:09
Osservazioni: Incluso nell'album "Canciones espanolas". Registrato a Stoccolma nel 2003 e nel 2005.
Registrazione 12
Anno: 2006
Cantante: Donato, Joyce di (Mz.)
Pianista: Drake, Julius
Data: 2006
Supporto: CD
Etichetta: Eloquentia
Riferimento discografico: 0608
Durata: 1:43
Registrazione 13
Anno: 2007
Cantante: Donato, Joyce di (Mz.)
Pianista: Drake, Julius
Luogo: Teatro de la Zarzuela, Madrid
Data: 09-04-2007
Supporto: Radio
Durata: 1:23
Osservazioni: Ciclo di Lied. Teatro de la Zarzuela, Madrid. Registrato da RNE. Non è consentita la trasmissione senza l'autorizzazione degli interpreti.

GUERVOS Y MIRA, JOSE MAMA (1870-1944)

Titolo: "Il finto vero".
Collezione o serie: *Cinque canzoni,* n° 1
Data di composizione: 1935
Appartiene al dramma di Lope de Vega: *Lo fingido verdadero.*
Prima strofa: "Non essere, Lucinda, le tue campane".
Personaggio: Musicisti
Note scenografiche: Escono i MUSICISTI
Durata: 2' 20".
Tonalità: Do minore
Tessitura: D3 bemolle-Fa4
Data di uscita: 12-12-1935
Luogo della prima: Teatro Espanol
Cantante d'apertura: Mercedes Garcia Lopez
Pianista della prima: Jose Maria Guervos
Data di pubblicazione: 1936
Editore: Union Musical Espanola
Luogo di pubblicazione: Madrid
Dedica: Dedicato ad Antonio F. Bordas
Premi: Premio al Concorso Nazionale di Musica nel 1935
Motivazione: Concorso nazionale di musica 1935

Titolo: "Lucinda bianca coglie i gigli".
Collezione o serie: *Cinque canzoni,* n° 2
Data di composizione: 1935

Appartiene all'opera teatrale di Lope de Vega: El caballero de Illescas.

Prima strofa: "Blancas coge Lucinda".

Personaggi: Belardo, Tirreno e Riselo

Note sceniche: Belardo, Tirreno e Riselo cantano.

Lunghezza: 1' 48"

Tonalità: sol minore

Tessitura: D3-Fa4 o SoL (opzionale)

Data di uscita: 12-12-1935

Luogo della prima: Teatro Espanol

Cantante d'apertura: Mercedes Garaa Lopez

Pianista della prima: Josë Maria Guervos

Data di pubblicazione: 1936

Editore: Union Musical Espanola

Luogo di pubblicazione: Madrid

Dedica: Dedicato a Mercedes Garaa Lopez

Premi: Premio al Concorso Nazionale di Musica nel 1935

Motivazione: Concorso nazionale di musica 1935

Titolo: "Harvest Song".

Collezione o serie: *Cinque canzoni,* n° 3

Data di composizione: 1935

Appartiene all'opera teatrale di Lope de Vega: El gran duque de Moscovia (Il granduca di Moscovia).

Prima strofa: "Blanca me era yo".

Personaggio: Musicisti

Note scëuic: Escono i musicisti mietitori e con loro Lucinda, Demetrio, Rufino, Belardo e Febo. Cantano.

Durata: 1' Durata: 1' Durata: 1' Durata: 1' Durata: 1' Durata: 1' Durata: 1' Durata: 1'

Tonalità: La minore

Tessitura: E3-Fa4

Data di uscita: 12-12-1935

Luogo della prima: Teatro Espanol

Cantante d'apertura: Mercedes Garaa Lopez

Pianista della prima: Josë Maria Guervos

Data di pubblicazione: 1936

Editore: Union Musical Espanola

Luogo di pubblicazione: Madrid

Dedicazione: Dedicato a mia sorella Carmen

Premi: Premio al Concorso Nazionale di Musica nel 1935

Motivazione: Concorso nazionale di musica 1935

Titolo: "Riberitas hermosas".

Collezione o serie: *Cinque canzoni,* n° 4

Data di composizione: 1935

Appartiene all'opera di Lope de Vega: *Pedro Carbonero*

Prima strofa: "Riberitas hermosas".

Personaggio: Moros

Note sceniche: Escono alcuni mori mascherati e ballano una zambra... Cantano.

Durata: 1' 50".

Tonalità: Mi frigio

Tessitura: E3-F4 diesis

Data di pubblicazione: 1936
Editore: Union Musical Espanola
Luogo di pubblicazione: Madrid
Dedica: Dedicato a mia nipote Florinda
Premi: Premio al Concorso Nazionale di Musica nel 1935
Motivazione: Concorso nazionale di musica 1935
Osservazioni: La prima interpretazione di cui abbiamo testimonianza è quella di Joan Cabero.
Registrazione 1
Anno: 1990
Cantante: Cabero, Joan (Ten.)
Pianista: Cabero, Manuel
Sede: Caja Postal, Madrid
Data: 12-3-1990
Supporto: Radio
Durata: 2:30
Osservazioni: registrazione RNE. Non disponibile in RNE a causa di carenze nel suono o nelle prestazioni.

Titolo: "Trebole".
Collezione o serie: *Cinque canzoni,* n° 5
Data di composizione: 1935
Appartiene alla commedia di Lope de Vega: Peribanez y el comendador de Ocana.
Prima strofa: "Trebole, jay Jesus, como guele!".
Carattere: Llorente [Helipe, Mendo, Lujan, Chaparro, Bartolo e Llorente].
Indicazioni di scena: Canta con le chitarre
Lunghezza: 1' 36"
Tonalità: Mi minore
Tessitura: E3-Fa4 diesis
Data di pubblicazione: 1936
Editore: Union Musical Espanola
Luogo di pubblicazione: Madrid
Dedica: Dedicato a Benito Garcia de la Parra
Premi: Premio al Concorso Nazionale di Musica nel 1935
Motivazione: Concorso nazionale di musica 1935
Osservazioni: Ha una parte corale, anche se può essere cantata, come indica lo stesso compositore, con una sola voce.

ITURRALDE PEREZ, JOSE LUIS (1908-1985)

Titolo: "Alla morte di Gesù".
Collezione o serie: *Scene di passione,* n° 3
Data di composizione: 1980
Appartiene all'opera di Lope de Vega: *Rimas sacras (Rime sacre).*
Primo verso: "La sera oscilla", Rima CXXXIV
Durata: 3' 15" circa.
Tonalità: Fa maggiore
Tessitura: Do3-La4
Indicazioni agghiaccianti: Lento lastimoso */Andante*
Ubicazione del manoscritto: Archivio musicale Eresbil-Basco
simbolo manoscritto: E/ITu-07/R-02
Indicazioni di testa: soprano
Osservazioni: *Escenas de la pasion* è composto da 3 numeri: n° 1 *Via Crucis* (Ofrenda), con testo

di Gerardo Diego, n° 2 *A Maria* (Plegaria), testo Josë Zorrilla y Moral, e n° 3 *A la muerte de Jesus,* testo di Lope de Vega.

Registrazione 1
Anno: 1980
Cantante: Melero, Beatriz (sop.)
Pianista: Turina, Fernando
Sede: Casa della Radio, Madrid
Data: 17-3-1980
Supporto: Radio
Durata: non specificata
Commenti: Registrazione RNE.

LARROCA RECH, ANGEL (1880-1947)

Titolo: "Supplica a Cristo crocifisso".

Data di composizione: 1940 circa
Appartiene all'opera di Lope de Vega: *Rimas sacras (Rime sacre).*
Prima strofa: "Pastore, che con i tuoi amorosi fischi", Sonetto XIV
Durata: 6' circa.
Tonalità: Sol minore / Do minore
Tessitura: E3 bemolle-G4
Indicazioni aggressive: lentamente
Data di pubblicazione: 1940 ca.
Editore: Jaime Piles
Luogo di pubblicazione: Valencia
Dedica: Al mio buon amico Enrique Dominguez
Note di testa: un assolo per voci bianche o tenore, con accompagnamento.
Osservazioni: Anno approssimativo di composizione dedotto dall'anno di fondazione della casa editrice Piles, 1934, e dalla data di morte del compositore, 1947.

Titolo: "La preghiera di Cristo nell'orto".

Data di composizione: 1945
Appartiene all'opera di Lope de Vega: *Rimas sacras (Rime sacre).*
Primo verso: "Hincado esta de rodillas", Rima CXX
Durata: 18' Durata: 18' Durata: 18' Durata: 18' Durata: 18' Durata: 18' Durata: 18' Durata: 18
Tonalità: sol minore / fa maggiore
Tessitura: F3-Bemolle A-4
Indicazioni agghiaccianti: *Andante*
Data di rilascio: 27-3-1945
Luogo della prima: Catedral de Murcia
Cantante d'apertura: Carmen Andujar
Pianista per la prima: Eduardo Lopez-Chavarri
Ubicazione del manoscritto: Biblioteca Valenciana
Simbolo del manoscritto: AELCH/pro 352
Frontespizio: Poesia de Lope de Vega (siglo XVI [sic]) Melodi'a para tiple o tenor / con acompanamiento por Angel Larroca Pbro.
Motivazione: Lezione-concerto il Martedì Santo nella Cattedrale di Murcia.
Osservazioni: La data della prima è tratta dalle lettere inviate da Manuel Massotti Escuder a Eduardo Lopez-Chavarri e Carmen Andujar, in cui si citano quest'opera, la data del concerto e le condizioni dello stesso. L'autore realizzò un arrangiamento per sestetto, non si sa con quale combinazione strumentale (Eduardo Lopez-Chavarri Marco: correspondencia, Conselleria de Cultura, Educacio i Ciencia, 1996, p. 372-373). Di questo brano musicale si è conservata solo la

parte vocale autografa. Manca la parte strumentale di accompagnamento.

LAVILLA MUNARRIZ, FELIX (1928-2013)

Titolo: "Oh, amara solitudine".

Data di composizione: 1988
Appartiene all'opera di Lope de Vega: Poesia suelta pubblicata nel *Romancero General.*
Prima strofa: "Ahimè, amare solitudini".
Lunghezza: 1' 54"
Tonalità: Fa diesis minore
Tessitura: C3 diesis - E4
indicazioni agogiche: *Andantino-Allegretto*
Data di uscita: 1988
Luogo della prima: Teatro Espanol
Cantante di apertura: Manuel Cid (Ten.)
Pianista per la prima: Miguel Zanetti
Data di pubblicazione: 1988
Editore: Real Musical
Dedica: A Manuel Cid
Indicazioni di testa: Su una melodia anonima / Voce e pianoforte
Motivazione: Omaggio a Lope de Vega nel teatro spagnolo
Osservazioni: Anno di composizione ricavato dalla data di edizione. Antonio Gallego, nell'introduzione, afferma che il brano è un arrangiamento per voce e pianoforte di una melodia rinascimentale del Cancionero de Turin.
Registrazione 1
Anno: 2009
Cantante: Higueras, Ana (Sop.)
Pianista: Val, Jaime del
Data: 2009
Supporti: CD
Etichetta discografica: distribuzione esclusiva su Internet
Lunghezza: 3'12"
Osservazioni: Incluso nell'album "Nove secoli di canti. 88 opere vocali dal XIII al XXI secolo".
Registrazione 2
Anno: 2009
Cantante: Lavilla, Cecilia (Sop.)
Pianista: Okinena, Josu
Data: 2009
Supporto: CD
Etichetta: Prion
Riferimento discografico: PRION 1259
Durata: 1:54
Osservazioni: Incluso nell'album "Felix Lavilla: Canciones".

LLONGUERES BADIA, JOAN (1880-1953)

Titolo: "Lasciati cadere Pascual".

Collezione o serie: Sei canti di Lope de Vega, n° 1
Data di composizione: 1942
Appartiene all'opera di Lope de Vega: Rimas divinas y humanas del licenciado Tomé de Burguillos.
Prima strofa: "Lascialo cadere, Pascual", Rima CLXXI

Durata: 2' 10" circa.

Tonalità: Mi bemolle maggiore

Tessitura: C3-E4

Indicazioni per l'Aggico: *Moderato*

Data di pubblicazione: 2002

Editore: DINSIC

Luogo di pubblicazione: Barcellona

Indicazioni di testa: Per a veu i piano [in 5 lingue].

Osservazioni: La data di composizione, tratta dalla BNC, indica: "Inscripcio al Registro de la Propiedad Intelectual: Barcelona 8 d'agost de 1942" (inventari Fons Joan Llongueres). Esistono quattro edizioni diverse: Barcellona (Paseo de Gracia, 54): Union Musical, Casa Werner, tra il 1926 e il 1934 (la BNC la data al 1953); Madrid: Union Musical Espanola, D.L. 1962; Barcellona: Dinsic, 2001, 1ª ed.; Barcellona: Dinsic, D.L. 2002, 1ª ristampa (dati tratti dalla BNE).

Titolo: "Grido d'amore".

Collezione o serie: Sei canti natalizi di Lope de Vega, n° 2

Data di composizione: 1942

Appartiene all'opera di Lope de Vega: I *pastori di Betlemme.*

Prima strofa: "Oggi nasce il ghiaccio".

Personaggio: Lucela

Note sceniche: [Non fu necessario pregare gli altri pastori di cantare, perché tutti si fecero avanti e cominciarono gioiosamente come segue].

Durata: 2' 10" circa.

Tonalità: Sol maggiore

Tessitura: E3-M4

Indicazioni per l'Aggico: *Moderato*

Data di pubblicazione: 2002

Editore: DINSIC

Luogo di pubblicazione: Barcellona

Indicazioni di testa: Per a veu i piano [in 5 lingue].

Osservazioni: Data di composizione tratta dalla BNC, che indica: "Inscripcio al Registro de la propiedad intelectual: Barcelona 8 d'agost de 1942" (inventari Fons Joan Llongueres). Esistono quattro edizioni diverse: Barcellona (Paseo de Gracia, 54): Union Musical, Casa Werner, tra il 1926 e il 1934 (la BNC la data al 1953); Madrid: Union Musical Espanola, D.L. 1962; Barcellona: Dinsic, 2001, 1ª ed.; Barcellona: Dinsic, D.L. 2002, 1ª ristampa (dati tratti dalla BNE).

Titolo: "A la gala del zagal".

Collezione o serie: Seis villancicos de Lope de Vega, n° 3

Data di composizione: 1942

Appartiene all'opera di Lope de Vega: I *pastori di Betlemme.*

Prima strofa: "Andiamo a Betlemme, Pasquale".

Personaggio: Lorente

Note sceniche: [Llorente con animo pio, anche se con ingegno rustico, suonandogli un flauto Pascual, suo cugino, cominciò a cantare così, e gli altri con le loro voci, con le loro mani e con salti gioiosi a rispondergli:].

Durata: 1' circa.

Tonalità: Sol minore

Tessitura: E3-E4 bemolle

Indicazioni agrochimiche: *Ayroso*

Data di pubblicazione: 2002

Editore: DINSIC

Luogo di pubblicazione: Barcellona

Indicazioni di testa: Per a veu i piano [in 5 lingue].

Osservazioni: Data di composizione tratta dalla BNC, che indica: "Inscripcio al Registro de la propiedad intelectual: Barcelona 8 d'agost de 1942" (inventari Fons Joan Llongueres). Esistono quattro edizioni diverse: Barcellona (Paseo de Gracia, 54): Union Musical, Casa Werner, tra il 1926 e il 1934 (la BNC la data al 1953); Madrid: Union Musical Espanola, D.L. 1962; Barcellona: Dinsic, 2001, 1ª ed.; Barcellona: Dinsic, D.L. 2002, 1ª ristampa (dati tratti dalla BNE).

Titolo: "Il sole sconfitto".

Collezione o ciclo: Seis villancicos de Lope de Vega, n° 4

Data di composizione: 1942

Appartiene all'opera di Lope de Vega: I *pastori di Betlemme*.

Prima strofa: "Di una bella Vergine".

Personaggio: Joran

Note sceniche: [Non fu necessario pregare gli altri pastori di cantare, perché tutti si fecero avanti e cominciarono gioiosamente così.

Durata: 1' 20" circa.

Tonalità: La maggiore

Tessitura: E3-Fa4 diesis

Indicazioni per l'Aggettivo: *Allegretto-amabile*

Data di pubblicazione: 2002

Editore: DINSIC

Luogo di pubblicazione: Barcellona

Indicazioni di testa: Per a veu i piano [in 5 lingue].

Osservazioni: Data di composizione tratta dalla BNC, che indica: "Inscripcio al Registro de la propiedad intelectual: Barcelona 8 d'agost de 1942" (inventari Fons Joan Llongueres). Esistono quattro edizioni diverse: Barcellona (Paseo de Gracia, 54): Union Musical, Casa Werner, tra il 1926 e il 1934 (la BNC la data al 1953); Madrid: Union Musical Espanola, D.L. 1962; Barcellona: Dinsic, 2001, 1ª ed.; Barcellona: Dinsic, D.L. 2002, 1ª ristampa (dati tratti dalla BNE).

Titolo: "Le pagliuzze nella mangiatoia".

Collezione o serie: Sei canti natalizi di Lope de Vega, n° 5

Data di composizione: 1942

Appartiene all'opera di Lope de Vega: I *pastori di Betlemme*.

Prima strofa: "Le pagliuzze della mangiatoia".

Personaggio: Tebandra

Note sceniche: [Non fu necessario pregare gli altri pastori di cantare, perché tutti si fecero avanti e cominciarono gioiosamente così.

Durata: 2' 05" circa.

Tonalità: Mi maggiore

Tessitura: B2-M4

Indicazioni agghiaccianti: *Andante amoroso*

Data di pubblicazione: 2002

Editore: DINSIC

Luogo di pubblicazione: Barcellona

Indicazioni di testa: Per a veu i piano [in 5 lingue].

Osservazioni: Data di composizione tratta dalla BNC, che indica: "Inscripcio al Registro de la propiedad intelectual: Barcelona 8 d'agost de 1942" (inventari Fons Joan Llongueres). Esistono quattro edizioni diverse: Barcellona (Paseo de Gracia, 54): Union Musical, Casa Werner, tra il 1926 e il 1934 (la BNC la data al 1953); Madrid: Union Musical Espanola, D.L. 1962; Barcellona: Dinsic, 2001, 1ª ed.; Barcellona: Dinsic, D.L. 2002, 1ª ristampa (dati tratti dalla BNE).

Titolo: " ^Dove stai andando?"

Collezione o serie: Seis villancicos de Lope de Vega, n° 6

Data di composizione: 1942

Appartiene all'opera di Lope de Vega: I *pastori di Betlemme.*

Prima strofa: "Zagalejo de perlas".

Personaggi: Aminadab e Palmira

Annotazioni sceniche: [Aminadab [...] venne con la sua amata Palmira [...], e sua moglie lo accompagnò con voce e strumento, entrambi dissero così:]

Durata: 1' circa.

Tonalità: Do maggiore

Tessitura: C3-E4

Indicazioni sull'invecchiamento: si è mosso con grazia

Data di pubblicazione: 2002

Editore: DINSIC

Luogo di pubblicazione: Barcellona

Indicazioni di testa: Per a veu i piano [in 5 lingue].

Osservazioni: Data di composizione tratta dalla BNC, che indica: "Inscripcio al Registro de la propiedad intelectual: Barcelona 8 d'agost de 1942" (inventari Fons Joan Llongueres). Esistono quattro edizioni diverse: Barcellona (Paseo de Gracia, 54): Union Musical, Casa Werner, tra il 1926 e il 1934 (la BNC la data al 1953); Madrid: Union Musical Espanola, D.L. 1962; Barcellona: Dinsic, 2001, 1ª ed.; Barcellona: Dinsic, D.L. 2002, 1ª ristampa (dati tratti dalla BNE).

MARTO POMPEO, ANGELO (1902-2001)

Titolo: "Dormi bambino mio".

Sottotitolo: Song

Data di composizione: 20 agosto 1952

Luogo di composizione: Robledo de Chavela (Madrid)

Appartiene all'opera teatrale di Lope de Vega: *Pastores de belen (Pastori di Betlemme).*

Prima strofa: "Pues andais en las palmas".

Personaggio: Elifila

Indicazioni sceniche: [che intendo imitarti nella mia canzone, dicendo così:]

Durata: 1' 50" circa.

Tonalità: Mi minore

Tessitura: D3-A4

Indicazioni Agaggic: *Andantino*

Ubicazione del manoscritto: Biblioteca Fundacion Juan March

Simbolo del manoscritto: M-1311-A

Indicazioni di testa: Voce e pianoforte

Osservazioni: Luogo di composizione, data e firma alla fine del manoscritto, che dichiara: "è originale". Si legge inoltre: "La poesia di questa canzone è tratta da quella famosa di Lope intitolata "Cancion de la Virgen a su Nino" (da "Los pastores de Belen" 1612)".

MENENDEZ ALEYXANDRE, ARTURO (1899-1984)

Titolo: "Lucinda".

N. dell'opera: Ob. 175

Data di composizione: 12 maggio 1932

Appartiene all'opera di Lope de Vega: *Rimas (Rime).*

Prima strofa: "Un giorno ho dato da mangiare a un uccellino", Sonetto CLXXIV

Durata: 3' circa.

Tonalità: vari centri tonali

Tessitura: F3-B4

Sede del manoscritto: Associació Wagneriana de Barcelona

Osservazioni: manoscritto firmato e datato. Indica anche: "Rif. agosto 1943. Rev. 15-3-1982". Il n. dell'opera (Ob. 175) è indicato sul frontespizio. Fotocopia del manoscritto fornita dall'Associacio Wagneriana de Barcelona.

Titolo: "Mamma, ho visto degli occhielli".

Data di composizione: 1944

Appartiene all'opera di Lope de Vega: *La Dorotea.*

Prima strofa: "Mamma, ho visto degli occhielli".

Personaggio: Dorotea

Note sceniche: [Ecco, Celia, prendi l'arpa; mi obbliga a fare molto di questa risposta].

Durata: 2' 40" circa.

Tonalità: Sol minore

Tessitura: D3-G4

Data di pubblicazione: 1944

Nota di pubblicazione: Stampato a Talleres Josë Mora, Barcellona, 2 maggio 1944/proprietà dell'autore.

Luogo di pubblicazione: Barcellona

Titoli: Voce e pianoforte /soprano o tenore

Osservazioni: La partitura reca una nota in testa: "Per una poesia c'è una sola musica; tutte le altre sono false. Il difficile è trovarla". Data di composizione desunta dalla data di pubblicazione.

MIGUEL PERIS, VICENTE (1929-2010)

Titolo: "Mananicas de mayo".

Sottotitolo: Spanish Tonadilla

Raccolta o ciclo: Tre canzoni spagnole per baritono e pianoforte

Data di composizione: 2009

Appartiene alla commedia di Lope de Vega: *El robo de Dina* **Prima strofa:** "En las mananicas".

Personaggio:

Note sceniche: MUSICA, e chi può con un bouquet di ghirlande e una danza gitana.

Durata: 2' 30" circa.

Tonalità: Fa maggiore / Fa minore *.

Tessitura: C2-Fa3

Indicazioni per l'aggressione: *Allegretto*

Ubicazione del manoscritto: Archivio di famiglia

Titolo: "Tonadilla navidena".

Data di composizione: 2009

Appartiene all'opera di Lope de Vega: I *pastori di Betlemme.*

Prima strofa: "Le pagliuzze della mangiatoia".

Personaggio: Tebandra

Note sceniche: [Non è stato necessario pregare gli altri pastori di cantare, perché erano tutti avvertiti, e così hanno iniziato con gioia].

Durata: 3' circa.

Chiave: Do minore *

Tessitura: C2-E3

Indicazioni per l'invecchiamento: serenamente

Ubicazione del manoscritto: Archivio di famiglia

Dedicazione: A Sua Santità Benedetto XVI

Note di testa: Per bantone e pianoforte.

MINGOTE LORENTE, ANGEL (1891-1960)

Titolo: "Al Dio Bambino di Betlemme".

N. d'opera: ERG 88 A1, n° 1
Collezione o collana: Canciones espanolas con textos de Lope de Vega, n° 1
Data di composizione: 1935
Appartiene all'opera di Lope de Vega: I *pastori di Betlemme.*
Prima strofa: "Le pagliuzze della mangiatoia".
Personaggio: Tebandra
Note sceniche: [Non fu necessario pregare gli altri pastori di cantare, perché tutti si fecero avanti e cominciarono gioiosamente così.
Durata: 3' 30".
Tonalità: La maggiore
Tessitura: E3-Re4
Indicazioni di Agaggiatura: *Andante moderato*
Ubicazione del manoscritto: Archivo Emilio Reina, Zaragoza
Titolo: Canzone e pianoforte /Premiato al Concorso Nazionale di Musica del 1935 - Tercentenario della Fenix de los Ingenios
Premi: Premio al Concorso Nazionale di Musica nel 1935
Motivazione: Concorso nazionale di musica 1935
Osservazioni: La voce di catalogo è: Canciones espanolas [VI|, per voce e pianoforte (con testi di Lope de Vega), ERG 88 A1 (Reina Gonzalez, Emilio, Catalogo de obras de Angel Mingote, Centro de Estudios Darocenses, Daroca (Zaragoza) 1995, p. 58). La musica è scritta per la 1ª strofa, la 2~ e la 3ª indicano solo il testo.

Titolo: "Copla".

N. d'opera: ERG 88 A1, n° 2
Collezione o serie: Canzoni spagnole con testi di Lope de Vega, n° 2
Data di composizione: 1935
Appartiene all'opera di Lope de Vega: *La Dorotea.*
Prima strofa: "Madre, qualche occhiello ho visto".
Personaggio: Dorotea
Note sceniche: [Ecco, Celia, prendi l'arpa; mi obbliga a questa risposta.
Durata: 2' 30".
Tonalità: Si minore
Tessitura: F3 diesis-E4
Indicazioni agghiaccianti: *Andante mosso*
Ubicazione del manoscritto: Archivo Emilio Reina, Zaragoza
Titolo: Canzone e pianoforte /Premiato al Concorso Nazionale di Musica del 1935 - Tercentenario della Fenix de los Ingenios
Premi: Premio al Concorso Nazionale di Musica nel 1935
Motivazione: Concorso nazionale di musica 1935
Osservazioni: La voce di catalogo è: Canciones espanolas [VI], per voce e pianoforte (con testi di Lope de Vega), ERG 88 A1 (Reina Gonzalez, Emilio, Catalogo de obras de Angel Mingote, Centro de Estudios Darocenses, Daroca (Zaragoza) 1995, p. 58). La musica è scritta per il ritornello (che non viene ripetuto) e la prima strofa (ª), mentre per la seconda strofa è indicato solo il testo. Mingote inverte l'ordine delle due strofe rispetto al testo di Lope.

Titolo: "Cantar moreno de siega" (canto della mietitura)
N. d'opera: ERG 88 A1, n° 3

Collezione o collana: Canciones espanolas con textos de Lope de Vega, n° 3
Data di composizione: 1935
Appartiene all'opera teatrale di Lope de Vega: El gran duque de Moscovia (Il granduca di Moscovia).
Prima strofa: "Blanca me era yo".
Personaggio: Musicisti
Note di scena: Escono i musicisti mietitori e con loro Lucinda, Demetrio, Rufino, Belardo e Febo. Cantano.
Durata: 1' 20".
Tonalità: Mi minore
Tessitura: F3 diesis-E4
Indicazioni per l'invecchiamento: un po' accidentato
Ubicazione del manoscritto: Archivo Emilio Reina, Zaragoza
Titolo: Canzone e pianoforte /Premiato al Concorso Nazionale di Musica del 1935 - Tercentenario della Fenix de los Ingenios
Premi: Premio al Concorso Nazionale di Musica nel 1935
Motivazione: Concorso nazionale di musica 1935
Osservazioni: La voce di catalogo è: Canciones espanolas [VI], per voce e pianoforte (con testi di Lope de Vega), ERG 88 A1 (Reina Gonzalez, Emilio, Catalogo de obras de Angel Mingote, Centro de Estudios Darocenses, Daroca (Zaragoza) 1995, p. 58).

Titolo: "Canto de un mal nacer" (Canto di un bambino non nato)
N. d'opera: ERG 88 A1, n° 4
Collezione o collana: Canciones espanolas con textos de Lope de Vega, n° 4
Data di composizione: 1935
Appartiene alla commedia di Lope de Vega: Las famosas asturianas.
Prima strofa: "Pariome mi madre" (Mia madre, mia madre)
Personaggio: Musicisti
Note sceniche: [Canta, vediamo se il crudele si fa vivo].
Durata: 1' 15"
Tonalità: Mi bemolle minore
Tessitura: E3 bemolle - E4 bemolle
Indicazioni aggressive: moderatamente
Ubicazione del manoscritto: Archivo Emilio Reina, Zaragoza
Titolo: Canzone e pianoforte /Premiato al Concorso Nazionale di Musica del 1935 - Tercentenario della Fenix de los Ingenios
Premi: Premio al Concorso Nazionale di Musica nel 1935
Motivazione: Concorso nazionale di musica 1935
Osservazioni: La voce di catalogo è: Canciones espanolas [VI], per voce e pianoforte (con testi di Lope de Vega), ERG 88 A1 (Reina Gonzalez, Emilio, Catalogo de obras de Angel Mingote, Centro de Estudios Darocenses, Daroca (Zaragoza) 1995, p. 58).

Titolo: "Folia y Parabien a unos recién casados".
N. d'opera: ERG 88 A1, n° 5
Collezione o collana: Canciones espanolas con textos de Lope de Vega, n° 5
Data di composizione: 1935
Appartiene alla commedia di Lope de Vega: Peribanez y el comendador de Ocana.
Prima strofa: "Dente parabienes".
Personaggio: Musicisti
Indicazioni sceniche: suonare e cantare
Durata: 2' 20".

Tonalità: La maggiore
Tessitura: D3-E4
Indicazioni per l'aggressione: *Allegretto*
Ubicazione del manoscritto: Archivo Emilio Reina, Zaragoza
Titolo: Canzone e pianoforte /Premiato al Concorso Nazionale di Musica del 1935 - Tercentenario della Fenix de los Ingenios
Premi: Premio al Concorso Nazionale di Musica nel 1935
Motivazione: Concorso nazionale di musica 1935
Osservazioni: La voce di catalogazione è: Canciones espanolas [VI], per voce e pianoforte (con testi di Lope de Vega), ERG 88 A1 (Reina Gonzalez, Emilio, Catalogo de obras de Angel Mingote, Centro de Estudios Darocenses, Daroca (Saragozza) 1995, p. 58). Per la seconda strofa è indicato solo il testo.

Titolo: "La Morenica".

N. d'opera: ERG 88 A1, n° 6
Collezione o collana: Canciones espanolas con textos de Lope de Vega, no. 6
Data di composizione: 1935
Appartiene all'opera di Lope de Vega: Los Porceles de Murcia.
Prima strofa: "Morenica me adoran".
Personaggio: Musicisti
Note di scena: Escono altri musicisti e Lucrecia de Vera, signora, don Lope, suo marito e i servi. Cantano.
Lunghezza: 1' 25"
Tonalità: Sol maggiore
Tessitura: E3-Fa4 diesis
Indicazioni agrologiche: Tpo. de Seguidillas
Ubicazione del manoscritto: Archivo Emilio Reina, Zaragoza
Titolo: Canzone e pianoforte /Premiato al Concorso Nazionale di Musica del 1935 - Tercentenario del Fënix dell'Ingegno
Premi: Premio al Concorso Nazionale di Musica nel 1935
Motivazione: Concorso nazionale di musica 1935
Osservazioni: La voce di catalogo è: Canciones espanolas [VI], per voce e pianoforte (con testi di Lope de Vega), ERG 88 A1 (Reina Gonzalez, Emilio, Catalogo de obras de Angel Mingote, Centro de Estudios Darocenses, Daroca (Zaragoza) 1995, p. 58).

MORALEDA BELLVER, FERNANDO (1911-1981)

Titolo: "Chanzoneta".

Collezione o serie: Cuatro canciones con textos de Lope de Vega, n° 1
Data di composizione: settembre 1935
Luogo di composizione: Madrid
Appartiene all'opera di Lope de Vega: Manoscritto MSS/3985
Prima strofa: "Oh, miei compagni! Cosa vedo".
Durata: 4' circa.
Tonalità: Re minore
Tessitura: E3-Fa4 diesis
Indicazioni agiografiche: Allegro/Andantino/Allegro vivo
Ubicazione del manoscritto: BNE
Titolo: in cima al frontespizio, in numeri romani: MDCXXXV-MCMXXXV
Motivazione: presumibilmente per il Concorso Nazionale di Musica del 1935.
Osservazioni: Il gruppo di Cuatro canciones con textos de Lope de Vega è composto da *Chanzoneta, Dicha, Soneto* e *Pobre barquila mla,* ha un frontespizio sul quale, oltre al titolo, alle

date del tricentenario e al nome dell'autore, sono annotati il titolo e l'ordine delle canzoni. Il n. 3, *Soneto*, manca e non si trova nelle collezioni BNE. Il manoscritto BNE MSS/3985 proviene dalla biblioteca del Duca di Uceda. L'unica edizione in cui compare questa poesia è *Poesias ineditas de Herrera el Divino, Quevedo, Lope de Vega, Argensola (Lupercio), Gongora, Marques de Urena y Samaniego, Marla Gertrudis Hore, Alvaro Cubilo de Aragon, Juan de Matos Fragoso, Cristobal del Castillejo, Luis Galvez de Montalvo, Zaida (poetessa moresca), Tirso de Molina, Baltasar de Alcazar*, Madrid, Editorial Amĕrica, 1917.

Titolo: "Dicha".

Raccolta o serie: Quattro canzoni con testi di Lope de Vega, n° 2
Data di composizione: settembre 1935
Luogo di composizione: Madrid
Appartiene al dramma di Lope de Vega: La esclava de su galan.
Prima strofa: "Quanto durano le gioie".
Personaggio: Elena
Note sceniche: [Sola].
Durata: 1' 20" circa.
Tonalità: Mi minore
Tessitura: C3 diesis - F4 diesis
Indicazioni agghiaccianti: *Andante*
Ubicazione del manoscritto: BNE
Simbolo del manoscritto: M.MORALEDA/9
Titolo: in cima al frontespizio, in numeri romani: MDCXXXV-MCMXXXV
Motivazione: presumibilmente per il Concorso musicale nazionale del 1935.
Osservazioni: Il gruppo di Cuatro canciones con textos de Lope de Vega è composto da *Chanzoneta, Dicha, Soneto* e *Pobre barquilla mia, ha* un frontespizio sul quale, oltre al titolo, alle date del tricentenario e al nome dell'autore, sono annotati il titolo e l'ordine delle canzoni. Il n. 3, *Soneto*, manca e non si trova nelle collezioni BNE. Moraleda mette in musica i primi 13 dei 19 versi del monologo di Elena.

Tltuio: "Pobre barquilla mia" (Povera piccola barca mia)

Collezione o serie: Cuatro canciones con textos de Lope de Vega, n° 4
Data di composizione: settembre 1935
Luogo di composizione: Madrid
Appartiene all'opera di Lope de Vega: *La Dorotea*.
Prima strofa: "Pobre barquilla mi'a".
Personaggio: Don Fernando
Annotazioni scĕuica: [Cantate, cantate, perché siete stati temprati].
Durata: 1' 40" circa.
Tonalità: Mi maggiore
Tessitura: A3-Fa4 diesis
Indicazioni per l'aggressione: *Allegretto*
Ubicazione del manoscritto: BNE
Simbolo del manoscritto: M.MORALEDA/9
Titolo: in cima al frontespizio, in numeri romani: MDCXXXV-MCMXXXV
Motivazione: presumibilmente per il Concorso musicale nazionale del 1935.
Osservazioni: Il gruppo di Cuatro canciones con textos de Lope de Vega è composto da *Chanzoneta, Dicha, Soneto* e *Pobre barquilla mia, ha* un frontespizio sul quale, oltre al titolo, alle date del tricentenario e al nome dell'autore, sono riportati il titolo e l'ordine delle canzoni. Il n. 3, *Soneto*, manca e non si trova nelle collezioni BNE. Moraleda mette in musica le strofe 1, 2, 4 e 5 delle 32 strofe del poema. Il titolo di questa canzone n. 4, a differenza delle altre, è scritto tra

parentesi, sia sul frontespizio che nell'intestazione della raccolta.

MORENO TORROBA, FEDERICO (1891-1982)

Titolo: "Copla de antano".

Data di composizione: 1923
Appartiene all'opera di Lope de Vega: *La Dorotea*.
Prima strofa: "Mamma, ho visto degli occhielli".
Personaggio: Dorotea
Note евсёшсзБ: [Prendi, Celia, l'arpa; mi obbliga a questa risposta].
Durata: 2' 10" circa.
Tonalità: La maggiore
Tessitura: E3-G4
Indicazioni augurali: Allegro *moderato*
Data di rilascio: 19-5-1923
Luogo della prima: Teatro de la Comedia, Madrid
Cantante esordiente: Dagmara Renina (Sop.)
Pianista della prima: Joaquin Turina
Data di pubblicazione: 1923
Editore: Union Musical Espanola
Luogo di pubblicazione: Madrid
Dedica: A Dagmara Renina
Note di testa: Testi di Lope de Vega
Osservazioni: Dettagli della prima in Martinez del Fresno, pp. 204-205.

NIN-CULMELL, JOAQUIN (1908-2004)

Titolo: "Benvenuti".

Collezione o serie: *Canzoni di La Baraca,* n° 3
Data di composizione: giugno 1997
Luogo di composizione: Sarria
Appartiene all'opera teatrale di Lope de Vega: *Fuente Ovejuna.*
Prima strofa: "Siate i benvenuti".
Personaggio: Tutti [Musicisti]
Note panoramiche: Cantan
Lunghezza: 1' 44"
Tonalità: Sol minore
Tessitura: A3-G4
Indicazioni di testa: Canto-pianoforte
Motivazione: Musica tratta da un quaderno di appunti di Luis Saenz de la Calzada e Angel Barja con brani cantati negli spettacoli della compagnia teatrale "La Barraca" diretta da Federico Garcia Lorca.
Osservazioni: Copia in prestito da Gayle Nin Rosenkranz. L'edizione era stata preparata per il 1998, ma le Edizioni Max Eschig non l'hanno pubblicata. Questa edizione comprendeva una versione francese di ogni testo a cura di Jean-Charles Godoy. Data di composizione alla fine della partitura.
Registrazione 1
Anno: 1998
Cantante: Gragera, Elena (Mz.)
Pianista: Cardo, Anton
Sede: Centro Culturale Conde Duque, Madrid
Data: 9-3-1998

Supporto: Radio
Durata: 2:00
Osservazioni: Prima di Canciones de La Barraca. Ciclo Lunes musicales al Conde Duque. Registrato da RNE.
Registrazione 2
Anno: 1999
Cantante: Gragera, Elena (Mz.)
Pianista: Cardo, Anton
Data: 1999
Supporto: CD
Etichetta: Columna Musica
Riferimento discografico: CM 0053
Durata: 1:44
Osservazioni: Incluso nell'album "Obra para canto y piano".

Titolo: "Lavami nel Tago".

Collezione o serie: *Canzoni di La Baraca,* n° 4
Data di composizione: giugno 1997
Luogo di composizione: Sama
Appartiene all'opera di Lope de Vega: La buena guarda o La encomienda bien guardada **Prima strofa:** "Lavareme en el Tajo" Carattere: Musicos
Note sceniche: Grida di musica e danza, dame e galanti, e un cameriere con un tabaque come spuntino.
Lunghezza: 1' 47"
Tonalità: Sol maggiore
Tessitura: D3 - G4 diesis
Data di pubblicazione: 1998
Editore: Edizioni Max Eschig
Luogo di pubblicazione: Parigi
Indicazioni di testa: Canto-pianoforte
Motivazione: Messa in musica di un quaderno conservato da Luis Saenz de la Calzada e Angel Baija con brani cantati negli spettacoli del gruppo teatrale "La Barraca" diretto da Federico Garcia Lorca.
Osservazioni: Copia in prestito da Gayle Nin Rosenkranz. L'edizione era stata preparata per il 1998, ma le Edizioni Max Eschig non l'hanno pubblicata. Questa edizione include una versione francese di ogni testo di Jean-Charles Godoy. Data di composizione alla fine della partitura.
Registrazione 1
Anno: 1998
Cantante: Gragera, Elena (Mz.)
Pianista: Cardo, Anton
Sede: Centro Culturale Conde Duque, Madrid
Data: 9-3-1998
Supporto: Radio
Durata: 2:36
Osservazioni: Prima di Canciones de La Barraca. Ciclo Lunes musicali al Conde Duque. Registrato da RNE.
Registrazione 2
Anno: 1999
Cantante: Gragera, Elena (Mz.)
Pianista: Cardo, Anton

Data: 1999
Supporto: CD
Etichetta: Columna Musica
Riferimento discografico: CM 0053
Durata: 1:47
Osservazioni: Incluso nell'album "Obra para canto y piano".
Registrazione 3
Anno: 2005
Cantante: Gragera, Elena (Mz.)
Pianista: Cardo, Anton
Luogo: Real Balneario Solan de Cabras, Beteta (Cuenca)
Data: 9-9-2005
Supporto: Radio
Durata: 2:08
Osservazioni: Ciclo "Musica nell'acqua". Registrato da RNE. Non si autorizza la diffusione senza il permesso degli esecutori.
Registrazione 4
Anno: 2007
Cantante: Gragera, Elena (Mz.)
Pianista: Cardo, Anton
Sede: Centro Culturale Conde Duque, Madrid
Data: 6-3-2007
Supporto: Radio
Durata: 1:54
Note: Registrazione RNE. Non è consentita la trasmissione senza l'autorizzazione degli esecutori.

ORTEGA I PUJOL, MIQUEL (1963-)

Titolo: "Sonetto".
Data di composizione: 29 ottobre 2005
Luogo di composizione: Barcellona
Appartiene all'opera di Lope de Vega: *Rimas (Rime).*
Prima strofa: "Questi sono i salici e ësta la fontana".
Durata: 2' 40" circa.
Chiave: Re frigio *
Tessitura: D2-Fa3 diesis
Indicazioni di Agaggiatura: *Andante moderato*
Ubicazione del manoscritto: Archivio personale del compositore
Dedica: A Federico Gallar
Indicazioni di testa: baritono e pianoforte
Osservazioni: Lo stesso compositore ne ha una versione trasposta, per basso, discendente di 3~m.
Registrazione 1
Anno: 2006
Cantante: Latorre, Fernando (Bar.)
Pianista: Barredo, Itziar
Data: 2006
Supporto: CD
Etichetta: Arsis
Riferimento discografico: ARSIS 4198
Durata: 3:17
Osservazioni: Incluso nell'album "Cantar del alma, La poesia del Siglo de Oro en la musica del

135

siglo XX".

PALAU BOIX, MANUEL (1893-1967)

Titolo: "Villancico" (canto natalizio)

Data di composizione: 1947

Appartiene all'opera di Lope de Vega: I *pastori di Betlemme.*

Prima strofa: "Le pagliuzze della mangiatoia".

Personaggio: Tebandra

Note sceniche: [Non è stato necessario pregare gli altri pastori di cantare, perché tutti hanno iniziato allegramente e gioiosamente come segue

Durata: 2' 15"

Tonalità: Si minore

Tessitura: C3 diesis - E4

Indicazioni per l'aggregazione: Semplice ma teneramente

Data di uscita: 1-6-1952

Luogo della prima: Conservatorio di Musica, Valencia

Cantante esordiente: Emilia Munoz (Sop.)

Pianista per la prima: Manuel Palau

Data di pubblicazione: 1974

Editore: Piles

Ed. sotto la cura di Salvador Segui, Istituto Valenciano di Musicologi'a, Istituzione Alfonso el Magnanimo

Luogo di pubblicazione: Valencia

Note di testa: Poesia di Lope de Vega

Titolo: "Por el montecico sola" (Sulla montagna sola)

Raccolta o ciclo: *Sei Lieder,* n° 1

Data di composizione: 1950

Appartiene alla commedia di Lope de Vega: El villano en su rincon (Il cattivo nel suo angolo).

Prima strofa: "Por el montecico sola" (Sulla montagna sola)

Personaggio: Musicisti

Note sceniche: I musicisti cantano e Bruno canta da solo.

Durata: 1' 15" circa.

Tonalità: Mi maggiore

Tessitura: D3-G4

Indicazioni per l'aggressione: *Allegretto*

Data di rilascio: 19-4-1953

Luogo della prima: Ateneo, Madrid

Cantante d'apertura: Tony Rosado (Sop.)

Pianista per la prima: Felix Lavilla

Data di pubblicazione: 1953

Editore: Piles

Menzione della pubblicazione: Institute Valenciano de Musicologfa, Institucion Alfonso el Magnanimo Luogo di pubblicazione: Valencia

Note di testa: Soprano e pianoforte

Registrazione 1

Anno: 1988

Cantante: Fabuel, Gloria (Sop.)

Pianista: Pastor, Ramon

Sede: Caja de Ahorros de Valencia, Valencia

Data: 21-6-1988

Supporto: Radio
Durata: 2:25
Commenti: Registrazione RNE.
Titolo: "E-legia per il caballero di Olmedo".
Data di composizione: 1951
Appartiene alla commedia di Lope de Vega: El caballero de Olmedo.
Primo versetto: "Di notte lo uccisero".
Personaggio: La Voce
Note sceniche: cantare da lontano nel camerino e avvicinarsi con la voce, come se si stesse camminando.
Durata: 3' Durata: 3' Durata: 3' Durata: 3' Durata: 3' Durata: 3' Durata: 3'
Chiave: Re minore *
Tessitura: G3-A4
Indicazioni augurali: Allegro *moderato*
Ubicazione del manoscritto: Archivio della famiglia Manuel Palau
Commenti: Versione per voce e pianoforte dell'originale per voce e orchestra dello stesso compositore. Questa versione orchestrale è stata eseguita in prima assoluta da Mary Jordan (Sop.) e dall'Orquesta Municipal de Valencia (OMV), diretta da Manuel Palau, il 2 dicembre 1951, al Teatro Principal di Valencia. La data di composizione si basa sulla data della prima orchestrale.

PARERA FONS, ANTONI (1943-)

Titolo: "Palmas de Belen".
Data di composizione: 2006
Appartiene all'opera di Lope de Vega: I *pastori di Betlemme*.
Prima strofa: "Pues andais en las palmas".
Personaggio: Elifila
Note sceniche: [che intendo imitare nella mia canzone, dicendo così:]
Durata: 2' circa.
Tonalità: Re maggiore
Tessitura: A2-E3
Ubicazione del manoscritto: Archivio del compositore
Osservazioni: Copia in prestito dal compositore stesso. La partitura per voce e pianoforte è seguita da due pagine di arrangiamento per un finale con solista, coro e orchestra in sol maggiore, con il testo della prima strofa, che non utilizza il ritornello della poesia, ma si limita a musicare le strofe, in un ordine diverso dal solito (seconda per terza e viceversa). Sul frontespizio, sopra il titolo, è indicato "II", il che fa pensare che si tratti del secondo brano di un gruppo.

PEREZ AGUIRRE, JULIO (-1916)

Titolo: "Occhi verdi".
Sottotitolo: canzone spagnola
Data di composizione: ca. 1900-1914
Appartiene all'opera di Lope de Vega: *La Dorotea.*
Prima strofa: "Mamma, ho visto degli occhielli".
Personaggio: Dorotea
Note sceniche: [Ecco, Celia, prendi l'arpa; che mi obbliga a rispondere così tanto].
Durata: 2' 20" circa.
Tonalità: Sol minore
Tessitura: D3-G4
Indicazioni per l'Aggico: *Moderato*
Data di pubblicazione: tra il 1901 e il 1914

Editore: Sociedad Anonima Casa Dotesio (sic.)

Dedica: All'eminente artista Ramon Blanchart

Indicazioni del titolo: Cancion espanola letra de Lope de Vega

Osservazioni: L'anno di nascita è sconosciuto. L'anno di morte è tratto dal *Diccionario de la Zarzuela Espanola e Hispanoamericana* (Emilio Casares Rodicio (coord.), ICCMU, Madrid, 2003, vol. 2, p. 513). Data di pubblicazione tratta dalla scheda di catalogazione della Biblioteca de Catalunya. Si sa che ha pubblicato la partitura dell'operetta *Los amores de un veneciano* nel 1985. Il dedicatario, Ramon Blanchart (Barcellona, 1860 - San Salvador, 1934), fu un bantono che sviluppò la sua carriera al Liceu di Barcellona, al Teatro Real di Madrid e in vari teatri italiani.

PERIS LACASA, JOSE (1924-2017)

Titolo: "Mananicas floridas".

Sottotitolo: Canto di Natale

Data di composizione: 1955

Luogo di composizione: Madrid

Appartiene all'opera teatrale di Lope de Vega: *El cardenal de Belen.*

Prima strofa: "Mananicas floridas".

Carattere: Musica, Pascual (Anton, Bras)

Indicazioni di scena: Canta

Durata: 3' Durata: 3' Durata: 3' Durata: 3' Durata: 3' Durata: 3' Durata: 3'

Tonalità: La minore *

Tessitura: B2-G4

Indicazioni aggressive: *Calma*

Data di uscita: 1955

Luogo della prima: Conservatorio di Madrid

Prima cantante: Teresa Berganza

Pianista per la prima: Esteban Sanchez

Ubicazione del manoscritto: Archivio personale del compositore

Motivazione: Lavoro accademico del corso di composizione di Julio Gomez.

Osservazioni: Il compositore presta per questo lavoro una copia della partitura digitalizzata, alla fine della quale si legge un'annotazione manoscritta: "Clase de composicion (1955) Conservatorio de Madrid".

Registrazione 1

Anno: 1994

Cantante: Egido, Inmaculada (Sop.)

Pianista: Arner, Lucy

Sede: Auditorio Nacional, Sala de Camara, Madrid

Data: 7-10-1994

Supporto: Radio

Durata: 2:13

Osservazioni: Festival d'autunno. Registrato da RNE.

RINCON GARCIA, EDUARDO (1924-)

Titolo: "Dolce Signore, ero cieco".

Raccolta o serie: *Tre poesie religiose,* n° 1

Data di composizione: 1-7 giugno 2004

Appartiene all'opera teatrale di Lope de Vega: *El serafn humano*

Prima strofa: "Dolce Gesù, ero cieco".

Personaggio: Francisco

Durata: 2' 40" circa.

Chiave: Re minore *
Tessitura: B2 o A2 (opzionale)₍G4₎
Data di uscita: 21-3-2005
Luogo della prima: Festival de Musica Religiosa, Cuenca
Cantante d'apertura: Elena Grajera (Mz.)
Pianista della prima: Anton Cardo
Note di testa: Mezzo-soprano e pianoforte **Osservazioni:** Copia in prestito dal compositore stesso.
Registrazione 1
Anno: 2005
Cantante: Gragera, Elena (Mz.)
Pianista: Cardo, Anton
Luogo: Iglesia Monasterio de la Concepcion Franciscana, Cuenca
Data: 21-3-2005
Supporto: Radio
Durata: 4:19
Osservazioni: registrazione RNE. Prima assoluta.
Titolo: "Mananicas floridas".
Raccolta o serie: *Tre poesie religiose,* n° 2
Data di composizione: 1-7 giugno 2004
Appartiene all'opera teatrale di Lope de Vega: *El cardenal de Belen.*
Prima strofa: "Mananicas floridas".
Personaggi: Musica, Pascual (Anton, Bras) Direzioni di scena: Canten
Durata: 2' 10" circa.
Chiave: Re maggiore *
Tessitura: D3-G4
Indicazioni agghiaccianti: *Andante*
Data di uscita: 21-3-2005
Luogo della prima: Festival de Musica Religiosa, Cuenca
Cantante d'apertura: Elena Grajera (Mz.)
Pianista della prima: Anton Cardo
Note di testa: Mezzo-soprano e pianoforte **Osservazioni:** Copia in prestito dal compositore stesso.
Registrazione 1
Anno: 2005
Cantante: Gragera, Elena (Mz.)
Pianista: Cardo, Anton
Luogo: Iglesia Monasterio de la Concepcion Franciscana, Cuenca
Data: 21-3-2005
Supporto: Radio
Durata: 3:05
Osservazioni: registrazione RNE. Prima assoluta.
Titolo: "₍ "Che cosa ho io perché tu cerchi la mia amicizia?".
Raccolta o serie: *Tre poesie religiose,* n° 3
Data di composizione: 1-7 giugno 2004
Appartiene all'opera di Lope de Vega: *Rimas sacras (Rime sacre).*
Prima strofa: "(Che cosa ho io, perché tu cerchi la mia amicizia?", Sonetto XVIII
Durata: 2' 35" circa.
Tonalità: si minore *
Tessitura: A2 bemolle-Fa3
Data di uscita: 21-3-2005

Luogo della prima: Festival de Musica Religiosa, Cuenca
Cantante d'apertura: Elena Grajera (Mz.)
Pianista della prima: Anton Cardo
Indicazioni di testa: mezzosoprano e pianoforte
Osservazioni: Copia in prestito dal compositore stesso.
Registrazione 1
Anno: 2005
Cantante: Gragera, Elena (Mz.)
Pianista: Cardo, Anton
Luogo: Iglesia Monasterio de la Concepcion Franciscana, Cuenca
Data: 21-3-2005
Supporto: Radio
Durata: 4:53
Osservazioni: registrazione RNE. Prima assoluta.

RODRIGO VIDRE, JOAQUIN (1901-1999)

Titolo: "Coplas del pastor enamorado" ("Coppi del pastore innamorato")
Data di composizione: 1935
Appartiene all'opera di Lope de Vega: La buena guarda o La encomienda bien guardada.
Prima strofa: "Green pleasant shores".
Personaggio: Pastore
Durata: 3' 30".
Legenda: A
Tessitura: B2-G4
Indicazioni Agaggic: *Andantino*
Data della prima: 1936
Luogo della prima: Parigi
Cantante d'apertura: Maria Cid (Sop.)
Pianista della prima: Joaquin Rodrigo
Data di pubblicazione: 1980
Editore: Edicion del autor
Menzione dell'edizione: Canzoni per voce e pianoforte
Luogo di pubblicazione: Madrid
Dedica: Ad Aurelio Vinas
Osservazioni: Pubblicato da Ediciones Joaquin Rodrigo in album compilation: Album Centenario (EJR 190195, 2000) e Album de canciones (EJR 19015a). Esiste una versione dello stesso compositore per voce e chitarra.
Registrazione 1
Anno: 1965
Cantante: Cabals, Montserrat (Sop.)
Pianista: Zanetti, Miguel
Data: 1965
Supporto: CD
Etichetta: EMI Classics
Riferimento discografico: CDC 724355720221
Durata: 4:12
Osservazioni: Prodotto nel 1965. Edizione commemorativa del centenario di Joaquin Rodrigo, Grabaciones historicas I, vol. I. 11 CD. Riferimento album CDS 724355723727
Registrazione 2
Anno: 1966

Cantante: Higueras, Ana (Sop.)
Pianista: Zanetti, Miguel
Data: 1966
Supporto: LP
Etichetta discografica: Discos Tempo
Riferimento discografico: T2L-001 S Discos Tempo
Osservazioni: Incluso nell'album "Recital de canciones de Joaquin Rodrigo por Ana Higueras Aragon". Esiste un'altra pubblicazione della stessa registrazione su etichetta Marfer, 1981.
Registrazione 3
Anno: 1979
Cantante: Peters, Maria Angeles (Sop.)
Pianista: Garcia Chornet, Perfecto
Sede: Casa della Radio, Madrid
Data: 8-5-1979
Supporto: Radio
Durata: 3:50
Osservazioni: registrazione RNE.
Registrazione 4
Anno: 1981
Cantante: Higueras, Ana (Sop.)
Pianista: Lavilla, Fëlix
Sede: Società Filarmonica, Bilbao
Data: 12-10-1981
Supporto: Radio
Durata: 3:48
Osservazioni: Ciclo Lunes musicales de RNE. Registrato da RNE. Omaggio a Joaquin Rodrigo in occasione del suo 80° anniversario.
Registrazione 5
Anno: 1981
Cantante: Higueras, Ana (Sop.)
Pianista: Zanetti, Miguel
Data: 1981
Supporto: LP
Etichetta: Marfer
Riferimento discografico: M 55015 S Marfer
Osservazioni: Incluso nell'album "Recital de canciones de Joaqum Rodrigo por Ana Higueras Aragon".
Registrazione 6
Anno: 1986
Cantante: Cid, Manuel (Ten.)
Pianista: Lavilla, Fëlix
Data: 1986
Supporto: LP
Etichetta discografica: Fundacion Banco Exterior
Riferimento discografico: D.L. M- 4670
Osservazioni: Incluso nell'album "Compositores Espanoles del siglo XX. Canzoni da concerto".
Registrazione 7
Anno: 1989
Cantante: Kudo, Atsuko (Sop.)
Pianista: Zabala, Alejandro

141

Sede: Real Academia de Bellas Artes San Fernando, Madrid
Data: 1-12-1989
Supporto: Radio
Durata: 3:33
Osservazioni: Concerti di Radio 2. Registrazione RNE.
Registrazione 8
Anno: 1992
Cantante: Manuel Cid (t)
Pianista: Miguel Zanetti
Sede: Fondazione Juan March
Data: 25-5-1992
Supporto: nastro magnetico
Lunghezza: 3' 49"
Osservazioni: Concerto della Fondazione Juan March. Concerto in memoria di Federico Sopena.
Registrazione 9
Anno: 1994
Cantante: Fresan, Inaki (Bar.)
Pianista: Alvarez Parejo, Juan Antonio
Sede: Real Academia de Bellas Artes de San Fernando, Madrid
Data: 5-2-1994
Supporto: Radio
Durata: 3:08
Osservazioni: I concerti radiofonici 2. Registrazione RNE.
Registrazione 10
Anno: 1997
Cantante: Higueras, Ana (Sop.)
Pianista: Turina, Fernando
Data: 1997
Supporto: CD
Etichetta: Higueras Arte
Riferimento discografico: EK CD 106
Osservazioni: Incluso nell'album "Cancion espanola, primera mitad del siglo XX".
Registrazione 11
Anno: 1997
Cantante: Kudo, Atsuko (Sop.)
Pianista: Zabala, Alejandro
Luogo: Fundacion Juan March, Madrid
Data: 8-1-1997
Supporto: Radio
Durata: 3:25
Osservazioni: Ciclo "Integral de las canciones de Joaqum Rodrigo". Registrato da RNE.
Registrazione 12
Anno: 1999
Cantante: Cabals, Montserrat (Sop.)
Pianista: Zanetti, Miguel
Data: 1999
Supporto: CD
Etichetta: EMI Classics
Riferimento discografico: CDM 724356721821
Durata: 4:11

Commenti: Registrato nel 1964.

Registrazione 13

Anno: 2000

Cantante: Garrigosa, Francesc (Ten.)

Pianista: Cardo, Anton

Sede: Centro Culturale Conde Duque, Madrid

Data: 4-12-2000

Supporto: Radio

Durata: 3:05

Osservazioni: I lunedì musicali al Conde Duque. Registrato da RNE.

Registrazione 14

Anno: 2001

Cantante: Gragera, Elena (Mz.)

Pianista: Cardo, Anton

Sede: Museo Zuloaga, San Juan de los Caballeros (Segovia)

Data: 13-9-2001

Supporto: Radio

Durata: 3:08

Osservazioni: Festival di Segovia, Registrazione di RNE, Vietata la trasmissione senza l'autorizzazione degli intërpretes.

Registrazione 15

Anno: 2001

Cantante: Maravella, Consol (Sop.)

Pianista: Rubën Parejo

Data: 2001

Supporti: CD

Etichetta discografica: PM Produccions

Riferimento discografico: P.M. / CD-22

Osservazioni: Paco Munoz Produccions. Patrocinato dall'Ajuntament de Monserrat (Valencia).

Registrazione 16

Anno: 2001

Cantante: Masino, Fabiola (Sop.)

Pianista: Turina, Fernando

Data: 2001

Supporti: CD

Etichetta: Blue Moon

Riferimento discografico: BMCD 2071

Registrazione 17

Anno: 2002

Cantante: Mailinez, Ana Marfa (Sop.)

Pianista: Guinovart, Albert

Data: 2002

Supporto: CD

Etichetta: EMI Classics

Riferimento alla registrazione: CDS 724356783324

Durata: 3:41

Osservazioni: Edizione commemorativa del centenario di Joaquin Rodrigo, 12 CD, vol. 2.

Registrazione 18

Anno: 2002

Cantante: Mailinez, Ana Maria (Sop.)

Pianista: Guinovart, Albert
Data: 2002
Supporto: CD
Etichetta: EMI Classics
Riferimento discografico: PE02001
Lunghezza: 3'43"
Osservazioni: Incluso nell'album "Joaquin Rodrigo, 100 anos", vol. 2.
Registrazione 19
Anno: 2005
Cantante: Gragera, Elena (Mz.)
Pianista: Cardo, Anton
Luogo: Real Balneario Solan de Cabras, Beteta (Cuenca)
Data: 9-9-2005
Supporto: Radio
Durata: 3:07
Osservazioni: Ciclo "Musica nell'acqua". Registrato da RNE. Non si autorizza la diffusione senza il permesso degli esecutori.

Titolo: "Pastorcito Santo

Raccolta o ciclo: *Tre canti*, n° 1
Data di composizione: 1952
Appartiene all'opera di Lope de Vega: I *pastori di Betlemme.*
Prima strofa: "Zagalejo de perlas".
Personaggi: Aminadab e Palmira
Annotazioni sceniche: [Aminadab [...] venne con la sua amata Palmira [...], e sua moglie lo accompagnò con voce e strumento, entrambi dissero così:]
Durata: 2' 40"
Tonalità: Mi minore
Tessitura: D3 diesis-Do4
Indicazioni agghiaccianti: *Andante*
Data di uscita: gennaio 1954
Luogo della prima: Real Conservatorio de Musica de Madrid
Data di pubblicazione: 1953
Editore: Joaquin Rodrigo
Menzione dell'edizione: Grafispania
Luogo di pubblicazione: Madrid
Dedica: Al Dr. Schermant
Note: Numerose edizioni successive: UME (1968), Joaquin Rodrigo-Grafispania (1970), EJR (2000). Esiste una versione dello stesso compositore per voce e chitarra del 1959.
Registrazione 1
Anno: 1967
Cantante: Angeles, Victoria de los (Sop.)
Pianista: Soriano, Gonzalo
Data: 1961.12.04/08
Supporto: LP
Etichetta: Angel
Riferimento discografico: Riferimento 35775
Lunghezza: 3'59".
Osservazioni: Incluso nell'album "Siglo 20°. Canzoni spagnole".
Registrazione 2

Anno: 1976
Cantante: Martm, Fuencisla (Sop.)
Pianista: Elcoro, Valentm
Sede: Casa della Radio, Madrid
Data: 24-11-1976
Supporto: Radio
Durata: non specificata
Commenti: Registrazione RNE.
Registrazione 3
Anno: 1978
Cantante: Diaz, Ana Amelia (Sop.)
Pianista: Perera, Julian
Sede: Casa della Radio, Madrid
Data: 13-12-1978
Supporto: Radio
Durata: 2:55
Commenti: Registrazione RNE.
Registrazione 4
Anno: 1981
Cantante: Higueras, Ana (Sop.)
Pianista: Lavilla, Fëlix
Sede: Società Filarmonica, Bilbao
Data: 12-10-1981
Supporto: Radio
Durata: 4:04
Osservazioni: Ciclo Lunes musicales de RNE. Registrato da RNE. Omaggio a Joaquin
Rodrigo nel suo 80° anniversario.
Registrazione 5
Anno: 1981
Cantante: Higueras, Ana (Sop.)
Pianista: Zanetti, Miguel
Data: 1981
Supporto: LP
Etichetta: Marfer
Riferimento discografico: M 55015 S Marfer
Osservazioni: Incluso nell'album "Recital de canciones de Joaquin Rodrigo por Ana Higueras
Aragon".
Registrazione 6
Anno: 1993
Cantante: Angeles, Victoria de los (Sop.)
Pianista: Soriano, Gonzalo
Data: 1993
Supporto: CD
Etichetta: EMI Classics
Riferimento discografico: 5650642 CMS 5650612
Durata: 2:31
Commenti: 4 CD. Registrato nel 1962.
Registrazione 7
Anno: 1994
Cantante: Chaves, Soraya (Sop.)

Pianista: Pares, Xavier
Sede: Real Conservatorio Superior de Musica, Madrid
Data: 15-4-1994
Supporto: Radio
Durata: 2:38
Osservazioni: Fondazione Jacinto e Inocencio Guerrero, Premio Internazionale di Canto della Fondazione Guerrero, audizione finale, primo premio, premio per la migliore interpretazione della musica spagnola. Registrato da RNE.
Registrazione 8
Anno: 1994
Cantante: Fresan, Inaki (Bar.)
Pianista: Alvarez Parejo, Juan Antonio
Sede: Real Academia de Bellas Artes de San Fernando, Madrid
Data: 5-2-1994
Supporto: Radio
Durata: 2:47
Osservazioni: I concerti radiofonici 2. Registrazione RNE.
Registrazione 9
Anno: 1995
Cantante: Alcedo, Celia (Sop.)
Pianista: Tamayo, Celsa
Luogo: Iglesia de San Josë, Madrid
Data: 23-12-1995
Supporto: Radio
Durata: 3:11
Osservazioni: Certamen de Musica Vocal en Navidad, concerto di chiusura. Non disponibile su RNE a causa di carenze audio o di performance.
Registrazione 10
Anno: 1995
Cantante: Montiel, Maria Josë (Sop.)
Pianista: Zanetti, Miguel
Sede: Real Academia de Bellas Artes San Fernando, Madrid
Data: 4-3-1995
Supporto: Radio
Durata: non specificata
Commenti: Registrazione RNE.
Registrazione 11
Anno: 1996
Cantante: Higueras, Ana (Sop.)
Pianista: Zanetti, Miguel
Data: 1966
Supporto: LP
Etichetta discografica: Discos Tempo
Riferimento discografico: T2L-001 S Discos Tempo
Osservazioni: Incluso nell'album "Recital de canciones de Joaqum Rodrigo por Ana Higueras Aragon". Esiste un'altra pubblicazione della stessa registrazione su etichetta Marfer, 1981.
Registrazione 12
Anno: 1996
Cantante: Aragon, Mana (Mz.)
Pianista: Turina, Fernando

Luogo: Teatro dell'Hotel Palazzo dell'Alhambra, Granada
Data: 27-6-1996
Supporto: Radio
Durata: 2:40
Osservazioni: Festival Internazionale di Musica e Danza di Granada. Non è consentito trasmettere senza l'autorizzazione degli artisti.
Registrazione 13
Anno: 1996
Cantante: Fresan, Inaki (Bar.)
Pianista: Alvarez Parejo, Juan Antonio
Sede: Sede di Orfeon Donostiarra, San Sebastian
Data: 29-8-1996
Supporto: Radio
Durata: 2:40
Osservazioni: La quindicina musicale di San Sebastian. Registrato da RNE. Non è consentita la trasmissione senza l'autorizzazione degli esecutori.
Registrazione 14
Anno: 1997
Cantante: Higueras, Ana (Sop.)
Pianista: Turina, Fernando
Data: 1997
Supporti: CD
Etichetta: Higueras Arte
Riferimento discografico: EK CD 106
Osservazioni: Incluso nell'album "Cancion espanola, primera mitad del siglo XX".
Registrazione 15
Anno: 1997
Cantante: Kudo, Atsuko (Sop.)
Pianista: Zabala, Alejandro
Luogo: Fundacion Juan March, Madrid
Data: 22-1-1997
Supporto: Radio
Durata: non specificata
Osservazioni: Ciclo "Integral de las canciones de Joaqum Rodrigo". Registrato da RNE.
Registrazione 16
Anno: 1998
Cantante: Bustamante, Carmen (Sop.)
Pianista: Garcia Chornet, Perfecto
Data: 1998
Supporto: CD
Etichetta: Arcobaleno
Riferimento discografico: Arcobaleno 9426
Lunghezza: 2'52"
Osservazioni: Incluso nell'album "Spanish Festival".
Registrazione 17
Anno: 1998
Cantante: Montiel, Maria Josë (Sop.)
Pianista: Zanetti, Miguel
Sede: Casa della Radio, Madrid
Data: gennaio-aprile 1998

Supporto: Radio
Durata: 2:57
Commenti: Registrazione per RTVE MUSICA 619682, La casa della Radio, Madrid.
Registrazione 18
Anno: 1999
Cantante: Ostolaza, Euken (Ten.)
Pianista: Urcola, Ana Maria
Sede: Municipio di San Sebastian
Data: 18-12-1999
Supporto: Radio
Durata: 4:30
Osservazioni: Ateneo di Guipuzco. Registrato da RNE. Non è consentita la trasmissione senza l'autorizzazione degli esecutori.
Registrazione 19
Anno: 1999
Cantante: Castro-Alberty, Margarita (Sop.)
Pianista: Cebro, Carlos
Data: 1999
Supporto: CD
Etichetta: LYS
Osservazioni: Incluso nell'album "Joaquin Rodrigo: Integral de canciones. Premiere mondiale", vol. 1.
Registrazione 20
Anno: 1999
Cantante: Montiel, Mana Josë (Sop.)
Pianista: Zanetti, Miguel
Data: 1999
Supporto: CD
Etichetta discografica: RTVE Musica
Riferimento alla discografia: 65115
Durata: 4:25
Note: Registrato nel 1998, Casa de la Radio, Madrid.
Registrazione 21
Anno: 2000
Cantante: Gragera, Elena (Mz.)
Pianista: Cardo, Anton
Luogo: Chiesa di Santa Marfa del Puerto, Santona (Santander)
Data: 19-8-2000
Supporto: Radio
Durata: 2:23
Osservazioni: Festival Internazionale di Santander. Registrazione RNE. Non è consentita la trasmissione senza l'autorizzazione degli interpreti.
Registrazione 22
Anno: 2000
Cantante: Gragera, Elena (Mz.)
Pianista: Cardo, Anton
Sede: Centro Culturale Conde Duque, Madrid
Data: 27-11-2000
Supporto: Radio
Durata: 2:24

Osservazioni: I lunedì musicali al Conde Duque. Registrato da RNE.

Registrazione 23
Anno: 2001
Cantante: Montiel, Mana Josë (Sop.)
Pianista: Turina, Fernando
Luogo: Fundacion Juan March, Madrid
Data: 10-1-2001
Supporto: Radio
Durata: 4:46
Commenti: Registrazione RNE.

Registrazione 24
Anno: 2001
Cantante: Martos, Maria Josë (Sop.)
Pianista: Blanes, Marisa
Luogo: Auditorio Nacional de Musica, Sala de Camara, Madrid
Data: 13-6-2001
Supporto: Radio
Durata: 2:24
Osservazioni: registrazione RNE, non è consentita la trasmissione senza l'autorizzazione degli interpreti.

Registrazione 25
Anno: 2001
Cantante: Gragera, Elena (Mz.)
Pianista: Cardo, Anton
Sede: Museo Zuloaga, San Juan de los Caballeros (Segovia)
Data: 13-9-2001
Supporto: Radio
Durata: 2:30
Osservazioni: Festival di Segovia, Registrazione di RNE, Vietata la trasmissione senza l'autorizzazione degli intërpretes.

Registrazione 26
Anno: 2001
Cantante: Maravella, Consol (Sop.)
Pianista: Parejo, Rubën
Data: 2001
Supporto: CD
Etichetta: PM Produccions
Riferimento discografico: P.M. / CD-22
Osservazioni: Paco Munoz Produccions. Patrocinato dall'Ajuntament de Monserrat (Valencia).

Registrazione 27
Anno: 2002
Cantante: Gragera, Elena (Mz.)
Pianista: Cardo, Anton
Sede: Centro Culturale Conde Duque, Madrid
Data: 16-12-2002
Supporto: Radio
Durata: 2:27
Osservazioni: I lunedì musicali al Conde Duque. Registrato da RNE. Non è consentita la trasmissione senza l'autorizzazione degli intërpretes.

Registrazione 28

Anno: 2002
Cantante: Martmez, Ana Maria (Sop.)
Pianista: Guinovart, Albert
Data: 2002
Supporti: CD
Etichetta: EMI Classics
Riferimento discografico: PE02001
Lunghezza: 2'55"
Osservazioni: Incluso nell'album "Joaquin Rodrigo, 100 anos", vol. 2.
Registrazione 29
Anno: 2002
Cantante: Marlinez, Ana Maria (Sop.)
Pianista: Guinovart, Albert
Data: 2002
Supporti: CD
Etichetta: EMI Classics
Riferimento alla registrazione: CDS 724356783324
Durata: 2:53
Osservazioni: Edizione commemorativa del centenario di Joaquin Rodrigo, 12 CD, vol. 2.
Registrazione 30
Anno: 2002
Cantante: Fink, Bernarda (Mz.)
Pianista: Vignoles, Roger
Data: 2002
Supporto: CD
Etichetta: Hyperion
Riferimento discografico: HYP 67186
Registrazione 31
Anno: 2002
Cantante: Monar, Isabel (Sop.)
Pianista: McClure, Mac
Data: 2002
Supporti: CD
Etichetta: Columna Musica
Riferimento discografico: CM 0077
Registrazione 32
Anno: 2003
Cantante: Gragera, Elena (Mz.)
Pianista: Cardo, Anton
Sede: Centro Culturale Conde Duque, Madrid
Data: 13-1-2003
Supporto: Radio
Durata: 2:36
Osservazioni: I lunedì musicali al Conde Duque. Registrato da RNE. Non è consentita la trasmissione senza l'autorizzazione degli esecutori.
Registrazione 33
Anno: 2003
Cantante: Rey, Isabel (Sop.)
Pianista: Zabala, Alejandro
Data: 2003

Supporto: CD
Etichetta: Edicions Albert Moraleda
Discografia di riferimento: Edicions Albert Moraleda: 0155
Osservazioni: Incluso nell'album "Songs for Christmas".
Registrazione 34
Anno: 2003
Cantante: Darijo, Conchm (Sop.)
Pianista: Monasterio, Aida
Data: 2003
Supporto: CD
Etichetta discografica: EGT
Riferimento discografico: EGT 911
Durata: 2:42
Commenti: Registrato nel 2002.
Registrazione 35
Anno: 2004
Cantante: Sanchez, Ana Maria (Sop.)
Pianista: Moretti, Kennedy
Sede: Palau de la Musica, Valencia
Data: 13-3-2004
Supporto: Radio
Durata: non specificata
Commenti: Registrazione RNE. Non è consentita la trasmissione senza l'autorizzazione delle autorità locali.
Registrazione 36
Anno: 2006
Cantante: Latorre, Fernando (Bar.)
Pianista: Barredo, Itziar
Data: 2006
Supporto: CD
Etichetta: Arsis
Riferimento discografico: ARSIS 4198
Durata: 2:45
Osservazioni: Incluso nell'album "Cantar del alma, La poesi'a del Siglo de Oro en la musica del siglo XX".
Registrazione 37
Anno: 2009
Cantante: Vundru, Franziska (Sop.)
Pianista: Ickert, Bernd
Data: 2009
Supporto: CD
Etichetta: Musicaphon
Riferimento discografico: M56844
Osservazioni: Incluso nell'album "Herz, stirb, oder singe!".

SALVADOR SEGARRA, MATILDE (1918-2007)

Titolo: "Castellana".
Collezione o serie: *Sei canzoni spagnole,* n° 1
Data di composizione: 1 giugno 1939
Appartiene all'opera teatrale di Lope de Vega: El gran duque de Moscovia (Il granduca di

Moscovia).

Prima strofa: "Blanca me era yo".

Personaggio: Musicisti

Note di scena: Escono i musicisti mietitori e con loro Lucinda, Demetrio, Rufino, Belardo e Febo. Cantano.

Durata: 1' 15" circa.

Tonalità: si minore *

Tessitura: E3-Fa4 diesis

Indicazioni aggressive: Tranquilo-72

Ubicazione del manoscritto: Istituto Valencia de la Musica

Simbolo del manoscritto: inventario provvisorio

Dedica: A Manuel de Falla

Titolo: Canto e pianoforte

Osservazioni: Delle *Seis canciones espanolas,* una copia dice soprano e pianoforte (all'interno di un brano c'è scritto voz media), e un'altra copia dice voz media e pianoforte. Le tonalità e le tessiture sono identiche. Il ciclo di canzoni ottenne la Menzione d'Onore al Concorso di Composizione della Direzione di Propaganda di Vizcaya, nel gennaio 1940.

Titolo: "Gallega".

Collezione o serie: *Sei canzoni spagnole,* n° 2

Data di composizione: 10 giugno 1939

Appartiene alla commedia di Lope de Vega: El villano en su rincon (Il cattivo nel suo angolo).

Prima strofa: "Por el montecico sola" (Sulla montagna sola)

Personaggio: Musicisti

Note sceniche: I musicisti cantano e Bruno canta da solo.

Durata: 1' 30" circa.

Tonalità: La minore *

Tessitura: E3-G4

Indicazioni agostane: *Allegro ma mon* molto-120

Ubicazione del manoscritto: Instituto Valencia de la Musica

Simbolo del manoscritto: inventario provvisorio

Dedica: A Manuel de Falla

Titolo: Canto e pianoforte

Osservazioni: Esiste un'altra copia con testo galiziano (si intitola *Galeica* (sic.)) e un'altra copia che dice: "2- versione con testo anonimo galiziano e leggere varianti nell'armonia". Delle *Seis canciones espanolas*, una copia dice soprano e pianoforte (all'interno di un brano si dice voz media), e un'altra copia dice voz media e pianoforte. Le tonalità e le tessiture sono identiche.

Il ciclo di canzoni ottenne una menzione d'onore al Concorso di Composizione della Direzione di Propaganda di Vizcaya, nel gennaio 1940.

Titolo: "Levantina".

Sottotitolo: Valenciana

Collezione o serie: *Sei canzoni spagnole,* n° 6

Data di composizione: 30 luglio 1939

Appartiene alla commedia di Lope de Vega: *El bobo del colegio.*

Prima strofa: "Naranjitas me tira la nina".

Personaggio: Musicisti

Note panoramiche: Canten

Durata: 1' 45" circa.

Chiave: Mi maggiore *

Tessitura: E3-A4

Indicazioni aggressive: moderate-72
Ubicazione del manoscritto: Istituto Valencia de la Musica
Simbolo del manoscritto: inventario provvisorio
Dedica: A Manuel de Falla
Note sul titolo: Canto e pianoforte
Note: *Valenciana*, dalla suite *Seis canciones espanolas* per voce e orchestra, non intitolata *Levantna* come l'originale per voce e pianoforte. Annotazione a matita sul frontespizio "Versio de l'any del rey Pepet" (sic.). L'orchestrazione del brano è per fiati, trombe in Fa e in Do2, arpa e archi. La voce non ha il testo scritto, ma comprende le parti. Delle *Seis canciones espanolas*, una copia dice soprano e pianoforte (all'interno di un brano si dice voce media), e un'altra copia dice voce media e pianoforte. Le tonalità e le tessiture sono identiche. Il ciclo di canzoni ottenne una menzione d'onore al Concorso di Composizione della Direzione di Propaganda di Vizcaya, nel gennaio 1940.

Titolo: "Cancion de vela" (Canzone della vela)

Data di composizione: 1946
Appartiene all'opera teatrale di Lope de Vega: *Las almenas de Toro.*
Prima strofa: "Vigilante che le candele del castello".
Personaggi: Flores e Layn
Note sceniche: entrambi cantano
Durata: 1'45
Tonalità: Re minore
Tessitura: ᴅ³⁻ᴇ⁴
Indicazioni aggressive: Lentamente
Data di pubblicazione: 1947
Editore: Piles
Luogo di pubblicazione: Valencia
Dedica: A Victoria de los Angeles
Note di testa: Per voce media e pianoforte
Osservazioni: Data di composizione tratta dal catalogo SGAE. Data di pubblicazione ricavata dalla copia dell'edizione, che reca una dedica manoscritta sul frontespizio: "A la gran liederista Carmen Andujar, amb la meva gratitud per les interpretacions de les meves cancons, molt cordialment, Matilde Salvador. Valencia, 1947". Prima della versione orchestrale: Emilia Munoz (Sop.) e Orquesta Municipal de Valencia, direttore Hans von Benda, 6 maggio 1951, Teatro Principal, Valencia.

TOMMASO SABATER, JUAN MARIA (1896-1966)

Titolo: "Chitarra".

Collezione o serie: Canzoni strumentali spagnole, n° 1
Data di composizione: 1944
Appartiene alla commedia di Lope de Vega: Peribanez y el comendador de Ocana.
Prima strofa: "Cogiome a tu puerta el toro".
Personaggio: Musicisti
Note sceniche: cantare
Durata: 1' 30" circa.
Tonalità: Mi bemolle maggiore
Tessitura: B2 bemolle - E4 bemolle
Indicazioni agghiaccianti: *Allegro ma non troppo*
Data di pubblicazione: 1944
Editore: Ediciones Capella Classica
Luogo di pubblicazione: Mallorca

Registrazione 1
Anno: 2001
Cantante: Cordon, Carmelo (Bar.)
Pianista: Celebon, Monica
Luogo: Teatro Monumental, Madrid
Data: 7-4-2001
Supporto: Radio
Durata: non specificata
Osservazioni: I concerti della Radio Classica. Registrato da RNE.
Titolo: "Gaita".
Collezione o serie: Canzoni strumentali spagnole, n° 5
Data di composizione: 1944
Appartiene alla commedia di Lope de Vega: Peribanez y el comendador de Ocana.
Prima strofa: "Dente parabienes".
Personaggio: Musicisti
Note sceniche: suonano e cantano
Durata: 2' 40" circa.
Tonalità: Do maggiore
Tessitura: F3-G4
Indicazioni per l'Aggico: *Moderato*
Data di pubblicazione: 1944
Editore: Ediciones Capella Classica
Luogo di pubblicazione: Mallorca
Osservazioni: La data di composizione si basa sulla data di pubblicazione.

TOLDRA I SOLER, EDUARD (1885-1962)

Titolo: "Cantarcillo".
Sottotitolo: Beh, state battendo le mani.
Collezione o serie: *Sei canzoni,* n° 5
Data di composizione: 1941
Appartiene all'opera di Lope de Vega: I *pastori di Betlemme.*
Prima strofa: "Pues andais en las palmas".
Personaggio: Elifila
Note sceniche: [che intendo imitare nella mia canzone, dicendo così:]
Lunghezza: 3' 15
Tonalità: do diesis minore / re bemolle maggiore
Tessitura: F3-F#4
Indicazioni agiografiche: Andante, non troppo lento
Data di rilascio: 29-3-1941-29
Luogo della prima: Palau de la Musica de Barcelona
Cantante di apertura: Mercedes Plantada
Pianista della prima: Blay - Net
Data di pubblicazione: 1942/1992
Editore: Josë Porter/Union Musical Espanola
Luogo di pubblicazione: Barcellona/Madrid
Note sul titolo: Canto e pianoforte
Osservazioni: Esiste una versione per orchestra dello stesso compositore. I materiali orchestrali manoscritti sono conservati nell'archivio dell'Orquestra Simfonica de Barcelona i Nacional de Catalunya (OBC).
Registrazione 1

Anno: 1978
Cantante: Callao, Francesca (Sop.)
Pianista: Panella, Juli
Sede: Casa della Radio, Madrid
Data: 13-2-1978
Supporto: Radio
Durata: 1:55
Osservazioni: registrazione RNE.
Registrazione 2
Anno: 1987
Cantante: Berganza, Teresa (Mz.)
Pianista: Alvarez Parejo, Juan Antonio
Data: 1987
Supporto: CD
Etichetta: Claves
Riferimento discografico: CD508704
Durata: 1:55
Osservazioni: Incluso nell'album "Teresa Berganza: Canciones espanolas". Registrato nel 1977.
Registrazione 3
Anno: 1989
Cantante: Blanco, Carmen (Sop.)
Pianista: Quero, Raquel
Data: 1989
Supporto: LP
Etichetta discografica: Caja Provincial de Ahorros de Cordoba
Riferimento discografico: CPAD 1056
Durata: non specificata
Commenti: 2 LP. Registrazione dal vivo Palacio de Viana, Cordoba.
Registrazione 4
Anno: 1992
Cantante: Bustamante, Carmen (Sop.)
Pianista: Garcia Morante, Manuel
Data: 1992
Supporto: CD
Etichetta discografica: Audiovisuals de Sama
Riferimento alla discografia: 251516
Durata: 4:00
Registrazione 5
Anno: 1994
Cantante: Casariego, Lola (Mz.)
Pianista: Zanetti, Miguel
Sede: Real Academia de Bellas Artes de San Fernando, Madrid
Data: 26-3-1994
Supporto: Radio
Durata: non specificata
Osservazioni: Concerti di Radio 2. Registrazione RNE.
Registrazione 6
Anno: 1995
Cantante: Gragera, Elena (Mz.)
Pianista: Cardo, Anton

Sede: Fundacion Carlos de Amberes, Madrid
Data: 14-12-1995
Supporto: Radio
Durata: non specificata
Osservazioni: Ciclo "La canco de concert a Catalunya", Generalitat de Catalunya, Fundació
Carlos de Amberes. Registrato da RNE.
Registrazione 7
Anno: 1995
Cantante: Montiel, Maria Josë (Sop.)
Pianista: Zanetti, Miguel
Luogo: Fundacion Juan March, Madrid
Data: 17-5-1995
Supporto: Radio
Durata: 2:17
Commenti: Registrazione RNE.
Registrazione 8
Anno: 1997
Cantante: Lorengar, Pilar (Sop.)
Pianista: Lavilla, Fëlix
Data: 1997
Supporto: CD
Etichetta: RCA Classics
Etichetta di riferimento: BMG 74321397692
Durata: 3:30
Osservazioni: Incluso nell'album "Pilar Lorengar: Canciones", 2CD. Registrato da
1959.
Registrazione 9
Anno: 1997
Cantante: Higueras, Ana (Sop.)
Pianista: Turina, Fernando
Data: 1997
Supporto: CD
Etichetta: Higueras Arte
Riferimento discografico: EK CD 106
Osservazioni: Incluso nell'album "Cancion espanola, primera mitad del siglo XX".
Registrazione 10
Anno: 1997
Cantante: Montiel, Marfa Josë (Sop.)
Pianista: Zanetti, Miguel
Data: 1997
Supporto: CD
Etichetta: Dial Discos-Doblon
Riferimento discografico: 96984
Durata: 2:17
Osservazioni: registrazione dal vivo di RNE. Sala della Fondazione Juan March, 17-5-95.
Registrazione 11
Anno: 1998
Cantante: Bayo, Mana (Sop.)
Pianista: Zeger, Brian
Luogo: Teatro de la Zarzuela, Madrid

Data: 23-3-98
Supporto: Radio
Durata: 1:45
Osservazioni: Ciclo di Lied. Teatro de la Zarzuela, Madrid. Registrato da RNE. Non è consentita la trasmissione senza l'autorizzazione degli interpreti.
Registrazione 12
Anno: 2001
Cantante: Bayo, Mana (Sop.)
Pianista: Werkle, Veronique
Luogo: Teatro de la Zarzuela, Madrid
Data: 12-11-2001
Supporto: Radio
Durata: non specificata
Osservazioni: Ciclo di Lied. Teatro de la Zarzuela, Madrid. Teatro de la Zarzuela, Madrid. Registrazione RNE. Non è consentita la trasmissione senza l'autorizzazione degli inlc'ipreles.
Registrazione 13
Anno: 2001
Canlanle: Ricci, Anna (Mz.)
Pianista: Soler, Angel
Data: 2001
Soporle: CD
Etichetta: Edicions Albert Moraleda
Riferimento alla discografia: 741
Durata: 3:38
Registrazione 14
Anno: 2001
Cantante: Muntada, Maria Lluisa (Sop.)
Pianisla: Surinyac, Josep
Luogo: Parrocchia della Purisima Concepción, Los Molinos (Madrid)
Data: 28-7-2001
Supporto: Radio
Durata: 3:10
Commenti: Registrazione RNE
Registrazione 15
Anno: 2001
Cantante: Bordoy, Teresa (Sop.)
Pianista: Celebon, Monica
Luogo: Teatro Monumental, Madrid
Data: 7-4-2001
Supporto: Radio
Durata: non specificata
Osservazioni: I concerti della Radio Classica. Registrato da RNE.
Anno: 2005
Cantante: Londono, Gloria (Sop.)
Pianista: Lamazares, Madalit
Sede: Auditorium Principe Felipe, Oviedo
Data: 14-12-2005
Supporto: Radio
Durata: 3:09
Note: Registrazione RNE. Non è consentita la trasmissione senza l'autorizzazione degli interpreti.

Registrazione 17
Anno: 2005
Cantante: Schwartz, Sylvia (Sop.)
Pianista: Turina, Fernando
Luogo: Fundacion Marcelino Botin, Santander
Data: 15-2-2005
Supporto: Radio
Durata: 3:09
Note: Registrazione RNE. Non è consentita la trasmissione senza l'autorizzazione degli esecutori.
Registrazione 18
Anno: 2005
Cantante: Londono, Gloria (Sop.)
Pianista: Lamazares, Madalit
Sede: Real Academia de Bellas Artes de San Fernando, Madrid
Data: 28-05-2005
Supporto: Radio
Durata: 3:04
Commenti: Registrazione RNE.
Registrazione 19
Anno: 2006
Cantante: Genicio, Bek'n (Sop.)
Pianista: Segura, Juan Carlos
Data: 2006
Supporto: CD
Etichetta: Coda Out
Discografia di riferimento: COUT 2025
Durata: 3:11
Titolo: "Mamma, ho visto degli occhielli".
Collezione o serie: *Sei canzoni,* n° 2
Data di composizione: 1941
Appartiene all'opera di Lope de Vega: *La Dorotea.*
Prima strofa: "Mamma, ho visto degli occhielli".
Personaggio: Dorotea
Note sceniche: [Prendi, Celia, l'arpa; che mi obbliga a molto questa risposta].
Durata: 3' 10"
Tonalità: Mi minore
Tessitura: D3 diesis-E4
Indicazioni per l'aggressione: *Allegretto*
Data di pubblicazione: 1942/1992
Editore: Jose Porter/Union Musical Espanola
Luogo di pubblicazione: Barcellona/Madrid
Dedica: A Mercedes Plantada
Note sul titolo: Canto e pianoforte
Osservazioni: Esiste una versione per orchestra dello stesso compositore. I materiali orchestrali manoscritti sono conservati nell'archivio dell'Orquestra Simfonica de Barcelona i Nacional de Catalunya (OBC).
Registrazione 1
Anno: 1978
Cantante: Diaz, Ana Amelia (Sop.)

Pianista: Perera, Julian
Sede: Casa della Radio, Madrid
Data: 13-12-1978
Supporto: Radio
Durata: 2:35
Commenti: Registrazione RNE.
Registrazione 2
Anno: 1978
Cantante: Callao, Francesca (Sop.)
Pianista: Panella, Juli
Sede: Casa della Radio, Madrid
Data: 13-2-1978
Supporto: Radio
Durata: 2:38
Commenti: Registrazione RNE.
Registrazione 3
Anno: 1979
Cantante: Ruival, Amelia (Sop.)
Pianista: Gorostiaga, Ana Maria
Sede: Casa della Radio, Madrid
Data: 30-4-1979
Supporto: Radio
Durata: 3:45
Commenti: Registrazione RNE.
Registrazione 4
Anno: 1987
Cantante: Berganza, Teresa (Mz.)
Pianista: Alvarez Parejo, Juan Antonio
Data: 1987
Supporto: CD
Etichetta: Claves
Riferimento discografico: CD508704
Durata: 2:41
Osservazioni: Incluso nell'album "Teresa Berganza: Canciones espanolas". Registrato presso 1977.
Registrazione 5
Anno: 1987
Cantante: Kudo, Atsuko (Sop.)
Pianista: Pares, Xavier
Sede: Casa della Radio, Madrid

Data: 20-2-1987
Supporto: Radio
Durata: 2:45
Commenti: Registrazione RNE.
Registrazione 6
Anno: 1990
Cantante: Poblador, Milagros (Sop.)
Pianista: Penalver, Juana
Sede: Istituto Internazionale di Spagna, Madrid
Data: 14-12-1990
Supporto: Radio
Durata: 2:18
Commenti: Registrazione RNE.
Registrazione 7
Anno: 1990
Cantante: Belmonte, Elisa (Sop.)
Pianista: Parc's, Xavier
Sede: Caja Postal, Madrid
Data: 2-4-1990
Supporto: Radio
Durata: non specificata
Commenti: Registrazione RNE.
Registrazione 8
Anno: 1992
Cantante: Bustamante, Carmen (Sop.)
Pianista: Garria Morante, Manuel
Data: 1992
Supporti: CD
Etichetta discografica: Audiovisuals de Sarria
Riferimento alla discografia: 251516
Durata: 3:01
Anno: 1993
Cantante: Berganza, Teresa (Mz.)
Pianista: Alvarez Parejo, Juan Antonio
Luogo: Auditorium Manuel de Falla, Granada
Data: 20-6-1993
Supporto: Radio
Durata: non specificata
Osservazioni: Festival Internazionale di Musica e Danza di Granada. Registrato da RNE. Non si
autorizza la trasmissione senza l'autorizzazione del
Registrazione 10
Anno: 1994
Cantante: Casariego, Lola (Mz.)
Pianista: Zanetti, Miguel
Sede: Real Academia de Bellas Artes de San Fernando, Madrid
Data: 26-3-1994
Supporto: Radio
Durata: non specificata
Osservazioni: Concerti di Radio 2. Registrazione RNE.
Registrazione 11

Anno: 1995
Cantante: Gragera, Elena (Mz.)
Pianista: Cardo, Anton
Sede: Fundacion Carlos de Amberes, Madrid
Data: 14-12-1995
Supporto: Radio
Durata: non specificata
Osservazioni: Ciclo "La canco de concert a Catalunya", Generalitat de Catalunya, Fundació Carlos de Amberes. Registrato da RNE.
Registrazione 12
Anno: 1995
Cantante: Montiel, Maria Josë (Sop.)
Pianista: Zanetti, Miguel
Luogo: Fundacion Juan March, Madrid
Data: 17-5-1995
Supporto: Radio
Durata: 3:00
Commenti: Registrazione RNE.
Registrazione 13
Anno: 1996
Cantante: Angeles, Victoria de los (Sop.)
Pianista: Moore, Gerald
Data: 1996
Supporto: CD
Etichetta: Testament
Riferimento discografico: SBT 1087 MO
Durata: 3:13
Osservazioni: Incluso nell'album "Victoria de los Angeles: le prime registrazioni, 19421953". Registrato nel 1950.
Registrazione 14
Anno: 1996
Cantante: Brito, Augusto (Bar.)
Pianista: Garcia Gutiërrez, Angeles
Sede: Casinò di Tenerife
Data: 27-6-1996
Supporto: Radio
Durata: 2:23
Note: Registrazione RNE. Non è consentita la trasmissione senza l'autorizzazione degli interpreti.
Registrazione 15
Anno: 1997
Cantante: Rinon, Marfa Josë (Sop.)
Pianista: Moretti, Kennedy
Sede: Academia de Bellas Artes de San Fernando, Madrid
Data: 12-4-1997
Supporto: Radio
Durata: 3:34

Osservazioni: Ciclo I Concerti della Radio Classica. Registrato da RNE.
Registrazione 16
Anno: 1997
Cantante: Montiel, Maria Josë (Sop.)
Pianista: Zanetti, Miguel
Data: 1997
Supporto: CD
Etichetta: Dial Discos-Doblon
Riferimento discografico: 96984
Durata: 3:00
Osservazioni: registrazione dal vivo di RNE. Sala della Fondazione Juan March, 17-5-95.
Registrazione 17
Anno: 1997
Cantante: Lorengar, Pilar (Sop.)
Pianista: Lavilla, Fëlix
Data: 1997
Supporto: CD
Etichetta: RCA Classics
Etichetta di riferimento: BMG 74321397692
Durata: 2:56
Osservazioni: Incluso nell'album "Pilar Lorengar: Canciones", 2CD. Registrato nel 1959.
Registrazione 18
Anno: 1997
Cantante: Higueras, Ana (Sop.)
Pianista: Turina, Fernando
Data: 1997
Supporto: CD
Etichetta: Higueras Arte
Riferimento discografico: EK CD 106
Osservazioni: Incluso nell'album "Cancion espanola, primera mitad del siglo XX".
Anno: 1997
Cantante: Serrano, Carmen (Sop.)
Pianista: Lopez, Antonio
Luogo: Palacio de Viana, Cordoba
Data: 31-1-1997
Supporto: Radio
Durata: non specificata
Commenti: Registrazione RNE. Non è consentita la trasmissione senza l'autorizzazione delle
autorità locali.
Registrazione 20
Anno: 1997
Cantante: Genicio, Belën (Sop.)
Pianisla: Albala Agundo, Pilar
Sede: Centro Culturale Conde Duque, Madrid
Data: 3-3-1997
Supporto: Radio
Durata: 2:33
Commenti: Registrazione RNE.
Registrazione 21
Anno: 1998

Cantante: Bayo, Maria (Sop.)
Pianista: Zeger, Brian
Luogo: Teatro de la Zarzuela, Madrid
Data: 23-3-98
Supporto: Radio
Durata: 3:30
Osservazioni: Ciclo di Lied. Teatro de la Zarzuela, Madrid. Registrato da RNE. Non è consentita la trasmissione senza l'autorizzazione degli interpreti.
Registrazione 22
Anno: 1998
Cantante: Galiano Cepad, Sandra (Sop.)
Pianista: Gallo, Pilar
Sede: Real Conservatorio de Musica, Madrid
Data: 23-4-1998
Supporto: Radio
Durata: 2:57
Osservazioni: Fondazione Jacinto e Inocencio Guerrero, Premio Internazionale Acisclo Fernandez, prova finale. Registrato da RNE.
Registrazione 23
Anno: 2000
Cantante: Gragera, Elena (Mz.)
Pianista: Cardo, Anton
Luogo: Chiesa di Santa Maiia del Puerto, Santona (Santander)
Data: 19-8-2000
Supporto: Radio
Durata: 2:25
Osservazioni: Festival Internazionale di Santander. Registrazione RNE. Non è consentita la trasmissione senza il permesso degli esecutori.
Registrazione 24
Anno: 2000
Cantante: Genicio, Bek'n (Sop.)
Pianista: Albala Agundo, Pilar
Luogo: Auditorio Casa della Cultura Alfonso X el Sabio, Guadarrama (Madrid)
Data: 26-8-2000
Supporto: Radio
Durata: 2:33
Commenti: Registrazione RNE.
Registrazione 25
Anno: 2001
Cantante: Montiel, Maria Josë (Sop.)
Pianista: Turina, Fernando
Luogo: Fundacion Juan March, Madrid
Data: 10-1-2001
Supporto: Radio
Durata: 2:45
Commenti: Registrazione RNE.
Registrazione 26
Anno: 2001
Cantante: Bayo, Mana (Sop.)
Pianista: Werkle, Veronique

Luogo: Teatro de la Zarzuela, Madrid
Data: 12-11-2001
Supporto: Radio
Durata: non specificata
Osservazioni: Ciclo di Lied. Teatro de la Zarzuela, Madrid. Registrato da RNE. Non è consentita la trasmissione senza l'autorizzazione degli esecutori.
Registrazione 27
Anno: 2001
Cantante: Montiel, Mana Jose (Sop.)
Pianista: Martin, Chiki
Luogo: Teatro Real, Madrid
Data: 15-6-2001
Supporto: Radio
Durata: 2:58
Osservazioni: registrazione di RNE. Concerto straordinario a favore di AFANIAS
Registrazione 28
Anno: 2001
Cantante: Mateu, Assumpta (Sop.)
Pianista: Poyato, Francisco
Sede: Auditori, Barcellona
Data: 27-10-2001
Supporto: Radio
Durata: non specificata
Note: Registrazione RNE. Non è consentita la trasmissione senza l'autorizzazione degli esecutori.
Registrazione 29
Anno: 2001
Cantante: Muntada, Maria Lluisa (Sop.)
Pianista: Surinyac, Josep
Luogo: Parrocchia della Punsima Concepción, Los Molinos (Madrid)
Data: 28-7-2001
Supporto: Radio
Durata: 2:38
Commenti: Registrazione RNE
Registrazione 30
Anno: 2001
Cantante: Cordon, Carmelo (Bar.)
Pianista: Celebon, Monica
Luogo: Teatro Monumental, Madrid
Data: 7-4-2001
Supporto: Radio
Durata: non specificata
Osservazioni: I concerti della Radio Classica. Registrato da RNE.
Registrazione 31
Anno: 2002
Cantante: Gragera, Elena (Mz.)
Pianista: Cardo, Anton
Sede: Centro Culturale Conde Duque, Madrid
Data: 16-12-2002
Supporto: Radio
Durata: 2:35

Osservazioni: I lunedì musicali al Conde Duque. Registrato da RNE. Non è consentita la trasmissione senza l'autorizzazione degli esecutori.

Registrazione 32
Anno: 2002
Cantante: Angeles, Victoria de los (Sop.)
Pianista: Wilmotte, Madge
Data: 2002
Supporto: CD
Etichetta: Istituto Nazionale dell'Audiovisivo
Riferimento discografico: IMV (sic) 2002
Durata: 2:57
Osservazioni: Serie Memorie Vive. Registrato nel 1950.

Registrazione 33
Anno: 2004
Cantante: Sanchez, Ana Mana (Sop.)
Pianista: Përez de Guzman, Enrique
Sede: Gran Teatre del Liceu, Barcellona
Data: 23-3-2004
Supporto: Radio
Durata: 2:45
Osservazioni: registrazione RNE.

Registrazione 34
Anno: 2005
Cantante: Villoria, Mario (Bar.)
Pianista: Lamazares, Madalit
Sede: Auditorium Principe Felipe, Oviedo
Data: 14-12-2005
Supporto: Radio
Durata: 2:46
Note: Registrazione RNE. Non è consentita la trasmissione senza l'autorizzazione degli esecutori.

Registrazione 35
Anno: 2005
Cantante: Schwartz, Sylvia (Sop.)
Pianista: Turina, Fernando
Luogo: Fundacion Marcelino Bolin, Santander
Data: 15-2-2005
Supporto: Radio
Durata: 1:56
Commenti: Registrazione RNE. Non è consentita la trasmissione senza l'autorizzazione dell'Inlc'iprelcs.

Registrazione 36
Anno: 2005
Cantante: Villoria, Mario (Bar.)
Pianista: Lamazares, Madalit
Sede: Real Academia de Bellas Artes de San Fernando, Madrid
Data: 28-05-2005
Supporto: Radio
Durata: 2:46
Commenti: Registrazione RNE.

Registrazione 37

Anno: 2006
Cantante: Bayo, Mana (Sop.)
Pianista: Vignoles, Roger
Luogo: Teatro Gayarre, Pamplona
Data: 07-11-2006
Supporto: Radio
Durata: non specificata
Osservazioni: registrazione RNE. Non è consentita la trasmissione senza l'autorizzazione degli inslcrprclcs.
Registrazione 38
Anno: 2006
Cantante: Latorre, Fernando (Bar.)
Pianista: Barredo, Itziar
Data: 2006
Supporti: CD
Etichetta: Arsis
Riferimento discografico: ARSIS 4198
Durata: 2:58
Osservazioni: Incluso nell'album "Cantar del alma, La poesi'a del Siglo de Oro en la musica del siglo XX".
Registrazione 39
Anno: 2006
Cantante: Genicio, Bek'n (Sop.)
Pianista: Segura, Juan Carlos
Data: 2006
Supporti: CD
Etichetta: Coda Out
Discografia di riferimento: COUT 2025
Durata: 2:41

TRUAN ALVAREZ, ENRIQUE (1905-1995)

Titolo: "Mananicas floridas".
N. dell'opera: Op. 12
Collezione o serie: Tre canti di Lope de Vega, n° 1
Data di composizione: maggio 1947
Luogo di composizione: Gijon
Appartiene all'opera teatrale di Lope de Vega: *El cardenal de Belen.*
Prima strofa: "Mananicas floridas".
Carattere: Musica, Pascual [Anton, Bras].
Note panoramiche: Canten
Durata: 2' circa.
Tonalità: Fa maggiore
Tessitura: F3-Fa4
Indicazioni per l'aggressione: *Allegretto*
Data di uscita: 23-7-1947
Luogo della prima: Gijon
Cantante della prima: Yudita de la Vina (Sop.)
Ubicazione del manoscritto: Archivo de Musica de Asturias
Simbolo del manoscritto: AMA C 23-29
Note sul titolo: Per voce e pianoforte

Osservazioni: L'AMA non fornisce una copia del manoscritto, ma una copia digitalizzata dell'originale realizzata da L. Rodero nel 2004, con collazione e revisione di Vicente Cueva. Il raggruppamento dei tre brani, *Mananicas foridas, No Iloreis mis ojos* e *Zagalejo,* sembra essere successivo alla composizione, viste le date e i numeri d'opera.

Registrazione 1

Anno: [ca. 1970-1980].

Cantante: Alvarez Blanco, Celia (Sop.)

Pianista: Truan, Enrique

Supporto: CD

Etichetta discografica: [Leopoldo Rodero, Gijon].

Osservazioni: Incluso nell'album "Veinte canciones de Enrique Truan".

Titolo: "Non piangere i miei occhi".

Opus No.: Op. 28

Collezione o serie: Tre canti di Lope de Vega, n° 2

Data di composizione: agosto 1960

Luogo di composizione: Gijon

Appartiene all'opera di Lope de Vega: I *pastori di Betlemme.*

Prima strofa: "Non piangere, occhi miei".

Personaggio: Finarda

Note sceniche: [...tempio di uno strumento e cantando e piangendo disse così:]

Durata: 2' 30" circa.

Chiave: Sol maggiore

Tessitura: G3-E4

Indicazioni di Agaggic: Molto andante con tenereza

Data di uscita: 10-2-1978

Luogo della prima: Gijon

Cantante d'apertura: Celia Alvarez Blanco (Sop.)

Ubicazione del manoscritto: Archivo de Musica de Asturias

Simbolo del manoscritto: AMA C 23-26

Note sul titolo: Per voce e pianoforte

Osservazioni: L'AMA non fornisce una copia del manoscritto, ma una copia digitalizzata dell'originale realizzata da L. Rodero nel 2004, con collazione e revisione di Vicente Cueva. Il raggruppamento dei tre brani, *Mananicas foridas, No lloreis mis ojos* e *Zagalejo,* sembra essere successivo alla composizione, viste le date e i numeri d'opera.

Titolo: "Zagalejo".

Opus No.: Op. 70

Collezione o serie: Tre canti natalizi di Lope de Vega, n° 3

Data di composizione: dicembre 1959

Luogo di composizione: Gijon

Appartiene all'opera di Lope de Vega: I *pastori di Betlemme.*

Prima strofa: "Zagalejo de perlas".

Personaggi: Aminadab e Palmira

Note sceniche: [Aminadab [...] verna con la sua amata Palmira [...], e la moglie che lo accompagna con voce e strumento, detta le due ceneri].

Durata: 1' 20" circa.

Tonalità: Do minore

Tessitura: F3-Fa4

Indicazioni aggressive: *Arioso*

Data di uscita: 7-1-1976

Luogo della prima: Gijon
Cantante d'apertura: Celia Alvarez Blanco (Sop.)
Ubicazione del manoscritto: Archivo de Musica de Asturias
Simbolo del manoscritto: AMA C 23-27
Note sul titolo: Per voce e pianoforte
Osservazioni: L'AMA non fornisce una copia del manoscritto, ma una copia digitalizzata dell'originale realizzata da L. Rodero nel 2004, con collazione e revisione di Vicente Cueva. Il raggruppamento dei tre brani, *Mananicas foridas, No lloreis mis ojos* e *Zagalejo,* sembra essere successivo alla composizione, viste le date e i numeri d'opera.

TURINA PEREZ, JOAQUIN (1882-1949)

Titolo: "Quando ti guardo così bella".
Opus No.: Op. 90, n° 1
Collezione o serie: *Omaggio a Lope de Vega,* n° 1
Data di composizione: 1935
Appartiene all'opera teatrale di Lope de Vega: La discreta enamorada (L'amante discreta).
Prima strofa: "When I look at you so beautifully".
Personaggio: Musicisti
Indicazioni sceniche: suonare e cantare
Durata: 2' Durata: 2' Durata: 2' Durata: 2' Durata: 2' Durata: 2' Durata: 2' Durata: 2
Tonalità: Re minore
Tessitura: G3 diesis-B4 bemolle
Indicazioni per l'Aggico: *Moderato*
Data di uscita: 12-12-1935
Luogo della prima: Teatro Espanol, Madrid
Cantante della prima: Rosita Hermosilla (Sop.)
Pianista della prima: Joaqum Turina
Posizione del manoscritto: FJM
Simbolo del manoscritto: LJT-P-A-33
Data di pubblicazione: 1936 / 1983
Editore: Union Musical Espanola
Luogo di pubblicazione: Madrid
Dedica: A Rosita Hermosilla
Note di testa: Per voce e pianoforte / da "La discreta enamorada".
Motivazione: Omaggio a Lope de Vega da parte del Conservatorio di Madrid nel Teatro Spagnolo
Osservazioni: Il manoscritto reca sull'ultimo foglio la data del 13 novembre 1935.
Esiste un'altra edizione dell'Union Musical Espanola del 1992.
Registrazione 1
Cantante: Anton, Jorge (Ten.)
Pianista: Acebes, M.~ Jesus
Supporto: Cassetta
Osservazioni: Supporto originale depositato presso la Biblioteca FJM, numero di chiamata: MC-387.
Registrazione 2
Anno: 1990
Cantante: Kraus, Alfredo (Ten.)
Pianista: Arnaltes, Edelmiro
Data: 1990
Supporto: CD
Etichetta: Amadeo

Riferimento alla discografia: 429 556 2
Osservazioni: Durata totale del ciclo "Omaggio a Lope de Vega" 6'56".
Registrazione 3
Anno: 1990
Cantante: Belmonte, Elisa (Sop.)
Pianista: Parc's, Xavier
Sede: Caja Postal, Madrid
Data: 2-4-1990
Supporto: Radio
Durata: non specificata
Commenti: Registrazione RNE.
Registrazione 4
Anno: 1990
Cantante: Lorengar, Pilar (Sop.)
Pianista: Zanetti, Miguel
Luogo: Teatro de la Zarzuela, Madrid
Data: 8-4-1990
Supporto: Radio
Durata: 2:17
Note: Registrazione RNE. Non è consentita la trasmissione senza l'autorizzazione degli esecutori.
Registrazione 5
Anno: 1991
Cantante: Kraus, Alfredo (Ten.)
Pianista: Zanetti, Miguel
Data: 1991
Supporti: CD
Etichetta: Diapason
Etichetta di riferimento: CAL 101
Osservazioni: Durata totale del ciclo "Omaggio a Lope de Vega" 6' 06".
Registrazione 6
Anno: 1991
Cantante: Lorengar, Pilar (Sop.)
Pianista: Zanetti, Miguel
Luogo: Teatro Campoamor, Oviedo
Data: 22-10-1991
Supporto: Radio
Durata: 2:20
Osservazioni: Concerto di addio di Pilar Lorengar. Registrato da RNE.
Registrazione 7
Anno: 1992
Cantante: Lorengar, Pilar (Sop.)
Pianista: Zanetti, Miguel
Data: 1992
Supporti: CD
Etichetta discografica: RTVE Musica
Riferimento alla discografia: 65010
Durata: 2:18
Osservazioni: Incluso nell'album "Pilar Lorengar: los adioses", 2 CD. Registrato da RNE nel Teatro de la Zarzuela l'8-4-1990.
Registrazione 8

Anno: 1997
Cantante: Cid, Manuel (Ten.)
Pianista: Requejo, Ricardo
Data: 1997
Supporti: CD
Etichetta: Claves Records
Riferimento discografico: CD 509602
Durata: 2:21
Registrazione 9
Anno: 1998
Cantante: Resnik, Regina (Sop.)
Pianista: Wiotach, Richard
Data: 1998
Supporti: CD
Etichetta: Sony Classical
Riferimento discografico: SMK 60784
Durata: 2:37
Osservazioni: Serie Vocal Masterworks. Registrato nel 1967 o 1968.
Registrazione 10
Anno: 2000
Cantante: Lorengar, Pilar (Sop.)
Pianista: Zanetti, Miguel
Data: 2000
Supporti: CD
Etichetta discografica: RTVE Musica
Riferimento discografico: 65130
Durata: 2:16
Osservazioni: registrazione dal vivo al Teatro de la Zarzuela l'8-4-1990. Concerto di addio di
Pilar Lorengar. 2 CDS.
Registrazione 11
Anno: 2001
Cantante: Jordi, Ismael (Ten.)
Pianista: Munoz, Julio Alexis
Luogo: Teatro Monumental, Madrid
Data: 26-5-2001
Supporto: Radio
Durata: non specificata
Osservazioni: I concerti della Radio Classica. Registrato da RNE. Durata totale Homenaje a
Joaqum Turina: 6:08.
Registrazione 12
Anno: 2005
Cantante: Schwartz, Sylvia (Sop.)
Pianista: Turina, Fernando
Luogo: Fundacion Marcelino Bolin, Santander
Data: 15-2-2005
Supporto: Radio
Durata: 1:56
Note: Registrazione RNE. Non è consentita la trasmissione senza l'autorizzazione degli interpreti.
Registrazione 13
Anno: 2006

170

Cantante: Latorre, Fernando (Bar.)
Pianista: Barredo, Itziar
Data: 2006
Supporti: CD
Etichetta: Arsis
Riferimento discografico: ARSIS 4198
Durata: 2:07
Osservazioni: Incluso nell'album "Cantar del alma, La poesia del Siglo de Oro en la musica del siglo XX".

Titolo: "Sì con i miei desideri".

Opus No.: Op. 90, n° 2
Collezione o serie: *Omaggio a Lope de Vega,* n° 2
Data di composizione: 1935
Appartiene all'opera teatrale di Lope de Vega: La estrella de Sevilla.
Prima strofa: "Se con i miei desideri".
Personaggio: Stella
Lunghezza: 1' 54"
Tonalità: Re maggiore
Tessitura: D3-E4 bemolle
Indicazioni agghiaccianti: *Andante*
Data di uscita: 12-12-1935
Luogo della prima: Teatro Espanol, Madrid
Cantante d'apertura: Rosita Hermosilla (Sop.)
Pianista della prima: Joaqum Turina
Posizione del manoscritto: FJM
Simbolo del manoscritto: LJT-P-A-33
Data di pubblicazione: 1936 / 1983
Editore: Union Musical Espanola
Luogo di pubblicazione: Madrid
Dedica: A Rosita Hermosilla
Note sul titolo: Per voce e pianoforte /da "La Estrella de Sevilla".
Motivazione: Omaggio a Lope de Vega da parte del Conservatorio di Madrid nel Teatro Spagnolo
Osservazioni: Il manoscritto reca sull'ultimo foglio la data del 13 novembre 1935.
Esiste un'altra edizione dell'Union Musical Espanola del 1992.
Registrazione 1
Anno: 1977
Cantante: Caballë, Montserrat (Sop.)
Pianista: Zanetti, Miguel
Data: 1977
Supporto: LP
Etichetta: Alhambra-Columbia
Riferimento discografico: SCE 981
Durata: 2'25
Osservazioni: Incluso nell'album "Canciones espanolas". Riedizione su CD Columbia, WD 71320, nel 1987.
Registrazione 2
Anno: 1990
Cantante: Kraus, Alfredo (Ten.)
Pianista: Arnaltes, Edelmiro

171

Data: 1990
Supporti: CD
Etichetta: Amadeo
Riferimento alla discografia: 429 556 2
Osservazioni: Durata totale del ciclo "Omaggio a Lope de Vega" 6'56".
Registrazione 3
Anno: 1990
Cantante: Belmonte, Elisa (Sop.)
Pianista: Pares, Xavier
Sede: Caja Postal, Madrid
Data: 2-4-1990
Supporto: Radio
Durata: non specificata
Osservazioni: registrazione RNE.
Registrazione 4
Anno: 1991
Cantante: Kraus, Alfredo (Ten.)
Pianista: Zanetti, Miguel
Data: 1991
Supporti: CD
Etichetta: Diapason
Etichetta di riferimento: CAL 101
Osservazioni: Durata totale del ciclo "Omaggio a Lope de Vega" 6'06".
Registrazione 5
Anno: 1997
Cantante: Cid, Manuel (Ten.)
Pianista: Requejo, Ricardo
Data: 1997
Supporto: CD
Etichetta: Claves Records
Riferimento discografico: CD 509602
Durata: 2:12
Registrazione 6
Anno: 1997
Cantante: Lorengar, Pilar (Sop.)
Pianista: Lavilla, Fëlix
Data: 1997
Supporti: CD
Etichetta: RCA Classics
Etichetta di riferimento: BMG 74321397692
Durata: 2:15
Osservazioni: Incluso nell'album "Pilar Lorengar: Canciones", 2CD. Registrato nel 1959.
Registrazione 7
Anno: 1998
Cantante: Resnik, Regina (Sop.)
Pianista: Wiotach, Richard
Data: 1998
Supporti: CD
Etichetta: Sony Classical
Riferimento discografico: SMK 60784

Durata: 2:20
Osservazioni: Serie Vocal Masterworks. Registrato nel 1967 o 1968.
Registrazione 8
Anno: 2001
Cantante: Jordi, Ismael (Ten.)
Pianista: Munoz, Julio Alexis
Luogo: Teatro Monumental, Madrid
Data: 26-5-2001
Supporto: Radio
Durata: non specificata
Osservazioni: I concerti della Radio Classica. Registrato da RNE. Durata totale Homenaje a
Joaqum Turina: 6:08.
Registrazione 9
Anno: 2005
Cantante: Schwartz, Sylvia (Sop.)
Pianista: Turina, Fernando
Luogo: Fundacion Marcelino Botin, Santander
Data: 15-2-2005
Supporto: Radio
Durata: 2:00
Note: Registrazione RNE. Non è consentita la trasmissione senza l'autorizzazione degli esecutori.

Titolo: "Al val de Fuente Ovejuna".

Opus No.: Op. 90, n° 3
Collezione o serie: *Omaggio a Lope de Vega,* n° 3
Data di composizione: 1935
Appartiene all'opera teatrale di Lope de Vega: *Fuente Ovejuna.*
Prima strofa: "Al val de Fuente Ovejuna".
Personaggio: Musicisti
Note sceniche: [Ea, taned y cantad, pues que para en uno son].
Lunghezza: 2' 13"
Chiave: Do maggiore *
Tessitura: F3 - E4 bemolle
Indicazioni per l'Aggettivo: *Alegro Vivace*
Data di uscita: 12-12-1935
Luogo della prima: Teatro Espanol, Madrid
Cantante d'apertura: Rosita Hermosilla (Sop.)
Pianista della prima: Joaquin Turina
Posizione del manoscritto: FJM
Simbolo del manoscritto: LJT-P-A-33
Data di pubblicazione: 1936 / 1983
Editore: Union Musical Espanola
Luogo di pubblicazione: Madrid
Dedica: A Rosita Hermosilla
Note di testa: Per canto e pianoforte /da "Fuente Ovejuna".
Motivazione: Omaggio a Lope de Vega da parte del Conservatorio di Madrid nel Teatro Spagnolo
Osservazioni: Il manoscritto reca sull'ultimo foglio la data del 13 novembre 1935.
Esiste un'altra edizione dell'Union Musical Espanola del 1992.
Registrazione 1
Anno: 1978

Cantante: Diaz, Amable (Sop.)
Pianista: Gorostiaga, Ana Maria
Sede: Casa della Radio, Madrid
Data: 17-11-1978
Supporto: Radio
Durata: 2:25
Osservazioni: registrazione RNE.
Registrazione 2
Anno: 1990
Cantante: Kraus, Alfredo (Ten.)
Pianista: Arnaltes, Edelmiro
Data: 1990
Supporti: CD
Etichetta: Amadeo
Riferimento alla discografia: 429 556 2
Osservazioni: Durata totale del ciclo "Omaggio a Lope de Vega" 6'56".
Registrazione 3
Anno: 1990
Cantante: Belmonte, Elisa (Sop.)
Pianista: Parc's, Xavier
Sede: Caja Postal, Madrid
Data: 2-4-1990
Supporto: Radio
Durata: non specificata
Osservazioni: registrazione RNE.
Registrazione 4
Anno: 1991
Cantante: Kraus, Alfredo (Ten.)
Pianista: Zanetti, Miguel
Data: 1991
Supporti: CD
Etichetta: Diapason
Etichetta di riferimento: CAL 101
Osservazioni: Durata totale del ciclo "Omaggio a Lope de Vega" 6'06".
Registrazione 5
Anno: 1997
Cantante: Cid, Manuel (Ten.)
Pianista: Requejo, Ricardo
Data: 1997
Supporti: CD
Etichetta: Claves Records
Riferimento discografico: CD 509602
Durata: 2:33
Registrazione 6
Anno: 1998
Cantante: Resnik, Regina (Sop.)
Pianista: Wiotach, Richard
Data: 1998
Supporti: CD
Etichetta: Sony Classical

Riferimento discografico: SMK 60784
Durata: 1:59
Osservazioni: Serie Vocal Masterworks. Registrato nel 1967 o 1968.
Registrazione 7
Anno: 1998
Cantante: Gragera, Elena (Mz.)
Pianista: Cardo, Anton
Sede: Centro Culturale Conde Duque, Madrid
Data: 9-3-1998
Supporto: Radio
Durata: 2:07
Commenti: Registrazione RNE.
Registrazione 8
Anno: 2001
Cantante: Jordi, Ismael (Ten.)
Pianista: Munoz, Julio Alexis
Luogo: Teatro Monumental, Madrid
Data: 26-5-2001
Supporto: Radio
Durata: non specificata
Osservazioni: I concerti della Radio Classica. Registrato da RNE. Durata totale Homenaje a Joaquin Turina: 6:08.
Registrazione 9
Anno: 2005
Cantante: Schwartz, Sylvia (Sop.)
Pianista: Turina, Fernando
Luogo: Fundacion Marcelino Botin, Santander
Data: 15-2-2005
Supporto: Radio
Durata: 2:20
Osservazioni: registrazione RNE. Non è consentito trasmettere senza l'autorizzazione degli interpreti.

VALLE CHINESTRA, BERNARDINO (1849-1928)

Titolo: "La barquilla" (Il cestino)
Data di composizione: 1900 circa
Appartiene all'opera di Lope de Vega: *La Dorotea.*
Prima strofa: "Pobre barquilla mi'a".
Personaggio: Don Fernando
Note sceniche: [Cantate, cantate, perché siete stati temprati].
Durata: 3' 40" circa.
Tonalità: Fa maggiore
Tessitura: C3 diesis-Fa4
Ubicazione del manoscritto: Museo Canario di Las Palmas
Simbolo manoscritto: EN 35001 AMC/MCC 125.046
Note di testa: Cancion de Fëlix Lope de Vega (frammento). Voce e pianoforte
Note: Manoscritto con il testo della seconda strofa scritto sul pentagramma della voce.

Titolo: "Libertà".
Sottotitolo: Soliloquio
Data di composizione: 1900 circa

Appartiene all'opera di Lope de Vega: *La Arcadia*.
Prima strofa: "O preziosa libertà".
Personaggio: Benalcio
Annotazioni sceniche: [...il venerabile vecchio lo pregò di cantare, e ë! disse così:]
Durata: 7' 45" circa.
Tonalità: Fa maggiore
Tessitura: C3-G4
Ubicazione del manoscritto: Museo Canario di Las Palmas
Simbolo del manoscritto: ES 35001 AMC/MCC 126.012
Indicazioni di testa: (Monologo.) (Narracion de un pastor) / Poesia de Fëlix Lope de Vega
(Fragmento) / Coro e solo ad libitum /Voz y piano
Osservazioni: È inclusa una parte di coro al uni'sono che si alterna all'assolo. A pagina 5 del
manoscritto, nella voce relativa al coro del sëptimo compas, c'è una nota a piè di pagina che recita:
"Quando il brano è cantato da un solista nella sua interezza, tutte le parole devono essere recitate a
voce piuttosto che cantate, fino a quando non si arriva all'assolo". Valle utilizza 6 delle 9 strofe che
compongono la poesia (1-4-5-7-8-9).

ELENCO DELLE CANZONI PER ANNO DI COMPOSIZIONE

ca. 1810	Garcia, Manuel	La barca dell'amore
ca. 1891	Casarese e perdere Monteros, Jose Maria	Trova
ca. 1900	Valle Chinestra, Bernardino	Il cestino
		La Libertad
ca. 1900	Perez Aguirre, Julio	Occhi verdi
1914		
1914	Granados, Enrique	Non piangere, occhietti
1917	Franco Bordons, Jose Maria	A... tu
1923	Moreno Torroba, Federico	Copla de antano
1925	Cotarelo, Francisco	Mamma, ho visto degli occhielli
1926	Duran, Gustavo	Seguidillas della notte di San Juan
1932	Menendez Aleyxandre, Arturo	Lucinda
1935	Campo y Zabaleta, Conrado del	Così vivo nella mia anima
	Casal Chapi, Enrique	Sonetto
	Gomez Garcia, Julio	Romancillo
	Guervos, Jose Maria	Serrana
		Canzone di falciatura
		Canto di Natale
		Canto di Natale
		Gelosia, non uccidermi
		La verità
		¿Che cosa ho io per cui tu cerchi la mia amicizia?
		La finta verità
		Lucinda coglie i gigli bianchi
		Canzone di falciatura
		Piccoli fiumi bellissimi
		Trebole
		Coplas del pastore innamorato
		Al val de Fuente Ovejuna
		Quando ti guardo così bella
		Se con i miei desideri
		Al Nino Dios a Betlemme
	Rodrigo, Joaqrnn	Copla
	Turina, Joaquin	Cantar moreno de siega (canto della raccolta del marrone)
	Mingote, Angelo	
	Moraleda Bellver, Fernando	
		Canto di un malato
		Folia e Parabien a sposi novelli
		La Morenica
		Chanzoneta
		Questo
		Povera piccola navicella
1939	Salvador, Matilde	Castellana
		Galiziano
		Levantina
ca. 1940	Larroca, Angel	Preghiera a Cristo crocifisso
1941	Toldra, Eduard	Mamma, ho visto degli occhielli

		Cantarcillo
1942	Llongueres Badia, Joan	Goccia in Pascual
		Grido d'amore
		Al gala dello zagal
		Il sole sconfitto
		Le cannucce del presepe ^Dove vai?
1943	Bacarisse, Salvador	Sonetto di Lope de Vega
	Garcia de la Parra y Tellez, Benito	Canzone di Lope de Vega
1944	Bacarisse, Salvador	Sulla montagna da solo
	Menendez Aleyxandre, Arturo	Che è stato ucciso di notte
		Mamma, ho visto degli occhielli
	Thomas Sabater, Juan Maria	Chitarra
		Cornamuse
1945	Larroca, Angel	La preghiera di Cristo nel Giardino
1946	Campo y Zabaleta, Conrado del	Canto della pastorella Finarda
	Salvador, Matilde	Canzone a vela
1947	Palau, Manuel	Canto di Natale
	Truan Alvarez, Enrique	I mannikin in fiore
1949	Aldave Rodriguez, Pascual	Il romanzo di Fuenteovejuna
1950	Bacarisse, Salvador	Coplas
	Palau, Manuel	Sulla montagna da solo
1951	Altisent, Juan	¡Trebole!
	Palau, Manuel	Elegia per il Cavaliere di Olmedo
1952	Aldave Rodriguez, Pascual	Vigilia di San Giovanni
	Martin Pompeo, Angelo	Dormi bambino mio
	Rodrigo, Joaquin	Il Santo Pastore
1954	Bueno Aguado [Buenagu], José Antonio	Dormi, bambino mio
1955	Altisent, Juan	Sulla montagna da solo...
	Peris Lacasa, Jose	I mannikin in fiore
1956	Benavente Martinez, Jose Marla	Il sole sconfitto
		Non piangere a dirotto.
		Danza gitana
1959	Truan Alvarez, Enrique	Zagalejo
1960	Truan Alvarez, Enrique	Non piangere a dirotto
1963	Asins Arbo, Miguel	I mannikin in fiore
		Le cannucce nella mangiatoia

1964	Carol, Mercedes	Cantarcillo
1968	Asins Arbo, Miguel	(Dove stai andando, Maria?
1970	Asins Arbo, Miguel	(Dove vai quando fa freddo?
1974	Escudero Garcia, Francisco	Alla sepoltura di Cristo
	Iturralde Perez, Jose Luis	Alla morte di Gesù
1986	Barrera, Antonio	Canzone di falciatura
		Leggenda
		Seguidillas
		Canzone d'amore
		Danza
1988	Lavilla, Felix	Oh, amara solitudine
1990	Colodro Campos, Fernando	I mannikin in fiore
	Nin Culmell, Joaquin	Benvenuti
		Lavami nel Tago
1998	Diaz Yerro, Gonzalo	Quando mi fermo a contemplare il mio stato
		Pastore che con i tuoi fischi amorevoli
		Quante volte Signore, quante volte hai chiamato
1999	Diaz Yerro, Gonzalo	(Che cosa ho io per cui tu cerchi la mia amicizia?
1999	Carbajo Cadenas, Victor	Assenza
2004	Rincon Garcia, Eduardo	Dolcissimo Signore, ero cieco
		I mannikin in fiore
		(Che cosa ho io per cui tu cerchi la mia amicizia?
2005	Ortega i Pujol, Miquel	Sonetto
2006	Parera Fons, Antoni	Palme di Belen
2009	Miguel Peris, Vicente	Mananiche di maggio
		Melodia natalizia
2011	Garcia Fernandez, Voro	Di notte
		Alle mie solitudini vado

Milton Keynes UK
Ingram Content Group UK Ltd.
UKHW020851290324
440175UK00001B/343